生态文明视角下的大学生思想政治教育研究

冉龙舞　唐源蔚　李晨宇 ◎ 著

中国华侨出版社
·北京·

图书在版编目（CIP）数据

生态文明视角下的大学生思想政治教育研究 / 冉龙舞, 唐源蔚, 李晨宇著 . -- 北京：中国华侨出版社，2024.9. -- ISBN 978-7-5113-9284-8

Ⅰ . G641

中国国家版本馆 CIP 数据核字第 2024KM7323 号

生态文明视角下的大学生思想政治教育研究

著　　者：	冉龙舞　唐源蔚　李晨宇
责任编辑：	陈佳懿
封面设计：	徐晓薇
开　　本：	710 mm × 1000 mm　1/16 开　印张：19　字数：320 千字
印　　刷：	北京四海锦诚印刷技术有限公司
版　　次：	2025 年 3 月第 1 版
印　　次：	2025 年 3 月第 1 次印刷
书　　号：	ISBN 978-7-5113-9284-8
定　　价：	68.00 元

中国华侨出版社　北京市朝阳区西坝河东里 77 号楼底商 5 号　邮编：100028
发 行 部：（010）88893001　　　　传　　真：（010）62707370

如果发现印装质量问题，影响阅读，请与印刷厂联系调换。

前　言

  在21世纪这个信息爆炸、环境挑战严峻的时代，日益凸显的全球环境问题，引起了人们的广泛关注。空气质量的下降、水资源的短缺、生物多样性的减少等问题，都在不断提醒人们：环境保护刻不容缓。而生态文明作为应对这些挑战的一种全新理念，正逐渐受到全世界的重视。生态文明不仅是关于自然环境的保护，更是一个涵盖了人类社会、经济、文化等多方面的综合体系。它强调的是人类与自然环境的和谐共生，追求的是可持续发展，确保未来世代的生存与发展权益。在这样宏大的背景下，本书《生态文明视角下的大学生思想政治教育研究》，应运而生。本书深入挖掘了生态文明与大学生思想政治教育之间的内在联系，旨在寻找一条有效的途径，将生态文明的核心价值观传递给大学生，让他们在学习专业知识的同时，也能深刻理解并实践生态文明的理念。期望通过这样的教育方式，能够培养出既具有扎实的专业知识，又深知生态环境保护重要性，积极践行生态文明的新一代青年。这不仅是对大学生全面发展的要求，更是对人类社会可持续发展的有力支持。

  近年来，全球环境问题层出不穷，从气候变化到资源枯竭，再到生物多样性丧失，每一个问题都在以无声的方式向人类发出警告，这些环境问题明确地告诉人们，传统的发展方式已经难以维系，必须转向更加可持续、更加环保的发展路径上来。在这条新的道路上，生态文明的建设尤为关键，它不仅是应对当前环境挑战的迫切需求，更是对未来负责、对子孙后代负责的体现。大学生是未来社会的主要建设者和决策者，正处于思想观念和行为模式形成的关键时期，因此如何在大学阶段有效地传递生态文明理念，就显得至关重要。高等教育机构肩负着培养未来领导者和创新者的重任，同时需要承担起提升大学生生态文明素养的使命。只有这样，才能确保未来的社会发展和环境保护能够和谐共存，共同迈向更加绿色、可持续的未来。

  本书的研究工作，不仅是对全球环境保护呼声的积极回应，更是从教育的高度，为生态文明的建设提供了坚实的理论支撑和实践指导。我们深知教育是塑造未来社会的关键，而将生态文明理念融入思政教育，正是为了引导学生从小树立正确的环境观、发展观，深刻理解人类与自然环境的相互关系。培养学生的环保意识和责任感，使他们明白保护环境不仅是每个人的责任，更是对未来社会的承诺。这种教育模式的推广，无疑将为社会的可持续发展注入强大的动力，助力全人类共同构建一个人与自然和谐共生的美好未来。这不仅是对当前环境问题的积极应对，更是对子孙后代，乃至对整个人类文明的负责和担当。

本书致力于深入探讨并实现以下几个核心研究目的：一是将系统梳理生态文明与大学生思想政治教育的内在联系，从而清晰地揭示出二者融合的必要性及其实施的可行性。这一步骤至关重要，因为它为后续的理论构建和教育实践提供了坚实的基础。二是本书将致力于探索在生态文明视角下，如何构建思政教育的理论体系，这不仅是为了满足当前环境教育的需求，更是为了建立起一套系统、全面的教育框架，为未来的教育实践提供坚实的理论支撑。三是将深入分析当前思政教育在生态文明教育方面所面临的挑战与存在的不足，针对这些问题，将提出一系列具有针对性的改进策略，旨在提升思政教育的实效性和影响力。四是展望未来生态文明教育与思政教育融合的发展趋势，坚信随着社会对生态文明重要性认识的不断加深，这种融合将成为高等教育改革与创新的重要方向。因此，本书的研究旨在为这一改革提供有益的参考和启示，推动高等教育走向更加绿色、可持续发展的未来。

目 录

第一章　生态文明与大学生思想政治教育的融合 …………………… 1
第一节　生态文明的时代价值与意义 …………………………… 1
第二节　生态文明建设议题下大学生思想政治教育的现状与挑战 ……… 8
第三节　生态文明理念在思政教育中的应用 …………………… 19
第四节　生态文明与思政教育融合的前景 ……………………… 28

第二章　生态文明视角下的思政教育理论构建 …………………… 37
第一节　生态文明与思政教育之间的关系 ……………………… 37
第二节　思政教育中的生态文明观念培养 ……………………… 46
第三节　生态文明视角下的思政教育内容创新 ………………… 54
第四节　生态文明视角下的思政教育方法探讨 ………………… 63

第三章　生态文明与思政教育的历史沿革 ………………………… 74
第一节　生态文明的发展历程 …………………………………… 74
第二节　思政教育的发展历程 …………………………………… 82
第三节　生态文明与思政教育的融合过程 ……………………… 91
第四节　生态文明与思政教育未来的关系与发展 ……………… 100

第四章　生态文明视角下的大学生思想政治教育内容创新 ……… 108
第一节　传统思政教育内容概述 ………………………………… 108
第二节　融入生态文明理念的思政教育新内容 ………………… 116

第三节　跨学科整合在思政教育中的应用 …………………… 126

　　第四节　思政教育内容的动态更新与优化机制 ………………… 132

第五章　思想政治教育教学方法与手段的改革 …………………… 140

　　第一节　传统思政教育方法概述 ………………………………… 140

　　第二节　创新思政教育方法的探索 ……………………………… 147

　　第三节　多元化教学方法在思政教育中的应用 ………………… 155

　　第四节　以学生为中心的互动式教学模式构建 ………………… 163

第六章　生态文明与大学生思想政治教育的实践融合 …………… 172

　　第一节　校园生态文明建设活动 ………………………………… 172

　　第二节　社会实践与生态体验教育 ……………………………… 179

　　第三节　生态文明主题志愿服务活动 …………………………… 186

　　第四节　生态文明视角下的创新创业教育 ……………………… 192

第七章　生态文明视角下的大学生思政教育评价体系 …………… 201

　　第一节　传统思政教育评价体系概述 …………………………… 201

　　第二节　融入生态文明理念的思政教育评价原则 ……………… 209

　　第三节　生态文明视角下的思政教育评价方法 ………………… 216

　　第四节　思政教育评价体系的实施与改进 ……………………… 223

第八章　生态文明视角下大学生思想政治教育面临的挑战与对策 … 230

　　第一节　生态文明视角下思政教育面临的挑战 ………………… 230

　　第二节　生态文明视角下思政教育应对挑战的策略与方法 …… 236

　　第三节　教育政策与制度支持的需求 …………………………… 243

　　第四节　持续改进与质量监控机制 ……………………………… 252

第九章 生态文明视角下大学生思想政治教育的展望与深化 ·················· **260**

 第一节 生态文明与思政教育融合的进一步探索 ················ 260

 第二节 生态文明视角下思政教育的创新发展 ················ 269

 第三节 深化生态文明与思政教育融合的路径 ················ 281

结　语 ·· **291**

参考文献 ·· **293**

第一章 生态文明与大学生思想政治教育的融合

第一节 生态文明的时代价值与意义

一、生态文明的时代价值

随着全球环境问题的日益严峻，生态文明逐渐成为社会发展的重要议题。在这一时代背景下，探讨生态文明与大学生思想政治教育的融合，不仅有助于增强大学生的环保意识，还有助于培养他们成为具有社会责任感的新时代青年。本部分将深入剖析生态文明，以及它在当前时代的重要价值与意义。

（一）生态文明的提出是对传统工业文明的反思与超越

传统工业文明以经济增长为主导，推动了社会的快速发展，但同时带来了严重的生态环境问题。资源的过度开采、环境的污染破坏，都是片面追求经济利益而忽视环境成本造成的后果。随着时间的推移，这些问题日益凸显，引发了人们对传统发展模式的深刻反思。

正是在这样的背景下，生态文明的理念被提出并得到了广泛关注，生态文明不仅是对传统工业文明的深刻反思，更是一种全新的文明形态和发展理念。它强调人类与自然环境的和谐共生，倡导可持续发展，旨在实现经济增长与环境保护的双赢。这一理念的提出，标志着人类对自然环境认识的深化，也体现了人类对传统发展模式的超越。

（二）生态文明是构建和谐社会的重要基石

在构建和谐社会的过程中，生态文明扮演着举足轻重的角色，它是实现社会和谐不可或缺的重要基石。和谐社会强调人与人、人与社会、人与自然的和谐关系，而生态文明正是这一理念的生动体现。

生态文明倡导尊重自然、顺应自然、保护自然，这与和谐社会的核心价值观不谋而合。通过推动生态文明建设，不仅能够保护珍贵的自然资源，还能够促进经济和社会的可持续发展，为后代留下一个良好的生存环境。更进一步来说，生态文明的建设有助于增强公众的生态意识，使人们更加珍视和爱护地球家园。这种意识的增强，反过来又会推动社会的和谐与进步，形成良性循环。

（三）生态文明意识是新时代青年的必备素质

在新时代背景下，生态文明意识已成为青年一代的必备素质。随着全球环境问题的日益严峻，青年作为社会的未来和希望，肩负着保护地球、推动社会可持续发展的重任。

生态文明意识的培养，有助于青年深刻理解人类与自然环境的紧密关系，认识到个人行为对环境的影响，从而在日常生活中积极践行环保理念。这种素质不仅体现了个人对社会的责任感，也是新时代青年全面发展的重要标志。具备生态文明素质的青年，会更加注重节约资源、减少污染，推动绿色生活方式的普及。将积极参与环保活动，倡导并践行低碳、环保的生活方式，为人类社会的绿色发展贡献力量。[①]

生态文明作为对传统工业文明的反思与超越，强调人与自然环境的和谐共生，倡导可持续发展，这不仅标志着人类对自然环境认识的深化，也体现了对传统发展模式的超越。在构建和谐社会的过程中，生态文明是不可或缺的重要基石，通过保护自然资源和促进经济社会的可持续发展，增强公众的生态意识，推动社会和谐与进步。新时代青年具备生态文明素质有助于理解人与自然的关系，积极践行环保理念，倡导绿色生活方式，为社会的绿色发展贡献力量。

二、生态文明与可持续发展的关系

随着全球环境问题的日益凸显，可持续发展的理念逐渐深入人心，生态文明作为这一理念的重要支撑，不仅关乎人类未来的生存环境，更与社会的长远发展紧密相连。对于大学生而言，理解生态文明与可持续发展的内在联系，不仅有

[①] 孙皓祥，王学谦，李中君. 基于生态文明视角分析大学生思想政治教育的理论与实践研究 [J]. 环境工程，2023，41（8）:01.

助于增强他们的环保意识,更有助于培养他们成为推动社会可持续发展的重要力量。本部分将深入探讨生态文明与可持续发展的关系,以及如何在大学生思想政治教育中融入这一理念。

(一)生态文明是可持续发展的核心理念

生态文明不仅仅是环境保护的简单概念,它更深层次地体现了人与自然和谐共生的哲学思想。在可持续发展的框架中,生态文明被赋予了核心理念的地位。这是因为可持续发展追求的不仅仅是经济的增长,更重要的是经济、社会和环境三者之间的平衡与协调。①

生态文明正是这一平衡与协调的关键,它强调人类活动应尊重自然规律,合理利用资源,减少对环境的破坏,确保生态系统的持续健康。这样的理念与可持续发展的目标高度契合,既满足了当前人类的需求,又不损害未来世代满足自身需求的能力。

(二)生态文明推动经济社会可持续发展

生态文明对于经济社会的可持续发展具有显著的推动作用,主要体现在以下几方面。

(1)促进经济转型。生态文明倡导绿色、低碳的发展模式,推动经济结构从高能耗、高污染向低能耗、低污染转变。这种转型不仅有利于环境保护,还能提高经济效益和资源利用效率,从而实现经济的长期稳定发展。

(2)优化资源配置。生态文明强调资源的合理利用和节约,通过推广循环经济、绿色技术等手段,实现资源的最大化利用和减少浪费。这有助于缓解资源紧张的状况,为经济社会发展提供可持续的资源保障。

(3)创造绿色就业机会。随着生态文明建设的深入推进,绿色产业和绿色技术将得到大力发展,这将为就业市场带来新的机遇。绿色就业不仅有助于推动经济的可持续发展,还能提高人民的生活水平。

(4)提升社会福祉。生态文明的建设将改善环境质量,提高人民的生活质量,清新的空气、清洁的水源和优美的环境是人民幸福生活的重要组成部分,也

---

① 代建华,罗旭,张志伟.基于思想政治教育视角的大学生生态文明素养提升研究[J].吉林广播电视大学学报,2019(3):3.

是经济社会可持续发展的基础。

表1-1 生态文明推动经济社会可持续发展的具体内容

推动作用	具体内容
促进经济转型	倡导绿色、低碳的发展模式，推动经济结构转型，提高经济效益和资源利用效率
优化资源配置	强调资源的合理利用和节约，推广循环经济、绿色技术，实现资源的最大化利用
创造绿色就业机会	绿色产业和绿色技术的发展带来新的就业机遇，绿色就业推动经济可持续发展，提高生活水平
提升社会福祉	改善环境质量，提高生活质量，提供清新的空气、清洁的水源和优美的环境

生态文明是可持续发展的核心理念，强调人与自然和谐共生，它推动经济社会可持续发展，通过促进经济转型、优化资源配置、创造绿色就业机会和提升社会福祉，实现经济、社会和环境的平衡。

三、生态文明对高等教育的启示

随着全球生态环境问题的日益突出，生态文明已成为当代社会发展的重要议题。高等教育作为培养未来社会栋梁的摇篮，其教育理念和教育方式也需与时俱进，积极回应生态文明的挑战。生态文明对高等教育不仅提出了新的教育目标，也为高等教育改革与创新提供了新的思路和方向。下面将探讨生态文明对高等教育的启示，以期为高等教育改革提供有益的参考。

（一）生态文明要求高等教育加强环境教育

在生态文明时代，加强环境教育成为高等教育不可或缺的一部分。随着全球环境问题的日益严峻，培养大学生的环境意识和环保责任感显得尤为重要。高等教育机构应当积极响应这一时代要求，将环境教育融入课程体系，通过开设环境科学、生态学等相关课程，向学生传授环保知识和技能。同时，高校还须注重实践教学，鼓励学生参与环保项目，如校园绿化、垃圾分类等，使他们在实践中深刻体会保护环境的重要性。①

此外，高校还可以通过举办环保讲座、展览等活动，营造浓厚的环保氛围，引导学生在日常生活中践行生态文明理念。加强环境教育不仅有助于提升学生的综合素质，更为他们未来投身环保事业、推动社会可持续发展奠定了坚实的基础。

（二）生态文明推动高等教育培养创新型人才

生态文明的建设不仅关乎环境保护，更给高等教育的人才培养模式带来了新的挑战和机遇。在这一背景下，培养创新型人才显得尤为重要。随着环保技术的不断进步和生态理念的深入人心，高等教育需要不断调整教学策略，以适应这一变革。通过推动学生参与科研项目、实践活动和创新竞赛，高校能够激发学生的创新思维和实践能力，培养出既具备环保意识又拥有创新精神的人才。这类人才不仅能够在未来的职场中脱颖而出，更能够为生态文明的推进贡献自己的力量。

生态文明对高等教育提出了新的教育目标和改革方向，要求高等教育加强环境教育，培养创新型人才。高等教育机构应将环境教育融入课程体系，开展实践教学和环保活动，增强学生的环保意识和责任感。生态文明建设推动了高等教育注重实践和创新，促进了社会整体的环保意识和创新能力的提升。

四、生态文明与思政教育的内在联系

当今社会，生态文明已成为全球关注的热点话题。随着环境问题的日益突出，人们对于生态保护的意识不断增强，这也为高校思想政治教育带来了新的契机和挑战。生态文明与思政教育之间存在着紧密的联系，二者相辅相成，共同推动着社会的可持续发展。下面将深入探讨这种内在联系，以期为高校思政教育在生态文明时代的创新发展提供理论支持和实践指导。

（一）生态文明理念是思政教育的重要内容

在当今社会，生态文明理念已经成为当今时代不可或缺的主题。这一理念强调人类与自然环境的和谐共生，提倡绿色发展、循环经济与低碳生活。对于高

---

① 赵志强. 思想政治教育视域下大学生生态文明教育研究 [J]. 黑龙江教育：高教研究与评估, 2019（5）:2.

校思政教育而言，生态文明理念不仅是响应时代号召的必然选择，更是丰富教育内容、提升学生综合素质的重要途径。将生态文明理念融入思政教育，能够帮助学生深刻理解人类活动对自然环境的影响，认识到个人在环境保护中的责任与义务。通过这样的教育，学生将更加珍视自然资源，形成积极的环保意识和行为习惯。[1]

因此，生态文明理念作为思政教育的重要组成部分，对于培养学生的社会责任感、推动社会的可持续发展具有深远影响。高校应积极探索有效的教育方法，使生态文明理念在思政教育中得到充分体现，从而培养出更多具备环保意识的高素质人才。

（二）思政教育为生态文明建设提供思想保障

思政教育在生态文明建设中发挥着至关重要的作用，它为这一伟大事业提供了坚实的思想保障。通过思政教育，学生能够深入理解生态文明的核心价值，明确人与自然和谐共生的必要性。这种教育不仅能帮助学生树立正确的生态观，还将激发他们对环境保护的责任感和使命感。在日常生活中，这种思想保障会转化为实际的环保行动，如节能减排、垃圾分类等，从而推动生态文明建设向前发展。

因此，思政教育不仅是知识的传递，更是一种价值观的塑造和引领，它为生态文明建设提供了源源不断的精神动力和思想支撑，确保这项事业能够持续、健康地发展下去。

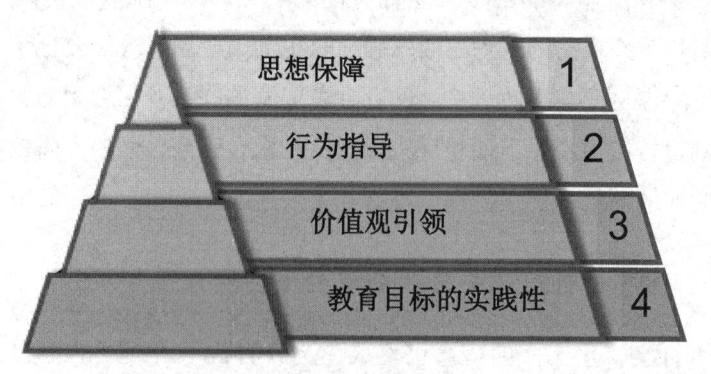

图1-1 思政教育在生态文明建设中的作用

---

[1] 唐悦莹. 生态文明教育与思想政治教育的同向同行 [J]. 环境工程, 2022(8):294-294.

（三）生态文明与思政教育相互促进共同发展

在当今社会，生态文明建设与思政教育紧密相连，二者相辅相成，共同推动着社会的进步与发展。生态文明的核心理念是人与自然和谐共生，它倡导尊重自然、顺应自然、保护自然。这一理念不仅关乎环境保护，更关乎人类未来的可持续发展。思政教育是培养学生社会责任感、道德观念和法律意识的重要途径。

在思政教育中融入生态文明的理念，能够帮助学生深刻理解人与自然的关系，树立正确的生态观念，从而激发其保护环境的自觉性和责任感。生态文明建设的实践也为思政教育提供了丰富的素材和案例，使思政教育更加生动、具体；反过来，思政教育也推动着生态文明建设的发展，通过培养学生的环保意识，思政教育为生态文明建设提供了源源不断的人才支持和思想保障。学生在实践中将生态文明的理念转化为行动，积极参与到环保活动中，成为生态文明建设的生力军。

（四）生态文明与大学生思想政治教育的相互促进

生态文明与大学生思想政治教育之间存在着相互促进的关系，这种关系体现在以下几个方面。

（1）内容互补：大学生思想政治教育注重培养学生的世界观、人生观和价值观，而生态文明教育则强调人与自然的和谐共生。将生态文明理念融入思想政治教育，丰富了教育的内容，从而促进学生更加全面地认识世界，形成正确的生态观念。

（2）目标一致：两者的教育目标都是培养具有高度社会责任感的人才，通过思想政治教育，引导学生关注社会问题，承担社会责任；而通过生态文明教育，学生能认识到保护环境的紧迫性和重要性，从而积极投身生态文明建设。

（3）理论与实践结合：思想政治教育和生态文明教育都强调理论与实践相结合，通过组织学生参与环保活动、社会实践等，不仅能提升实践能力，还能增强环保意识和社会责任感。

表1-2 生态文明与大学生思想政治教育的相互促进

相互促进的方面	详细描述
内容互补	大学生思想政治教育注重培养学生的世界观、人生观和价值观，生态文明教育强调人与自然的和谐共生，融入生态文明理念，丰富了思想政治教育的内容
目标一致	两者的教育目标均为培养具有高度社会责任感的人才，思想政治教育引导学生关注社会问题，承担社会责任；生态文明教育使学生认识环保的紧迫性和重要性，积极投身生态文明建设
理论与实践结合	思想政治教育和生态文明教育都强调理论与实践相结合，通过组织环保活动、社会实践等提升学生的实践能力和环保意识

生态文明与思政教育紧密相连，共同推动社会可持续发展。生态文明理念作为思政教育的重要内容，帮助学生理解人与自然的和谐共生，培养环保意识和行为习惯。思政教育则为生态文明建设提供思想保障，激发学生的责任感和使命感。两者相互促进，生态文明为思政教育提供生动案例，思政教育为生态文明培养人才，使学生积极参与环保行动，推动生态文明建设。将生态文明理念融入大学生思想政治教育，有助于增强大学生的环保意识和社会责任感，培养他们成为推动社会可持续发展的重要力量。两者的融合不仅丰富了教育内容，还能通过实践活动提升学生的实践能力和生态文明素质。

第二节 生态文明建设议题下大学生思想政治教育的现状与挑战

一、生态文明建设议题下，大学生思政教育的现状

在当前全球生态环境日益恶化的背景下，生态文明建设被提到了前所未有的高度。作为未来社会建设的中坚力量，大学生的思想政治教育显得尤为重要。然而传统的思政教育在面对生态文明这一新课题时，显得捉襟见肘，既存在教育内容的滞后问题，也面临着教育方法的革新需求。下面将深入探讨大学生思想政治教育的现状。

(一)传统思政教育的局限性

传统思政教育在我国的教育体系中占据了重要的地位,它致力培养学生正确的世界观、人生观和价值观,然而在新的时代背景下,这种教育模式逐渐显露出其局限性,即无法完全满足当代大学生的需求和社会的发展。首先,传统思政教育的内容往往过于侧重理论和概念,而缺乏对实际问题的深入分析和解决策略的探讨。这种偏向理论的教学方式容易导致学生与实际社会脱节,难以将所学知识应用到现实生活中。特别是在面对复杂的生态问题时,学生们往往感到无从下手,缺乏解决实际问题的能力。

其次,传统思政教育在教学方法上也存在一定的局限性。传统的课堂讲授方式虽然能够系统地传授知识,但往往缺乏趣味性和互动性,难以激发学生的学习兴趣。在当今信息爆炸的时代,学生们更加倾向于通过多元化的渠道获取信息,而单一的教学方式显然无法满足他们的需求,同时传统思政教育在培养学生的创新思维和批判性思维方面也存在不足,在快速发展的社会中,创新思维和批判性思维是大学生必备的能力,能够帮助学生更好地适应未来社会的挑战。然而,传统的思政教育往往过于注重知识的灌输,而忽视了对学生这些能力的培养。

最后,传统思政教育在应对新时代议题,如生态文明、科技创新等方面显得力不从心,随着社会的进步和科技的发展,这些新时代议题已经成为大学生必须面对的现实问题。然而,由于传统思政教育的局限性,学生们往往对这些议题缺乏深入的了解和思考。

(二)思政教育内容与方法的滞后性

当前,大学生思想政治教育在内容与方法上存在一定的滞后性,这成为思政教育面临的重要问题。传统的思政教育模式往往过于注重理论知识的传授,而忽视了对学生实际需求和兴趣点的关注。教材内容更新缓慢,很多时候无法及时反映社会发展和时代变迁的新要求,特别是在生态文明等新时代议题上的探讨显得尤为不足。教学方法的滞后也制约了思政教育的效果,很多教师仍然沿用单一的讲授方式,缺乏与学生互动和启发的环节,这使学生往往处于被动接受的状态,难以真正理解和内化思政教育的内容。此外,现代教育技术的快速发展为思政教育提供了更多的可能性,然而在实际教学中,这些技术手段的应用并不广泛,未能充分发挥其在提升教学效果方面的作用。

这种内容与方法的滞后性不仅影响了学生的学习兴趣和积极性，也限制了思政教育在培养学生综合素质和社会责任感方面的作用。因此，需要及时更新思政教育内容，引入更多与时代发展紧密相连的主题，如生态文明、科技创新等。

表1-3　大学生思想政治教育中存在的问题与具体表现

存在的问题	具体表现
内容滞后	传统教育模式过于注重理论知识的传授，忽视学生实际需求和兴趣点，教材内容更新缓慢，无法及时反映社会发展和时代变迁的新要求，新时代议题（如生态文明）探讨不足
方法滞后	依赖单一的讲授方式，缺乏与学生互动和启发的环节，学生处于被动接受状态，难以真正理解和内化思想政治教育的内容
现代教育技术手段应用不足	现代教育技术手段在实际教学中应用不广泛，未能充分发挥其在提升教学效果方面的作用
对学生的影响	影响学生的学习兴趣和积极性，限制思政教育在培养学生综合素质和社会责任感方面的作用

（三）思政教育与实践脱节

在当前的大学生思想政治教育中，存在着一个突出的问题，即思政教育与实践活动脱节。这一问题不仅影响了思政教育的实际效果，也阻碍了学生将理论知识转化为实际行动能力的培养。

思政教育与实践脱节表现在多个方面。一是传统的思政教育往往侧重于理论传授，而缺乏对实践环节的重视，学生在课堂上学习了大量的政治理论和道德观念，却很少有机会将这些理论应用到实际生活中去。这种教育模式导致学生对思政课程的理解停留在纸面上，难以内化为自身的行为准则。二是即便有些学校安排了实践活动，也往往流于形式，缺乏深入的思考和反思，这些实践活动往往只是为了完成任务，而没有真正地让学生从中领悟到思政教育的精髓。学生在实践中只是机械地执行任务，而没有将思政教育的理念融入到实践中去。三是教育内容与现实社会的脱节。随着社会的发展和变革，许多新的社会问题和挑战不断涌现。然而，思政教育的内容往往未能及时跟上这些变化，导致学生在面对现实问题时感到无所适从。这种脱节不仅削弱了思政教育的针对性，也阻碍了学生运用所学知识解决实际问题能力的养成。

这种脱节对学生的全面发展造成了不利影响，学生无法通过实践来深化对思政理论的理解，也难以将所学知识转化为实际行动。长此以往，这不仅会影响学生们综合素质的提升，也会制约他们在未来社会中的发展潜力和创新能力。

（四）思政教育方法的僵化

在当前的高等教育体系中，思政教育占据着举足轻重的地位，然而不得不指出的是，思政教育方法在一定程度上呈现出僵化的趋势。这种僵化不仅影响了教学效果，也限制了学生思维的拓展和能力的培养。

首先，思政教育方法的僵化体现在教学形式的单一性上。传统的思政教育往往采用"填鸭式"的教学方法，即老师在课堂上单方面灌输知识，学生则处于被动接受的状态。这种教学方式忽视了学生的主体地位，缺乏师生互动，使得课堂变得沉闷乏味，难以激发学生的学习兴趣。

其次，思政教育内容的更新速度也显得相对滞后。在当今信息爆炸的时代，社会热点和问题层出不穷，而思政教育往往难以及时跟上这些变化。教材内容陈旧，案例过时，与现实社会脱节严重，这使学生在接受思政教育时难以产生共鸣，更无法深刻理解思政教育的现实意义。

再次，思政教育方法的僵化还体现在对考核方式的固守上。目前，很多高校的思政教育考核方式仍然以传统的笔试为主，注重对学生知识点的记忆考查，而忽视了对学生分析问题、解决问题能力的评估。这种考核方式无法全面反映学生的真实水平，导致学生产生应试心态，背离了思政教育的初衷。

最后，思政教育方法的僵化还表现在对教育技术的应用上。虽然现代教育技术日新月异，但在实际教学中，很多教师仍然习惯使用传统的黑板和粉笔进行教学，对于新媒体、网络技术等现代教育手段的运用显得不够熟练和积极。这不仅限制了教学手段的多样性，也影响了教学效果的提升。

（五）学生对思政教育的认知偏差

在当代大学生中，存在着一种对思政教育的认知偏差，这种偏差不仅影响了思政教育的实施效果，也阻碍了学生个人的全面发展。很多学生对思政教育持有一种误解，即认为思政教育只是空洞的政治灌输或是道德说教，与实际学习、生活乃至未来的职业发展无直接关联。他们往往将思政课程视为一种额外的负担，而非个人成长道路上的重要一环。这种认知偏差导致学生在面对思政课程时缺乏积极性和参与度,甚至产生抵触情绪。

部分学生认为,与其花费时间在思政课上,不如将更多精力投入专业课的学习或是其他自我提升的活动上。他们未能充分认识到思政教育在塑造个人价值观、培养社会责任感以及提升综合素质方面的重要作用,这种短视的认知忽略了思政教育对于个人长远发展的潜在影响。此外,一些学生还将思政教育简单地等同于背诵和应付考试,忽视了其背后的深层意义,他们仅仅为了应付考试而学习,没有真正理解和吸收思政教育的核心思想。这种应试心态不仅削弱了思政教育的实际效果,也阻碍了学生对于社会现象和道德问题的深入思考和独立判断能力的发展。这种认知偏差的形成,既受到学生个人经验和学习态度的影响,也与当前思政教育的教学方式和内容设置有关。因此,纠正学生的认知偏差需要从多个方面入手:一方面教师需要创新教学方法,激发学生的学习兴趣和参与度;另一方面学校和教育部门也应加强思政教育的实践性和针对性,使其更加贴近学生的实际需求和生活经验。

在全球生态环境日益恶化的背景下,生态文明建设对大学生思想政治教育提出新要求。但是传统思政教育内容滞后,理论过多、时间不足、方法僵化,难以满足生态文明时代的需求。理论与实践脱节,学生缺乏实际应用机会。大学生生态意识普遍缺失,对思政教育存在认知偏差,影响社会可持续发展。因此,思政教育需融入生态理念,更新教育内容,采用多样化教学方法,培养学生的创新思维和批判性思维,增强生态意识。同时应优化教育环境,推动生态校园建设,提升教育效果,助力生态文明建设。

(六)大学生生态意识的缺失

在当代社会,大学生作为知识分子的代表,被寄予厚望。然而在生态意识方面,许多大学生表现出明显的缺失,这一现象不容忽视。随着经济的快速发展,环境问题日益凸显,生态保护已经成为全球性的议题,然而很多大学生对于生态环境的认知仍然停留在表面,缺乏深入的了解和关注。他们对于环境保护的重要性认识不足,往往将经济发展与生态保护对立起来,忽视了二者之间的平衡与协调。

在日常生活中,大学生生态意识的缺失也表现得尤为明显,许多学生在校园内随意丢弃垃圾，不珍惜公共资源，对于节能减排、绿色出行等环保行为缺乏足够的重视。这种生态意识的缺失不仅影响了校园环境，也对社会的可持续发展造成了潜在威胁，造成大学生生态意识缺失的原因是多方面的。一方面传统的教育模式过于注重知识的传授，而忽视了对学生生态意识的培养，另一方面社会氛围的影响也不可忽视。在追求物质利益的驱动下，很多人忽视了对生态环境的保护，这种价值观也在一定程度上影响了大学生的生态观念。

二、思政教育面临的新挑战

随着生态文明理念的深入人心，大学生思想政治教育正面临着前所未有的新挑战，这些挑战不仅关乎教育内容的更新，更涉及教育方式、教育理念以及教育环境的全面变革。在生态文明建设的时代背景下，如何使思政教育更好地与时俱进，成为摆在高等教育面前的重要课题。

（一）生态文明理念的融入与教育内容的创新

在生态文明建设日益受到重视的背景下，大学生思想政治教育亟待融入生态文明理念，并实现教育内容的创新。这一挑战不仅是对传统思政教育内容的补充和完善，更是顺应时代发展的必然要求。生态文明理念的融入，意味着需要在思政教育中强调人与自然的和谐共生，引导学生认识到人类活动对环境的影响，并培养他们的环保意识。为了实现这一目标，教育内容必须进行创新，将生态文明的核心价值观贯穿思政课程的始终。具体而言是将生态文明的基本概念、原则和实践案例融入思政教材中，使学生在学习过程中自然而然地接触到生态文明理念。同时结合当前的环境问题和社会热点，引导学生进行深入思考和讨论，激发他们对环保事业的兴趣和责任感。

此外，通过开展丰富多彩的生态文明主题活动，如环保知识竞赛、绿色校园建设等，让学生在实践过程中亲身体验和感悟生态文明的重要性。这些活动不仅能增强学生的环保意识，还能培养他们的团队协作能力和创新精神。教育内容的创新是生态文明理念融入思政教育的关键，需要不断更新和完善教材内容，引入最新的环保理念和技术，确保思政教育与时代发展紧密相连；教师也应不断提升自身的环保素养，以更好地引导学生树立正确的生态观和价值观。

（二）教育方式的转变与学生主体性的发挥

随着教育改革的不断深化，大学生思想政治教育方式也须与时俱进，实现由传统的灌输式教学向引导学生主动学习方式的转变，充分发挥学生的主体性。传统的思政教育往往采用讲授式教学，老师单向传授知识，学生则处于被动接受的状态，这种方式已难以适应新时代大学生的需求。现代学生更加独立自主，渴望在学习中发挥主观能动性，因此教育方式的转变势在必行。

新的教育方式应注重启发式教学、案例式教学、研讨式教学等多样化方法，鼓励学生参与课堂讨论，提出自己的观点，通过思考和辩论深化对思政知识的理解。同时利用现代信息技术，如多媒体教学、网络教学等，为学生提供更丰富的学习资源和互动平台，激发学生的学习兴趣和创造力。学生主体性的发挥是教育方式转变的核心，教师应尊重学生的个性差异，鼓励他们独立思考，培养他们的创新精神和实践能力。通过分组讨论、角色扮演、社会实践等活动，让学生在亲身体验中感受思政教育的内涵，从而将知识内化于心、外化于行。此外，教育方式的转变还需要教师角色的转变，教师不再是单纯的知识传授者，而应成为学生学习的引导者和促进者。教师要关注学生的学习过程，提供及时的指导和反馈，帮助学生发现问题、解决问题，真正实现教与学的互动和共赢。

表1-4　大学生思想政治教育方式转变表

方面	具体内容
传统教育方式	采用讲授式教学，老师单向传授知识，学生处于被动接受状态
新教育方式	注重启发式教学、案例式教学、研讨式教学等多样化的教学方法，鼓励学生参与课堂讨论，提出观点，利用现代信息技术（如多媒体教学、网络教学等）提供丰富的学习资源和互动平台
学生主体性发挥	尊重学生个性差异，鼓励独立思考，培养学生创新精神和实践能力，通过分组讨论、角色扮演、社会实践等活动增强学生体验
教师角色转变	从知识传授者转变为学习引导者和促进者，关注学生学习过程，提供及时指导和反馈，帮助学生发现问题和解决问题，实现教与学互动共赢

（三）教育环境的优化与生态校园的建设

教育环境的优化和生态校园的建设，是当前大学生思想政治教育中不可或缺的一环，这不仅关系到学生的学习环境，更影响着他们的身心发展和价值观塑造。以下从几方面探讨如何优化教育环境与建设生态校园。

（1）改善教室环境。简约整洁的教室布局能提升学生的学习专注度，清除杂物，桌椅摆放有序，确保学生有良好的学习空间。教室内部设立学习区域和交流区域，如阅读角和小组讨论区，以促进学生的互动学习和自主交流。

（2）丰富教学资源。利用多媒体工具，如图像、音频和视频等，辅助教学以提高学习效果。加强图书馆建设，提供丰富的书籍、期刊和电子资源，以满足学生的学习需求。

（3）发挥教师角色的作用。教师应使用温和鼓励性的语言，增强学生的自信心和学习积极性，灵活运用各种教学方法，以适应不同学生的学习风格和水平。

（4）营造校园文化氛围。加强教风、学风、班风、校风建设，为学生健康成长营造良好氛围，通过丰富多彩的课外活动，培养学生的创新精神和实践能力。

（5）绿化与美化校园环境。根据学校整体规划，进行校园绿化和美化工作，如种植花草树木，创造优美的校园环境，定期对校园内的植物进行修剪、养护，保持校园环境的整洁与美观。

（6）培养生态文明意识。通过课程和活动，增强学生的环保意识，使他们理解人与自然和谐共生的重要性，鼓励学生参与环保活动，如垃圾分类、节能减排等，以实际行动践行生态理念。

大学生思想政治教育在生态文明背景下面临新挑战，需要融入生态文明理念，创新教育内容，强调人与自然的和谐共生。教育方式应由灌输式教学转向启发式教学、案例式教学等，发挥学生的主体性，鼓励他们独立思考和培养他们的实践能力。教育环境的优化，包括教室环境、教学资源、教师角色、校园文化和生态校园建设，都是思政教育的重要环节。这些举措，能更好地培养学生的环保意识和社会责任感，促进其全面发展。

三、思政教育创新的迫切性

在当今快速发展的社会中，大学生思想政治教育正面临着前所未有的挑战与机遇，随着生态文明理念的深入人心，传统的思政教育方式已经难以满足新时代的需求。因此，思政教育创新显得尤为重要，它不仅是提升教育质量的关键，更是培养具有生态文明意识的新时代大学生的必由之路。下面将深入探讨思政教育创新的迫切性，分析其背后的四个主要论点。

（一）适应生态文明建设的时代需求

随着全球生态环境日益恶化，生态文明建设已然成为当下最重要的议题之一，作为未来社会的主力军，大学生们肩负着推动社会进步和环境保护的双重使命。因此，大学生思想政治教育必须适应生态文明建设的时代需求，这不仅是教育改革的必然趋势，也是培养新时代人才的迫切要求。生态文明建设呼唤着具有环保意识、创新能力和社会责任感的新一代青年，大学生思想政治教育应积极响应这一时代号召，将生态文明理念贯穿教育教学的全过程。通过课程设置、实践活动等多种形式，引导学生深刻理解生态文明建设的重大意义，培养他们保护环境的自觉性和主动性。

此外，适应生态文明建设的时代需求，还意味着大学生思想政治教育要注重培养学生的综合素质，在传授专业知识的同时更要注重培养学生的批判性思维、创新能力和团队协作精神。这些素质的提升将有助于学生在未来工作中更好地应对环境挑战，推动社会的绿色发展。同时，大学生思政教育还要引导学生关注全球环境问题，拓宽他们的国际视野，通过引入国际环保案例、开展国际交流与合作等方式，让学生认识环保是全球性的责任，从而培养他们的全球意识和跨国合作能力。

（二）提升大学生思政教育的实效性

在当代大学生思政教育中，实效性的提升显得尤为重要。实效性不仅关乎教育质量的高低，更是衡量思政教育成功与否的重要标准，因此，必须采取切实有效的措施，以提高思政教育的实际效果。一是贴近学生实际，因材施教。每个学生都有其独特的成长背景和思想特点，思政教育不能"一刀切"，教师应该深入了解学生的需求和困惑，根据实际情况制定个性化的教育方案，使思政教育真正触及学生的内心。二是注重实践环节，让学生在行动中感悟思政教育的真谛。通过组织社会实践、志愿服务等活动，让学生亲身体验社会责任和公民义务，从而深化对思政知识的理解，并将其内化为自身的行为准则。三是创新教学方法，这也是提升教学实效性的关键。传统的灌输式教学已无法满足当代高等教育的需求，教师应运用现代信息技术，采用案例教学、互动讨论等多样化教学手段，激发学生的学习兴趣，提高学习积极性和参与度。四是建立完善的评价体系，这是确保思政教育实效性的重要保障。通过定期的教学评估和反馈机制，及时了解学生的学习情况和思想动态，针对问题进行调整和改进，确保思政教育的针对性和有效性。

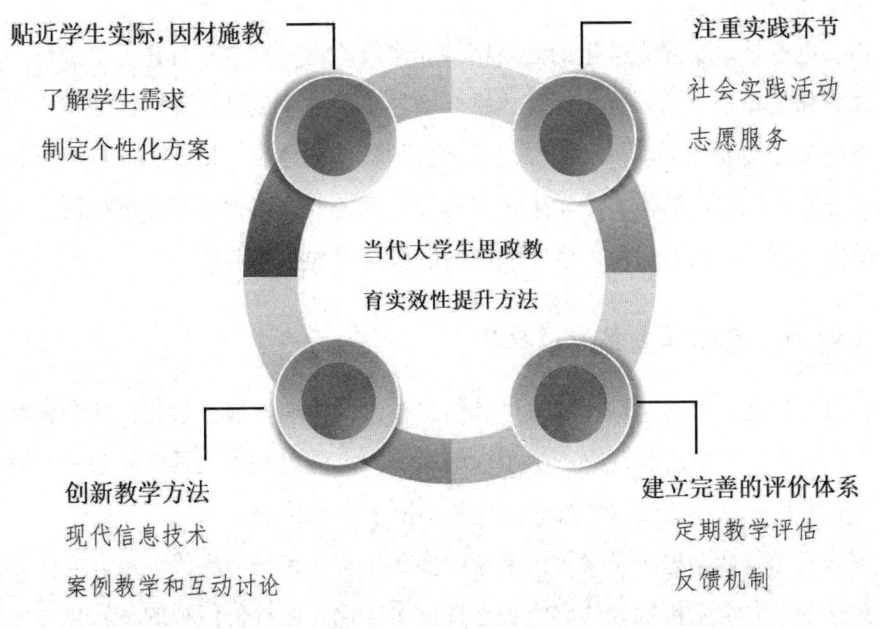

图1-2 当代大学生思政教育实效性提升策略

（三）培养大学生的创新精神和实践能力

在21世纪这个知识经济迅猛发展的时代，大学生的创新精神和实践能力显得尤为重要，这两种能力不仅是个人成长的重要支撑，更是国家发展和社会进步的关键因素。因此，如何有效地培养大学生的创新精神和实践能力，成为高等教育面临的重要课题。

创新精神是指敢于挑战传统、勇于探索未知的思维方式和行为习惯。对于大学生而言，具备创新精神意味着能够不断追求新知，勇于尝试不同的方法和路径，以创造性的方式解决问题。为了培养这种精神，高等教育应鼓励学生敢于质疑、勇于批判，为他们提供广阔的思维空间和自由探索的平台。同时，通过开设创新课程、举办创新竞赛等方式，激发学生的创新思维，培养他们的创新意识。

实践能力是指学生将理论知识转化为实际操作的能力，以及解决实际问题的能力。在高等教育中，实践能力的培养需要通过实验、实训、实习等多种实践教学环节来实现。这些环节不仅能够帮助学生巩固理论知识，更能帮助他们在实际操作中发现问题、解决问题，从而提升实践能力。此外，高校还应积极与企业、行业合作，为学生提供更多的实践机会和发展平台，让他们在真实的职业环境中锻炼实践能力。

为了更有效地培养大学生的创新精神和实践能力，高等教育还需要进行一系列的改革和创新。一是要优化课程体系，增加实践性和创新性课程的比重，为学生提供更多的实践和创新机会。二是要加强师资队伍建设，培养一支具有创新意识和实践能力的教师队伍，为学生树立榜样。三是要完善评价和激励机制，充分肯定学生的创新和实践成果，激发他们的创新意识和实践热情。

（四）多元化社会思潮的挑战

在当今社会，随着全球化的推进和信息技术的飞速发展，多元化社会思潮不断涌现，对大学生的思想观念产生了深刻影响。这些思潮往往具有复杂的背景和多样的表现形式，使大学生在思想上面临前所未有的挑战。

一是多元化社会思潮带来了价值观的多元化。在传统与现代、东方与西方文化的交融中，大学生接触到的价值观念日益多样化。这种价值观的多元化为大学生提供了更多选择空间的同时增加了他们价值判断的难度，如何在众多的价值观中做出正确的选择，成为大学生面临的一个重要难题。

二是社会思潮的多元化也带来了思想观念的冲突与碰撞。不同的社会思潮往往代表着不同的利益群体和思想主张，它们在传播过程中不可避免地会产生碰撞和冲突。这种思想观念的冲突不仅会影响大学生的思想稳定，而且会引发他们对社会现实的困惑和不满。

三是多元化社会思潮还对大学生的国家民族意识产生了一定的冲击。在全球化的大背景下，一些西方社会思潮强调个人自由、民主等价值观，这在一定程度上淡化了大学生的国家民族意识。如何在全球化的浪潮中保持对国家民族的认同感和归属感，成为大学生需要思考的问题。

表1-5 多元化社会思潮对大学生思想观念的影响

影响因素	具体表现	对大学生的影响
价值观的多元化	在传统与现代、东方与西方文化的交融中，大学生接触到的价值观念日益多样化	增加了他们价值判断的难度
思想观念的冲突与碰撞	不同的社会思潮在传播过程中不可避免地会产生碰撞和冲突	影响大学生的思想稳定，引发他们对社会现实的困惑和不满
国家民族意识的冲击	一些西方社会思潮强调个人自由、民主等价值观，淡化了大学生的国家民族意识	在全球化的浪潮中，保持对国家民族的认同感和归属感变得困难

在当今快速发展的社会背景下，大学生思想政治教育面临前所未有的挑战与机遇，随着生态文明理念深入人心，传统思政教育方式已经不适应新时代需求。因此，思政教育创新显得尤为重要，这不仅是提升教育质量的关键，更是培养具有生态意识的新时代大学生的必由之路。创新思政教育必须适应生态文明建设需求，提升实效性，培养创新精神和实践能力，同时应对多元化社会思潮的挑战，引领大学生在复杂的价值观中做出正确选择。

第三节　生态文明理念在思政教育中的应用

一、生态文明理念的教育价值

随着全球生态环境日益受到关注，生态文明理念在当代大学生思想政治教育中的重要性日益凸显。将生态文明理念融入思政教育，不仅有助于培养学生的环保意识，还能够增强他们的社会责任感。下面将深入探讨生态文明理念在思政教育中的具体应用及其教育价值。

（一）生态文明理念有助于培养大学生的环保意识

生态文明理念对于培养大学生的环保意识具有至关重要的作用。大学生作为未来社会的主力军，他们的环保意识将直接影响未来环境保护的成效。通过引入生态文明理念，大学生能够更深刻地认识到人类与自然环境的紧密联系，以及人类活动对自然环境产生的深远影响。这种理念不仅强调环境保护的重要性，更提倡人与自然的和谐共生，从而激发大学生的环保自觉性和责任感。

在课堂教学中，教师通过生动的案例和科学的讲解，让学生了解到环境问题的严重性和紧迫性，从而引导他们形成正确的环保观念。此外，通过组织参与环保实践活动，如校园绿化、垃圾分类等，大学生能够亲身体验到环保的实际意义，进一步加深对生态文明理念的理解。这些经历不仅能增强大学生的环保意识，更能促使他们在未来生活中积极践行环保，为保护共同的地球家园贡献力量。

（二）生态文明理念能够增强大学生的社会责任感

生态文明理念在培养大学生社会责任感方面发挥着不可或缺的作用。社会责任感是指个体对社会的义务感和使命感，它驱使人们积极参与社会公共事务，为社会的繁荣稳定贡献力量。对于大学生而言，社会责任感的培养尤为重要，因为他们即将成为社会建设的中坚力量。生态文明理念的引入，能让大学生意识到保护环境不仅是个人的责任，更是全体社会成员的共同使命。通过学习生态文明理念，大学生开始认识到人类活动对环境产生的负面影响，以及这些影响如何波及整个社会乃至全球。这种认识激发了他们的社会责任感，使他们更加积极地参与到环保行动中去。

此外，生态文明理念还强调可持续发展的重要性，让大学生明白他们的行为将影响到未来几代人，这种长远的认识进一步强化了他们的社会责任感，促使他们不仅关注当下的环境问题，还思考如何通过自身的努力，为子孙后代留下一个更美好的世界。生态文明理念的教育不仅仅停留在课堂上，更延伸到课外的实践活动中，大学生通过参与环保项目、志愿服务等实践活动，将理论知识转化为实际行动，不仅锻炼了自身能力，也深刻体会到了作为社会成员应承担的责任。

(三)生态文明理念促进大学生全面发展

生态文明理念在促进大学生全面发展方面起着至关重要的作用。全面发展不仅包括知识技能的积累,更涵盖了道德品质、社会责任感以及解决实际问题能力的提升。生态文明理念的引入,为大学生的全面发展提供了新的视角和动力。一是生态文明理念的教育丰富了大学生的知识体系。通过学习生态文明相关知识,大学生能够更全面地了解人类与自然的关系,认识到可持续发展的重要性,这种跨学科的知识融合有助于拓宽他们的视野,提升综合素质。二是生态文明理念有助于提升大学生的道德品质。在参与环保活动的过程中,大学生能深刻体会到个人行为对社会和环境的影响,从而更加注重自身的道德修养。他们会学会尊重自然、珍惜资源,形成良好的环保意识和行为习惯。三是生态文明理念能够锻炼大学生的社会实践能力。参与环保项目、社会实践等活动,需要大学生运用所学知识解决实际问题,这不仅能提升他们的动手能力,还能培养团队协作精神和创新思维。

生态文明理念在当代大学生思想政治教育中的教育价值显著,它有助于培养学生的环保意识,通过案例教学和实践活动引导学生深刻理解环境保护的重要性。生态文明理念能够增强学生的社会责任感,使他们意识到个人行为对社会和环境的长远影响,并激发其参与社会公共事务的积极性。此外,生态文明理念还促进了学生的全面发展,丰富了知识体系,提升了道德品质,并锻炼了解决实际问题的能力。

二、生态文明理念与思政课程相结合

随着全球环境问题的日益突出,生态文明理念逐渐成为社会发展的重要指导思想。在这一背景下,将生态文明理念融入大学生思想政治教育,特别是与思政课程紧密结合,显得尤为重要。这不仅能够增强大学生的环保意识,还能深化他们对社会责任和人类命运共同体的理解。下面将探讨生态文明理念如何与思政课程有效结合,以及这种结合所具有的环保教育意义。

(一)生态文明理念与思政课程结合有助于深化环保教育

生态文明理念与思政课程的紧密结合,对于深化大学生的环保教育具有重要意义。在传统的思政教育中，虽然也涉及社会责任和道德观念的培养，但对于环境保护这一全球性问题的探讨并不深入。将生态文明理念融入思政课程，能填补这一空白，使大学生在接受思政教育的同时，也能深刻理解环境保护的重要性。

生态文明理念在思政课程中的引入，让学生们从更广阔的视角审视人类活动对自然环境的影响。通过学习，学生们会意识到，环境保护不仅是一种个人行为，更是一种集体意识和社会责任。这种教育方式有助于引导学生们形成积极的环保态度，激发他们主动参与环保活动的热情。此外，生态文明理念与思政课程的结合还能够提供丰富的教育素材和案例。教师可利用这些素材，结合课程内容，向学生们展示环境问题的严重性和环保行动的紧迫性。

（二）生态文明理念与思政课程结合有助于培养学生的社会责任感

将生态文明理念融入思政课程，对于培养学生的社会责任感起到了积极的推动作用。社会责任感是指个体自身行为对社会、环境所产生的影响所持有的自觉态度。在当今环境问题日益严峻的背景下，培养学生的社会责任感显得尤为重要，生态文明理念的引入，使思政课程的内容更加丰富和具有现实意义。通过学习生态文明的相关知识，学生开始深刻理解人类与自然环境的紧密联系，以及个人行为对环境产生的直接或间接影响。这种认知上的提升促使学生意识到，保护环境、节约资源不仅是社会的需要，更是每个人应尽的责任。

此外，通过将生态文明理念与思政课程相结合，教师还可以引导学生参与到环保实践中去，如组织校园绿化、垃圾分类等环保活动，让学生在亲身体验中感受环保的实际意义。这种参与式的学习方式不仅提升了学生的实践能力，更让他们在行动中体会到了社会责任感的重要性。在这种教育模式下，学生会逐渐形成一种自觉的社会责任感，意识到自己的每一种行为都与社会、环境息息相关，他们会更加注重自身的环保行为，积极传播环保理念，甚至在未来的工作和生活中，主动寻求和实施可持续发展的解决方案。

（三）生态文明理念与思政课程结合有助于提升学生的综合素质

生态文明理念与思政课程的紧密结合，对学生的综合素质提升起到了明显的促进作用。在当今社会，仅仅掌握专业知识已经无法满足学生全面发展的需求，综合素质的培养显得尤为重要。一是将生态文明理念融入思政课程，有助于拓宽学生的知识视野。学生在学习思政课程的同时接触到生态文明的相关知识，从而对人与自然的关系、可持续发展的重要性有了更深入的理解。这种跨学科的知识融合，使学生能够从多角度、多层次思考问题，提高了他们的思维能力和创新能力。二是这种结合还培养了学生的团队协作能力。在探讨和解决环境问题的过程中，学生需要与他人合作，共同寻找解决方案。这不仅锻炼了学生的沟通协调能力，还培养了他们的团队合作精神。在未来的工作和生活中，这种团队协作能力将成为学生不可或缺的重要素质。三是通过生态文明理念的教育，学生的道德素养也得到了提升。学生开始意识到自己的行为对环境和社会的影响，从而更加注重自身的道德修养和社会责任。他们会学会尊重自然、珍惜资源，形成良好的环保意识和行为习惯，这对于塑造他们的人格具有重要意义。

生态文明理念与思政课程的紧密结合对大学生具有重要意义，一方面，它深化了环保教育，引导学生从更广阔的角度审视环境保护的重要性，增强了学生的社会责任感，使其认识到个人行为对社会和环境的影响。另一方面，促进了学生综合素质的提升，拓宽了知识视野，培养了团队协作精神和提高了道德品质。这种结合为学生全面发展提供了理论支持和实践指导，有助于培养积极的社会公民和环保行动者。

三、创新教学方法以传递生态文明理念

随着生态文明建设的深入推进，大学生思想政治教育也迎来了新的挑战与机遇，传统的教学方法已经难以满足当前的教育需求。为了更好地传递生态文明理念，需要创新教学方法，使生态文明理念更加深入人心。下面将从四个方面探讨如何创新教学方法，以有效地传递生态文明理念。

（一）利用多媒体教学手段增强学生直观感受

在大学生思想政治教育中，引入多媒体教学手段对于传递生态文明理念具有显著的优势。多媒体不仅丰富了教学内容，更能通过图像、声音、动画等多种元素，为学生营造一个立体、生动的学习环境，从而极大增强了学生对于生态文明理念的直观感受。具体表现为：一是多媒体能够将抽象的生态文明概念具象化，例如，通过高清的图片展示，学生们能清晰地看到森林的茂密、水源的清澈，以及受到污染后环境的破败。这种视觉上的对比，让学生直观地感受到环境保护的

重要性；同样通过播放相关的纪录片或动画，也能进一步加深学生对生态文明内涵的理解。二是多媒体教学手段还能够模拟真实的环境场景，让学生在教室内就能体验到自然的美好与脆弱。例如，利用虚拟现实技术，学生可以"身临其境"地感受到雨林中的生机勃勃或荒漠化的严峻形势，这种沉浸式的学习方式，无疑会让学生更加珍惜自然资源，更加明白保护环境的紧迫性。三是多媒体还能实时更新和展示全球环境问题的最新动态。通过连接互联网，教师可以随时向学生展示世界各地的环境问题及其解决方案，从而让学生了解到生态文明建设的全球性和长期性。四是多媒体教学手段的互动性也是其独特优势。通过在线讨论、投票等方式，教师能及时了解学生的想法和态度，进而调整教学内容和方法，使生态文明教育更加贴近学生的实际需求和兴趣点。

图1-3　多媒体教学在生态文明理念教育中的五大优势

（二）开展实践性教学活动加深理解

实践性教学活动是大学生思想政治教育中不可或缺的一环，特别是对于加深学生对生态文明理念的理解尤为重要。通过亲身参与和实际操作，学生们能够更直观地感受到生态文明建设的重要性，从而加深对该理念的认识和理解。实践性教学活动的形式多样，应结合课程内容和学生兴趣来设计。比如，组织学生参加环保项目，如校园绿化、垃圾分类等，让学生在实践中亲身体验环保的紧迫性和实际效益。这样的活动不仅锻炼了学生的动手能力，还让他们深刻理解了生态文明建设的实际意义。

此外,实地考察也是实践性教学活动的重要组成部分。带领学生参观生态保护区、污水处理厂等,让他们目睹环境保护的成效和挑战。在实地考察中,学生能直观地了解到环境保护的复杂性,以及个人行动对环境产生的直接影响。实践性教学活动还能够提升学生的团队协作能力,在参与环保项目或实地考察时,学生需要相互配合,共同完成任务。这种团队协作的经验不仅有助于培养学生的社交技能,还能让他们意识到在生态文明建设中,每个人的努力都是不可或缺的。更为重要的是,实践性教学活动能够激发学生的主动性和创造性,在亲身参与的过程中,学生会发现新的问题、提出新的解决方案,这种探索和创新的精神是生态文明建设中非常宝贵的品质。

(三)引入案例教学培养批判性思维

案例教学是一种有效的教学方法,尤其在培养学生的批判性思维方面具有显著效果。通过引入与生态文明相关的案例,教师帮助学生更深入地理解生态文明建设的复杂性,并激发他们的批判性思考。案例教学能够提供一个真实世界的缩影,让学生在分析具体事件的过程中,锻炼分析问题、解决问题的能力,例如,通过分析某一地区环境污染的案例,学生需要探讨污染的原因、影响以及解决方案。这样的过程不仅要求他们理解和应用所学知识,更需要他们对信息进行评价和批判,从而形成自己的见解。

同时,案例教学鼓励学生从多个角度审视问题,不盲从权威,敢于质疑和挑战现有观点。在探讨案例时,教师通过提问引导学生深入思考,比如:"这个解决方案是否考虑了所有利益相关者的意见?""是否存在其他更可持续的解决方案?"这样的教学方式有助于培养学生独立思考和批判性分析的能力。

此外,案例教学还能帮助学生建立与现实世界的联系,让他们意识到知识不仅是书本上的理论,而是用来解决实际问题的工具。通过分析真实案例,学生会更加明白生态文明建设的紧迫性和重要性,也会更加珍惜和保护自然环境。

(四)实施翻转课堂激发学生主动性

翻转课堂作为一种创新的教学模式,正逐渐在教育领域中被广泛应用。在这种模式下,学生在课堂外通过视频、在线课程或其他教学资源进行预习和学习,而课堂时间则主要用于讨论、实践和深化理解。这种教学方式对于激发学生的主动性具有显著效果。一是翻转课堂模式使学生成为学习的主体,学生在课下自主学习新知识,课堂上则通过与教师和同学的互动交流来巩固和提升。这种模式鼓励学生主动探索和思考,学生不是被动接受知识,从而大大提高了学生的学习积极性。

二是翻转课堂有助于培养学生的自主学习能力。学生根据自己的节奏和兴趣进行学习,选择适合自己的学习资源和方式,这种个性化的学习方式让学生更加投入,也更愿意主动参与到学习中来。

三是翻转课堂还能够促进学生的团队合作和问题解决能力。在课堂上,学生与教师和同学进行深入的讨论和交流,共同解决问题,这不仅锻炼了学生的沟通能力,也培养了他们的团队合作精神和创新思维。

创新教学方法在传递生态文明理念方面发挥着重要作用,多媒体教学丰富了内容,通过图像、声音和动画增强了学生的直观感受,使抽象的概念具象化。实践性教学活动通过参与环保项目和实地考察,深化了学生对生态文明的理解和认识。案例教学激发了学生的批判性思维,通过分析真实案例培养了学生解决问题的能力。翻转课堂模式激发了学生的主动性和自主学习能力,促进了团队合作和创新思维的培养。这些方法共同为生态文明理念的传播提供了有力支持和实践平台。

四、生态文明理念在日常教育中的渗透

随着全球生态环境问题的日益凸显,生态文明理念已经逐渐成为社会发展的核心理念之一。对于大学生思想政治教育而言,将生态文明理念融入日常教育,不仅能够培养学生的环保意识,还能够引导他们形成正确的世界观、人生观和价值观。下面将探讨如何在日常教育中有效地渗透生态文明理念,以达到提升大学生生态文明素养的目的。

(一)通过课堂教学渗透生态文明理念

课堂教学是传播知识、塑造人格的重要场所,也是渗透生态文明理念的关键环节。教师可以通过精心设计的课程内容,将生态文明理念巧妙地融入教学中。例如,在讲授相关学科时,引入生态文明的概念和原则,让学生了解人类与自然

环境的相互关系，认识到保护环境的紧迫性和重要性。

同时，教师还可以采用案例分析的教学方法，通过剖析生态环境问题的成因与后果，引导学生深入思考如何解决这些问题。此外，互动式的教学方式，如小组讨论、角色扮演等，也应鼓励学生主动参与，提升他们对生态文明理念的认同感和实践能力。

（二）利用实践活动强化生态文明理念

实践活动是深化学生对于生态文明理念理解和认同的有效途径。通过亲身参与实践活动，学生能够直观地感受到环境保护的重要性，从而强化生态文明理念。高校组织学生参与各类环保实践活动，如校园绿化、垃圾分类、节能减排等，学生不仅能够亲身体验到环保工作的艰辛与乐趣，还能在实践中学习到环保知识和技能。例如，通过参与校园绿化活动，学生了解到植物对于环境的重要性，学会如何合理种植和养护植物；通过垃圾分类活动，学生能够认识到垃圾处理对于环境保护的意义，并养成良好的环保习惯。

此外，高校还应鼓励学生走出校园，参与社区或地方的环保项目，这些项目往往涉及更广泛的环保议题，如水源保护、野生动植物保护等。通过参与这些项目，学生不仅能够更深入地了解环保工作的复杂性和挑战性，同时与社区居民、环保专家等各方人士进行交流与合作，拓宽自己的视野和增加经验。

（三）借助校园文化营造生态文明氛围

校园文化是塑造学生思想观念和行为习惯的重要力量，对于营造生态文明氛围具有不可忽视的作用。高校应当充分利用校园文化的影响力，将生态文明理念融入其中，从而潜移默化地引导学生形成正确的环境价值观。一是高校通过举办以生态文明为主题的各类活动来增强学生的环保意识。比如，定期开展环保知识讲座、环保主题征文比赛、环保创意手工制作等活动，让学生在参与中感受到环保的乐趣和意义。这些活动不仅能够丰富学生的课余生活，还能在无形中传递生态文明的理念。

二是校园内的宣传也是营造生态文明氛围的重要手段。高校利用校园广播、宣传栏、横幅等多种形式，广泛宣传环保知识和生态文明理念，使之成为学生日常生活中的一部分，同时通过展示环保成果和典型案例，激励学生积极参与到环保行动中来。

三是高校还将生态文明理念融入校园景观设计中。通过合理规划校园绿化、设置环保雕塑和标语等方式,让学生在校园的每一个角落都能感受到生态文明的氛围。这种环境育人的方式,能够使学生在潜移默化中接受生态文明理念的熏陶。

表1-6 高校校园文化融入生态文明理念的措施

方面	具体措施	预期效果
主题活动	举办环保知识讲座、环保主题征文比赛、环保创意手工制作等活动	增强学生环保意识,丰富课余生活,在参与中感受环保的乐趣和意义
宣传手段	利用校园广播、宣传栏、横幅等多种形式宣传环保知识和生态文明理念,展示环保成果和典型案例	使环保理念成为学生日常生活中的一部分,激励学生积极参与环保行动
景观设计	合理规划校园绿化,设置环保雕塑和标语	让学生在校园各个角落都能感受到生态文明的氛围,通过环境育人,学生能潜移默化地接受生态文明理念的熏陶

生态文明理念在大学生思想政治教育中具有重要意义,通过课堂教学、实践活动和校园文化的渗透,能有效提升大学生的生态文明素养。在课堂教学中,教师将生态文明理念融入课程内容和案例分析,增强学生的环保意识。通过参与校园绿化、垃圾分类等实践活动,学生能直观感受到环境保护的重要性,并养成环保习惯。高校还可举办环保主题活动、宣传生态文明知识和合理规划校园景观,营造浓厚的生态文明氛围,潜移默化地影响学生的世界观、人生观和价值观。

第四节 生态文明与思政教育融合的前景

一、生态文明对思政教育内容的丰富

随着全球生态环境问题的日益突出,生态文明已成为人类社会发展的重要议

题。在此背景下，将生态文明理念融入大学生思想政治教育中，不仅是对传统思政教育内容的创新与发展，更是培养具有环保意识和社会责任感的新时代大学生的必要举措。下面将探讨生态文明如何丰富思政教育的内容，分析其在思政教育中的重要性及应用前景。

（一）生态文明教育拓宽了思政教育的视野

随着生态文明理念的兴起，大学生思想政治教育的视野得到了前所未有的拓宽，传统的思政教育主要聚焦于政治理论、道德修养和法律意识的培养，而生态文明的引入为这一教育领域注入了新的活力。

生态文明教育强调的是人与自然的和谐关系，倡导可持续发展和绿色生活方式，这种理念的加入，使思政教育不再局限于人类社会内部的道德规范和政治观念，而是将关注点延伸至人类与自然环境的互动关系上。通过这样的教育，学生们开始意识到，作为未来的建设者和决策者，他们肩负着保护地球、维护生态平衡的重大责任。此外，生态文明教育还鼓励学生们从全球视角出发，思考环境问题对人类社会发展的影响。这种全球化的思维方式，不仅拓宽了学生们的认知边界，也让他们更加深刻地理解到环境保护是全球性的挑战，需要各国共同努力。

（二）生态文明为思政教育提供了新的案例与教学资源

生态文明建设的深入推进，为思政教育提供了大量鲜活的案例和丰富的教学资源。具体来说表现在以下几个方面。

（1）实际案例的引入。随着国家对生态文明建设的重视，越来越多的生态保护和恢复项目正在实施，如滇池的生态保护、塞罕坝的林业建设等，这些都成为思政教育中生动的实例。通过这些案例，学生们能够直观地了解到生态文明建设的具体成效，加深对生态文明重要性的理解。

（2）数据支持的教学内容。近年来，我国在生态文明建设方面取得了显著成效。例如，根据相关数据，我国森林覆盖率逐年提高，空气质量和水质也得到了明显改善。这些具体的数据和统计资料，为思政教育提供了有力的支撑，使学生能够更加清晰地认识到生态文明建设的紧迫性和实际意义。

（3）多媒体教学资源。随着现代科技的发展，多媒体教学资源如视频、图片等也成为思政教育的重要辅助手段。通过展示生态文明建设过程中的影像资料，如环保志愿者的活动记录、生态恢复前后的对比照片等，使学生更加直观地感受到生态文明建设带来的变化。

（三）生态文明教育促进了思政教育方式的创新

生态文明的兴起不仅为思政教育注入了新的内容，更推动了其教育方式的创新与变革。传统的思政教育多以课堂讲授、理论灌输为主，而生态文明的融入则要求教育者寻找更加生动、实践的教学方式。

一是生态文明的理念鼓励教育者带领学生走出教室，参与到实际的环保活动中去。如组织学生参加植树节活动、垃圾分类宣传、环保志愿服务等，让学生在实践中亲身体验环保的重要性，这种"寓教于行"的方式无疑比单纯的课堂讲解更具吸引力和影响力。

二是生态文明教育也促进了思政教育与现代科技的结合。利用虚拟现实（VR）技术，学生可以"身临其境"地感受生态环境的变化，这种沉浸式的教学方式不仅能够增强学生的感官体验，还能激发他们的学习兴趣和探索欲望。

三是生态文明教育还推动了思政教育中的小组讨论、角色扮演等互动教学方式的发展。模拟生态环境保护的决策场景，让学生在小组讨论中提出自己的见解，不仅能锻炼他们的思辨能力，还能增强他们的团队协作和沟通技巧。

将生态文明理念融入大学生思想政治教育不仅丰富了教学内容，还拓宽了教育视野。生态文明教育强调人与自然的和谐关系，促进可持续发展，使学生意识到保护地球的责任。它提供了丰富的案例和教学资源，如生态保护项目和多媒体资料，加深了学生对生态文明的理解。此外，生态文明还推动了教学方式的创新，通过实践活动、虚拟现实技术和互动教学方式，让学生在体验中学习，增强环保意识和社会责任感。

二、生态文明理念推动思政教育方法的创新

在当今全球生态环境日益受到关注的背景下，生态文明理念不仅为大学生思想政治教育提供了新的视角，更在推动思政教育方法的创新方面发挥了重要作用。生态文明理念的引入，使传统的思政教育方法得以革新，更加贴近时代需求和学生实际，从而提高了思政教育的实效性和针对性。下面将深入探讨生态文明

理念如何推动思政教育方法的创新,并分析这种创新对于大学生思想政治教育的深远影响。

(一)生态文明理念促进实践教学方法的运用

生态文明理念的引入,促进了实践教学方法在思政教育中的运用。这种促进作用主要体现在以下几方面。

(1)强化了对实践教学的重视程度。随着生态文明理念的普及,越来越多的高校开始重视实践教学在思政教育中的作用。这种理念认为,通过亲身参与和实践,学生能够更深刻地理解生态文明的重要性,从而培养其环保意识。

(2)丰富了实践教学的内容。生态文明理念为思政教育实践教学提供了丰富内容,比如组织学生参加环保项目、开展实地考察、进行环境监测等。这些活动不仅让学生亲身体验到生态保护的实际工作,还加深了他们对生态文明理念的理解。

(3)提升了实践教学的效果。通过实践教学,学生能够直观地感受到人类活动对生态环境的影响,从而更加珍惜自然资源,积极参与到生态保护中来。这种教学方式比单纯的课堂讲解更具说服力,也更容易被学生接受和理解。

(二)生态文明理念推动跨学科教学方法的融合

生态文明理念在大学生思想政治教育中的渗透,正推动着跨学科教学方法的融合,这种融合带来了教育内容和方式的革新。

(1)跨学科的课程整合。生态文明涉及环境科学、生态学、社会学、经济学等多个学科领域,在生态文明理念的驱使下,思政教育开始与这些学科进行有机融合,形成了跨学科的课程体系。例如,在思政课堂上,教师不仅讲解政治理论,还结合环境科学知识,分析当前的环境问题并提出解决方案。

(2)综合性的案例分析。借助跨学科的视角,教师引入综合性案例,如环境保护政策的经济社会影响、生态工程的社会效益等,让学生在分析案例时能够综合运用多学科知识,提升综合解决问题的能力。

(3)研究方法的互补与借鉴。生态文明研究常常需要运用定量分析与定性分析相结合的方法,在思政教育中,通过借鉴其他学科的研究方法,如社会学的田野调查、经济学的数据分析等,丰富思政课程的研究手段,提高学生的研究能力。

（4）培养复合型人才。跨学科的教学方法有助于培养具有多方面知识和技能的复合型人才，这种教学方法鼓励学生从多个角度思考问题，培养了他们的创新思维和解决问题的能力。

（三）生态文明理念引领信息化教学方法的发展

在生态文明理念的引领下，信息化教学方法正在获得新的发展动力和方向。随着信息技术的不断进步，将教学方法与生态文明教育相结合，不仅能创新教学方式，还能提高教学效果。

一是网络技术和多媒体应用使生态文明教育更加生动和直观，例如，利用动画、视频等多媒体形式，真实展现生态环境问题及其解决方案，丰富学生的感官体验和认知深度。

二是信息化教学平台如校园网等，为学生提供了自主学习和互动交流的空间，学生在线获取生态知识，参与讨论，形成自主学习的习惯。

三是信息技术还能辅助教师进行个性化教学，通过分析学生的学习数据，教师能够更精准地了解学生的学习需求，从而制定更具针对性的教学方案。

生态文明理念推动了大学生思想政治教育方法的创新，提升了教育的实效性和针对性，实践教学得到了重视。学生通过参与环保项目和实地考察，深化了对生态文明的理解。跨学科教学方法融合了环境科学、经济学等领域，丰富了课程内容和研究手段，培养了复合型人才。信息化教学利用多媒体和网络平台，在增强学生的感官体验和自主学习能力同时，支持教师个性化教学，进一步提高了教育效果。

三、生态文明视角下思政教育的发展趋势

随着全球生态环境问题的日益突出，生态文明已成为人类社会发展的重要议题。在这一背景下，从生态文明视角出发，探讨大学生思想政治教育的未来趋势，不仅对于提升思政教育的时代性和实效性具有重要意义，也是培养具有生态环保意识新时代青年的必然要求。下面将深入分析生态文明视角下思政教育的发展趋势，以期为相关教育实践提供有益的参考。

(一)思政教育将更加注重生态伦理与道德责任的培养

在生态文明建设的时代背景下,思政教育正迎来深刻的变革,未来,思政教育将更加注重生态伦理与道德责任的培养,这不仅是时代发展的必然要求,也是提升学生综合素质和社会责任感的关键环节。

生态伦理,作为处理人与自然关系的重要准则,将被融入到思政教育中,通过课堂教学、专题讲座等形式,学生将更系统地学习生态伦理知识,理解人类与自然环境的和谐共生之道,从而形成正确的生态观念。道德责任的培养也将成为思政教育的重中之重,在面对生态环境问题时,每个学生都应承担起应有的道德责任。思政教育将通过案例分析、实践体验等方式,引导学生认识到个人行为对生态环境的影响,并学会在实际生活中践行环保理念,从小事做起,为保护环境贡献自己的力量。

(二)思政教育将融入更多的生态文明实践活动

随着生态文明理念的日益深入人心,未来的思政教育将不再局限于传统的课堂教学,而是积极融入更多的生态文明实践活动。这些活动旨在让学生通过亲身参与,更直观地了解生态环境问题,深刻体会到人类与自然环境的紧密联系。实践活动的形式将更加多样化,包括生态考察、环保志愿服务、绿色校园建设等。例如,组织学生参与当地的环保项目,亲身投入植树造林、垃圾分类、环境清洁等实际行动。这样的实践不仅让学生亲身体验到环保的重要性,还能培养他们的团队合作精神和社会责任感。

此外,实践活动还将与课堂教学相结合,形成理论与实践的良性互动。学生可以将在实践中遇到的问题和困惑,带回课堂进行深入讨论和学习,从而加深对生态文明理念的理解。通过这些实践活动,思政教育将变得更加生动和有趣,更能吸引学生的注意力。学生将在实践中学习,在学习中实践,不断提升自己的生态文明素养和实践能力,这种"寓教于乐"的教育方式,将有助于培养出更多具有生态文明意识和社会责任感的优秀人才,为我国的生态文明建设贡献力量。

(三)思政教育将借助信息化手段实现教学创新

在信息化时代,思政教育正迎来前所未有的创新机遇。借助先进的信息化手段，未来的思政教育将实现教学内容与方法的全面革新，为学生提供更加丰富、多元的学习体验。一是网络教学平台将成为思政教育的重要阵地。通过构建线上教学系统，教师上传课件、视频等教学资源，学生随时随地进行在线学习，打破时间和空间的限制。这种灵活的学习方式将极大地提高学生的学习自主性和效率。二是多媒体教学资源将为思政教育注入新的活力。利用动画、视频、音频等多媒体形式，教师能更生动、形象地展示生态文明的理念和实践案例。这种直观的教学方式将有助于激发学生的学习兴趣，提升他们对生态文明重要性的认识。三是大数据和人工智能技术也将在思政教育中发挥重要作用，通过收集和分析学生的学习数据，教师能更精准地了解学生的学习需求和偏好，从而制定个性化的教学方案。四是智能推荐系统还为学生推荐合适的学习资源和路径，提高他们的学习效果。五是虚拟现实（VR）和增强现实（AR）技术也将被引入思政教育中。通过这些技术，学生能身临其境地体验生态环境问题及其解决方案，从而更加深刻地理解生态文明的紧迫性和重要性。

在全球生态环境问题日益突出的背景下，生态文明理念正推动着大学生思想政治教育未来的发展趋势，未来思政教育将更加注重培养学生的生态伦理和道德责任，促使其理解人与自然和谐共生的重要性。此外，思政教育将融入更多生态文明实践活动，如环保志愿服务和生态考察等，结合课堂理论，提升学生的生态素养和社会责任感。信息化手段将实现教学创新，通过网络教学平台、多媒体资源、大数据和人工智能技术，以及虚拟现实技术，提供丰富多元的学习体验，提升教育效果。

四、思政教育在培养生态文明意识中的作用

在当今社会，生态文明已成为全球关注的焦点，它关乎人类未来的生存和发展。作为高等教育的重要组成部分，思政教育在培养大学生的生态文明意识中扮演着举足轻重的角色。下面将深入探讨思政教育如何有效地培养学生的生态文明意识，以及这种教育对于推动社会可持续发展的重要意义。

（一）思政教育能够引导学生树立正确的生态文明观念

思政教育在高等教育中占据重要地位，其深远的影响力不仅体现在对学生思想品德的塑造上，更在于其能够引导学生树立正确的生态文明观念，在当今生态

环境问题日益严峻的背景下，这一点显得尤为重要。

通过思政教育的课堂讲解、案例分析和讨论，学生能够全面了解生态文明的内涵、意义和价值，从而认识到人类与自然环境的紧密联系和相互依赖。思政教育不仅传授知识，更通过生动的实例和深入的分析，激发学生对生态环境的敬畏之心和保护意识。此外，思政教育还强调个人在生态环境保护中的责任和义务，通过教育引导，学生能更加明确自己在生态文明建设中的角色和使命，进而在日常生活中自觉践行环保理念，形成正确的生态文明观念。

（二）思政教育通过实践活动深化学生的生态文明体验

思政教育不仅在课堂上传授生态文明的理论知识，更通过丰富多彩的实践活动让学生亲身参与，深化对生态文明的理解和体验。这些实践活动成为连接理论与现实的桥梁，使学生在实际操作中感受到生态文明的重要性。

通过组织生态考察、环保志愿服务等活动，思政教育让学生走出教室，直接接触自然环境，了解生态现状，在实地考察中，学生亲眼看到环境破坏的后果，感受到保护环境的紧迫性。同时，志愿服务活动也让学生成为生态文明建设的参与者，让他们在服务中学会如何为保护环境贡献自己的力量。

这些实践活动不仅增强了学生对生态文明观念的认同感，还锻炼了他们的实践能力。学生在实践中学习如何分析问题、解决问题，培养了他们的责任感和使命感。通过这种深入骨髓的体验，将生态文明意识真正内化为学生的日常行为准则。

（三）思政教育在培养学生的生态文明创新能力方面发挥重要作用

在当今这个快速变化的时代，创新能力显得尤为重要，特别是在生态文明领域，思政教育作为培养学生综合素质的重要途径，在培养学生的生态文明创新能力方面发挥着不可或缺的作用。思政教育通过开放、多元的教学方式，鼓励学生勇于挑战传统观念，提出新颖的想法和解决方案。在课堂上，教师不仅传授知识，更注重激发学生的创新思维，通过讨论、案例研究等方式，引导学生深入分析生态环境问题，并尝试从不同的角度去思考和解决这些问题。

此外，思政教育还积极为学生搭建创新实践的平台，通过组织与生态文明相关的创新竞赛、科研项目等活动，让学生有机会将理论知识转化为实践创新。在这些活动中，学生自由地探索、尝试，不断锤炼自己的创新思维和实践能力。思政教育还着重培养学生的批判性思维，让他们学会独立思考，不盲从，这对于生态文明创新能力的培养至关重要。只有具备了批判性思维，学生才能在面对复杂的生态环境问题时，提出有见地的观点和解决方案。

表1-7 思政教育在培养学生生态文明创新能力方面的作用

方面	具体措施	预期效果
教学方式	采用开放、多元的教学方式，鼓励学生挑战传统观念，提出新颖想法和解决方案	激发学生的创新思维，提高学生分析和解决生态环境问题的能力
课堂讨论	通过讨论和案例研究，引导学生深入分析生态环境问题，鼓励从不同角度思考和解决问题	提高学生的批判性思维和综合分析能力
实践平台	组织与生态文明相关的创新竞赛、科研项目，提供将理论知识转化为实践创新的机会	锻炼学生的创新思维和实践能力，促进理论与实践相结合
批判性思维培养	着重培养学生的批判性思维，教会学生独立思考，不盲从	使学生能够在复杂的生态环境问题中提出有见地的观点和解决方案，提升独立解决问题的能力

在全球关注生态文明的背景下，思政教育在培养大学生生态文明意识中扮演着关键角色。思政教育通过课堂讲解和案例分析，引导学生树立正确的生态文明观念，强调个人在环境保护中的责任。通过组织生态考察和环保志愿服务等实践活动，学生在实际操作中深化了对生态文明的理解，培养了责任感和使命感。思政教育还注重培养学生的生态文明创新能力，通过开放的教学方式和创新实践平台，激发学生的创新思维和实践能力，推动社会可持续发展。

第二章 生态文明视角下的思政教育理论构建

第一节 生态文明与思政教育之间的关系

一、生态伦理与思政教育的结合点

随着全球生态环境问题的日益突出，生态文明建设已经成为当今社会发展的重要议题。在这一背景下，思政教育作为培养大学生正确的世界观、人生观和价值观的关键环节，急需融入生态文明的理念。下面将深入探讨生态伦理与思政教育的内在联系，分析二者之间的结合点，以期为思政教育在生态文明视角下的创新与发展提供理论基础。

（一）生态伦理教育是思政教育的重要内容

生态伦理，作为探讨人类与自然关系的一种道德哲学，强调人类应当尊重自然、顺应自然、保护自然，与自然和谐共生。在当代大学生思政教育中，生态伦理教育显得尤为重要，它不仅关乎学生的道德素养，更涉及未来社会的可持续发展。将生态伦理纳入思政教育，能帮助学生深刻理解人类与自然环境的相互关系，认识到保护环境、节约资源的紧迫性和重要性。[1]

这种教育不仅有助于培养学生的环保意识，更能激发他们的社会责任感和使命感。通过生态伦理教育，学生学会如何在日常生活中实践环保理念，如何在未来的职业生涯中贯彻绿色发展思想。

（二）思政教育需要融入生态文明理念

在当今生态环境问题日益严峻的背景下，思政教育亟须融入生态文明理念，

---
[1] 史云龙，王河江. 思想政治教育视域下大学生生态文明意识培育的研究 [J]. 经济师，2021（4）:193-194.

这一融合不仅是应对环境挑战的现实需要，也是提升大学生综合素质和社会责任感的必然要求。一是融入生态文明理念有助于大学生形成正确的生态观念。通过思政教育，向学生传递生态文明的核心价值观，如可持续发展、资源节约、环境友好等，能够引导他们认识到人类活动对自然环境的影响，从而树立尊重自然、顺应自然、保护自然的意识。

二是这种融合有助于培养学生的环保意识和社会责任感。在思政教育中强调生态文明，使学生更加关注环境问题，意识到自身在环境保护中的责任。这种责任感将激励他们在日常生活中践行环保行动，成为生态文明建设的积极参与者。

三是融入生态文明理念的思政教育能够促进学生全面发展。在探讨和解决环境问题的过程中，学生需要综合运用多学科知识，这有助于提升他们的创新思维和实践能力。

四是对生态文明的关注也能培养学生的道德情操和审美情趣，使他们在关注自然美的同时更加注重人与自然的和谐共生。

（三）生态伦理与思政教育的结合有助于培养全面发展的人才

生态伦理与思政教育的紧密结合，对于培养全面发展的人才具有重要意义。这种结合不仅拓展了思政教育的内涵，而且为大学生的全面发展提供了新的视角和路径。一是生态伦理的引入丰富了思政教育的内容，使其更加贴近现实生活和时代需求。通过学习和实践生态伦理，学生能够更加深刻地理解人类与自然的关系，从而在日常生活中更加注重环境保护，形成健康的生活方式。[①]

二是这种结合有助于提升学生的综合素质。在探讨生态伦理问题的过程中，学生需要综合运用多学科知识，这不仅锻炼了他们的思维能力，而且提高了他们的跨学科整合能力。同时，对生态伦理的深入理解和实践，还能培养学生的团队协作精神和创新意识，这些都是全面发展所必需的重要素质。

三是生态伦理教育与思政教育的结合有助于培养学生的社会责任感。通过学习生态伦理，学生将更加明白自身在环境保护中的责任，从而更加积极地参与到环保活动中去，为社会的可持续发展贡献力量。

---

① 刘文婷. 生态文明观融入大学生思想政治教育全过程的实践研究 [J]. 环境工程，2022（9）:303.

表2-1 生态伦理与思政教育紧密结合的主要意义和影响

结合内容	具体表现	对学生发展的影响
拓展思政教育内涵	通过引入生态伦理,丰富思政教育的内容,使其更贴近现实生活和时代需求	使学生更加深刻地理解人类与自然的关系,注重环境保护,形成健康的生活方式
提升综合素质	学生在探讨生态伦理问题时,需要综合运用多学科知识,锻炼思维能力,提高跨学科整合能力	培养团队协作精神和创新意识,这些都是全面发展所必需的重要素质
培养社会责任感	学习生态伦理,让学生明白自身在环境保护中的责任,积极参与环保活动	增强社会责任感,为社会可持续发展贡献力量

在全球生态环境问题日益突出的背景下,生态伦理与思政教育的结合变得至关重要,将生态伦理纳入思政教育,有助于学生理解人与自然的关系,增强环保意识和社会责任感。思政教育融入生态文明理念,通过传递可持续发展、资源节约等核心价值观,可以培养学生的环保意识和全面素质。结合了生态伦理的思政教育不仅丰富了教学内容,还提升了学生的综合能力和创新思维,有助于培养具备社会责任感和环境保护意识的全面发展人才。

二、生态文明理论在教育中的应用

随着全球生态环境问题的日益凸显,生态文明理论逐渐成为指导人类社会发展的重要思想。在这一背景下,将生态文明理论应用于教育领域,特别是大学生思想政治教育中,显得尤为重要。下面将深入探讨生态文明理论在教育中的具体应用,分析其对大学生思想政治教育的启示与影响,以期为培养具有生态文明意识的新时代青年提供理论支撑。

(一)生态文明理论引导思政教育内容更新

生态文明理论在引导思政教育内容更新方面发挥着重要作用。随着全球生态环境问题的加剧,传统的思政教育内容已经无法满足当今社会发展的需求,而生态文明理论的引入为思政教育注入了新的活力。一是生态文明理论强调人与自然的和谐共生,提倡可持续发展,这一理念为思政教育提供了新的视角。传统的思政教育主要关注政治、道德、法律等方面，而生态文明理论的加入使教育内容更加全面，涵盖了环保知识、生态伦理以及可持续发展观等，帮助学生更全面地了解生态文明的重要性。二是生态文明理论的引入也促进了思政教育内容的时效性更新。随着生态环境问题的不断变化，思政教育也需要与时俱进，及时反映这些变化。生态文明理论为思政教育提供了最新的环保理念和实践案例，使学生能够接触到最前沿的环保知识和技术。三是生态文明理论还有助于培养学生的环保意识和社会责任感。通过学习和实践生态文明理论，学生能够更加深刻地认识到人类活动对自然环境的影响，从而树立尊重自然、保护自然的意识。这种环保意识将激励学生在日常生活中践行环保行为，成为生态文明建设的积极参与者。

（二）生态文明理论促进思政教育方法创新

生态文明理论的深入研究和广泛应用，为思政教育方法的创新开辟了新的路径。传统的思政教育方法往往侧重于理论传授，而生态文明理论的实践性和跨学科性，则要求思政教育更加注重学生的参与和实践。在生态文明理论的指导下，思政教育借鉴跨学科的研究方法，如实地考察、案例分析等，让学生通过亲身体验和深入探究，更直观地理解生态文明的重要性。例如，组织学生参与环保项目，让他们在实际操作中感受环保的紧迫性和责任感；或者开展以生态文明为主题的辩论赛，提升学生的思维能力和表达能力。[1]

此外，生态文明理论还鼓励教育者运用现代科技手段，如虚拟现实、增强现实等技术，模拟生态环境问题，让学生在虚拟环境中进行实践和探索，增强学习的趣味性和实效性。这些创新的教育方法不仅能够激发学生的学习兴趣，还能培养他们的实践能力和创新思维，使思政教育更加贴近实际、贴近学生、贴近生活，从而提高思政教育的质量和效果。

（三）生态文明理论提升思政教育实效性

生态文明理论的引入，显著提升了思政教育的实效性。传统的思政教育有时过于理论化，难以引起学生的共鸣，而生态文明理论与学生的日常生活紧密相连，使思政教育更加接地气，更加有温度。

---

[1] 包华军.生态文明观融入思想政治教育的路径探讨——评《思想政治教育视野下的生态文明观教育研究》[J]. 商业经济研究, 2021（16）:1.

融入生态文明理念，思政教育能够引导学生关注身边的环境问题，认识到个体行为对环境的影响，从而激发他们的环保意识和责任感。这种责任感会促使学生将环保理念转化为实际行动，如减少浪费、绿色出行等，进而在日常生活中践行生态文明。此外，生态文明理论还鼓励学生参与环保活动和志愿服务，通过实践来加深对生态文明的理解。这种"知行合一"的教育方式，不仅增强了思政教育的吸引力，也让学生在实际行动中成长，提高了思政教育的实际效果。

表2-2 生态文明理论引入对思政教育实效性的提升

内容	具体表现	影响
提升思政教育实效性	生态文明理论与学生日常生活紧密相连，使思政教育更加接地气、更加有温度	引发学生的共鸣，使思政教育更加有吸引力
引导关注环境问题	融入生态文明理念，引导学生关注身边环境问题，认识个体行为对环境的影响	激发环保意识和责任感，促使学生将环保理念转化为实际行动，如减少浪费、绿色出行等
鼓励参与环保活动和志愿服务	通过实践活动加深对生态文明的理解，倡导"知行合一"的教育方式	增强思政教育的吸引力，让学生在实际行动中成长，提高教育效果

在全球生态环境问题日益凸显的背景下，生态文明理论在教育中的应用尤为重要，通过将生态文明理论融入大学生思想政治教育，更新教育内容、创新教育方法，并提升教育实效性，生态文明理论为培养具有环保意识和社会责任感的新时代青年提供了理论支撑。其强调人与自然的和谐共生，倡导可持续发展，使教育内容更加全面，促进学生环保意识的增强和实践能力的提升，推动思政教育更加贴近实际生活，从而提高教育质量和效果。

三、思政教育对生态文明建设的贡献

在当今社会，生态文明建设已成为国家发展的重要战略。作为培养未来社会栋梁的高等教育机构，大学在生态文明建设中扮演着举足轻重的角色。思政教育作为大学教育的重要组成部分，不仅对塑造学生的世界观、人生观和价值观具有深远影响，而且为生态文明建设做出了积极的贡献。下面将深入探讨思政教育如何通过其特有的教育方式和内容推动生态文明建设的进程。

（一）思政教育培养生态文明意识

思政教育在培养大学生生态文明意识方面发挥着至关重要的作用。通过深入阐述生态文明的核心价值，思政教育帮助学生认识到人类与自然环境的和谐共生关系，以及保护生态环境的紧迫性和重要性。这种教育不局限于课堂讲授，而是延伸到课外的各种实践活动，从而形成全方位的生态文明教育体系。

在课堂上，思政教师通过生动的案例和深入浅出的讲解，引导学生深入理解生态文明的内涵；介绍生态系统的平衡原理，阐述过度开发对自然环境的破坏，以及这种破坏对人类生活造成的深重灾难。这样的教学内容让学生深刻认识到，保护生态环境不仅是为了自然本身，更是为了人类自身的可持续发展。

此外，思政教育还鼓励学生走出课堂，参与生态环保的实践活动，通过实地考察、志愿服务等形式，学生亲身体验到生态保护的重要性，从而加深了对生态文明理念的理解。这些实践活动不仅锻炼了学生的动手能力，更让生态文明意识深入人心。

（二）思政教育引领绿色生活方式

在当今环境问题日益严峻的背景下，绿色生活方式成为社会倡导的新风尚，思政教育在这方面发挥着重要的引领作用。通过课堂教育、实践活动等多种形式，积极向学生传递绿色生活的理念，引导他们养成环保的习惯。思政教育通过课堂讲授，向学生普及绿色生活的知识和技巧，教师会介绍节能减排、资源循环利用的重要性，同时分享一些实用的环保小贴士，如节约用水、用电，减少一次性用品的使用等，这些内容不仅让学生了解到绿色生活的具体做法，还激发了他们践行环保的积极性和创造力。

除了课堂教育，思政教育还注重通过实践活动来加深学生对绿色生活方式的理解，学校会组织学生参与各种环保主题的志愿服务和社团活动，如校园绿化、垃圾分类等。这些活动让学生亲身体验到绿色生活的魅力，也让他们意识到自己在环保事业中的责任和使命。在思政教育的引领下，越来越多的学生开始将绿色理念融入日常生活，如选择使用环保产品，减少浪费，积极参与环保公益活动等，用实际行动践行绿色生活方式，这种生活方式的转变，不仅有助于增强学生的环保意识和社会责任感，还有助于改善环境质量。

（三）思政教育促进生态环保实践

思政教育在促进生态环保实践中具有举足轻重的作用。通过思政教育，能够引导学生深入理解生态环保的重要性，培养他们的环保意识，进而转化为实际行动，共同守护地球家园。思政教育不仅是传授理论知识，更重要的是通过实践来加深理解。在生态环保方面，组织学生参与各种环保活动，如垃圾分类、植树造林、节能减排等，这些实践活动不仅让学生亲身体验到环保的紧迫性和增强他们的责任感，还能帮助他们采取绿色生活方式，从而在日常生活中持续践行环保理念。

此外，思政教育还通过课堂教学、主题班会等形式，向学生普及生态环保知识，让他们了解环境问题的严重性以及个人在环保中的责任。通过这些教育活动，学生更加清晰地认识到自己的行为对环境的影响，从而自觉调整行为方式，做到节约资源、保护环境。同时思政教育还结合校园文化建设，营造浓厚的环保氛围。例如，设立环保主题宣传栏，展示环保成果和学生作品；开展环保主题征文、演讲比赛等活动，激发学生参与环保的热情和创造力。

生态文明建设已成为国家战略，大学通过思政教育对其做出重要贡献，思政教育通过课堂讲解和实践活动，培养学生的生态文明意识，促进他们理解人与自然和谐共生的重要性，并形成环保责任感。此外，思政教育引领学生采取绿色生活方式，教师传授节能减排、资源循环利用等知识，并通过环保实践活动，如植树造林、垃圾分类等，激发学生的环保热情和创造力，推动绿色理念在日常生活中落实，从而提高整体生态文明素养和社会责任感。

四、生态文明理念与思政教育的相互促进

在当今社会，生态文明建设已经成为国家发展的重要战略。大学生思想政治教育作为培养新时代人才的关键环节，其教育理念和教育方式也需与时俱进，紧密结合生态文明建设的时代背景。生态文明理念与思政教育的相互促进，不仅有助于增强大学生的环保意识，还能培养他们的社会责任感，从而进一步推动社会的可持续发展。

（一）生态文明理念为思政教育提供新的教育内容

随着全球环境问题的日益凸显，生态文明理念逐渐成为社会关注的焦点。这一理念的兴起，不仅为环境保护指明了方向，也为大学生思想政治教育注入了新的活力，提供了新的教育内容。在传统的思政教育中，教育内容主要围绕政治理论、思想道德等方面展开，随着生态文明建设的推进，将生态文明理念融入思政教育成为必然趋势。这一理念的引入，使思政教育的内容更加丰富和多元化，更加贴近时代主题和社会需求。

生态文明理念强调人与自然的和谐共生，倡导绿色发展、循环发展和低碳发展，这些理念不仅涉及环境保护，更涵盖了资源节约、生态平衡等多个方面。将这些内容融入思政教育，引导学生更加关注环境问题，认识到人类活动对环境的影响，从而培养他们的环保意识。同时，生态文明理念的引入也有助于提升大学生的综合素质，通过学习生态文明知识，学生能够更加全面地了解自然生态系统，增强对自然环境的敬畏之心。这种对自然的尊重和保护意识，将有助于他们在未来的生活和工作中更加注重环境保护，积极参与生态文明建设。

（二）思政教育推动生态文明理念的普及与实践

思政教育作为高等教育的重要一环，承担着培养学生正确世界观、人生观和价值观的任务。在生态文明建设的时代背景下，思政教育正成为推动生态文明理念普及与实践的重要力量。通过思政教育课堂，教师系统地讲解生态文明的核心价值观和具体实践方式，从而加深学生对这一理念的理解。这种教育不仅限于理论知识的传授，更包括实际行动的引导。例如，通过组织参与环保活动、实地考察生态环境等实践教学方式，思政教育能够促使学生将生态文明理念转化为实际行动。

此外，思政教育还能够通过校园文化的塑造，进一步推动生态文明理念的普及。通过举办生态文明主题讲座、展览以及环保知识竞赛等活动，不仅能增强学生的环保意识，还能在校园内营造出一种崇尚自然、保护环境的文化氛围。思政教育对生态文明理念的推动作用是全方位的，它不仅在课堂上传授知识，更通过实践活动和文化营造，让学生将环保内化于心、外化于行。思政教育不仅培养了学生的个人品质，也为社会的可持续发展贡献了力量，实现了教育与社会实践的有机结合。

表2-3　思政教育在生态文明建设中的作用和具体措施

思政教育在生态文明建设中的作用	具体措施
课堂教学	1. 系统讲解生态文明核心价值观和具体实践方式； 2. 加深学生对生态文明理念的理解
实践教学	1. 组织参与环保活动； 2. 实地考察生态环境； 3. 将生态文明理念转化为实际行动
校园文化塑造	1. 举办生态文明主题讲座； 2. 组织生态文明展览； 3. 开展环保知识竞赛； 4. 增强学生的环保意识； 5. 营造崇尚自然、保护环境的文化氛围
综合作用	1. 理论知识的传授和实际行动的引导相结合； 2. 通过实践活动和文化营造推动生态文明理念的普及； 3. 促进学生将环保理念内化于心、外化于行； 4. 培养学生的个人品质； 5. 为社会的可持续发展贡献力量； 6. 实现教育与社会实践的有机结合

（三）生态文明与思政教育的融合有助于培养全面发展的人才

在当今快速发展的社会，人才的培养不再局限于专业技能的提升，更注重综合素质的全面发展，生态文明教育与思政教育的融合，正成为实现这一目标的有效途径。生态文明教育使学生更加关注自然与环境，理解人类与自然界的和谐共生之道，这种教育不仅培养了学生对环境的敬畏之心，也激发了他们保护环境的责任感。同时思政教育则着重于塑造学生的道德品质、政治觉悟和社会责任感，当这两者相融合时，便能够共同促进学生的全面发展，学生不仅掌握了扎实的专业知识，还具备了深厚的环保意识和强烈的社会责任感。这种综合素质的提升，使学生能够更好地适应未来社会的需求，成为推动社会进步的重要力量。此外，这种融合教育还有助于培养学生的创新思维，提高他们解决问题的能力。面对日益严峻的环境问题，学生需要学会运用所学知识，创造性地提出解决方案，这种能力的培养，正是生态文明与思政教育融合所带来的重要成果。

生态文明理念与思政教育的相互促进，是新时代背景下高等教育发展的必然趋势，通过将生态文明理念融入思政教育，为大学生提供更加全面、深入的教育内容，推动生态文明建设的普及与实践，同时培养出具备环保意识和社会责任感的全面人才。这种教育理念的实施，不仅有助于提升大学生的个人素质，还能为社会的可持续发展注入新的活力。

第二节 思政教育中的生态文明观念培养

一、生态文明观念的重要性

随着全球环境问题的日益严峻，生态文明观念作为应对环境危机的重要思想基础，显得尤为关键。它不仅是应对环境危机的思想武器，更是引领可持续发展的核心理念。生态文明观念强调人与自然的和谐共生，倡导尊重自然、顺应自然、保护自然的原则。这一观念促使人类重新审视人与自然的关系，推动社会走向绿色、循环、低碳的发展道路，从而实现经济效益与环境保护的双赢。此外，生态文明观念还提升了个人素质和社会责任感，推动个人在日常生活中自觉践行环保理念，积极参与环境保护行动。

（一）生态文明观念是应对环境危机的思想基础

随着全球环境问题的日益凸显，环境危机已成为人类面临的重大挑战。在这一背景下，生态文明观念显得尤为重要，它不仅是应对环境危机的思想武器，更是引领社会走向可持续发展的关键。生态文明观念强调人与自然的和谐共生，倡导尊重自然、顺应自然、保护自然的原则，这一观念是对传统工业文明深刻反思的结果。在过去的发展历程中，人类往往以牺牲环境为代价来换取经济增长，导致了一系列严重的环境问题，而生态文明观念则提醒人们，经济发展必须与环境保护相协调，才能实现真正的可持续发展。

在应对环境危机的过程中，生态文明观念为人类提供了重要的思想指导，它促使人类重新审视人与自然的关系，认识到人类不是自然的主宰，而是自然的一部分。基于这种认识，应该摒弃过去那种对自然资源的掠夺式开发，转而采取更加环保、可持续的发展方式。

(二) 生态文明观念是促进社会可持续发展的关键

在当今社会，可持续发展已成为全球共同追求的目标，而生态文明观念正是实现这一目标不可或缺的关键因素。它倡导的是一种全新的发展理念，强调人类活动与自然环境的和谐共存，为社会可持续发展提供了重要的思想支撑。

生态文明观念的核心在于认识到人类社会的发展必须建立在尊重和保护自然环境的基础之上。这种观念推动了人们重新审视传统的经济增长模式，摒弃了以牺牲环境为代价的短视行为，转而追求经济效益与环境保护的双赢。

随着全球资源日益紧张和环境问题越发严峻，传统的粗放型发展方式已难以为继，生态文明观念提醒人们，只有坚持绿色发展、循环发展、低碳发展，才能实现经济社会的长久繁荣。这不仅是对当前环境问题的积极回应，更是对未来发展的深思熟虑。

图2-1　生态文明是可持续发展的关键因素

(三) 生态文明观念是提升个人素质和社会责任感的重要途径

生态文明观念不仅是应对环境危机、促进社会可持续发展的关键，更是提升个人素质和社会责任感的重要途径。当今时代，一个人的素质和社会责任感已不再局限于个人的道德品质和行为规范，更包括其对生态环境的尊重和保护。一是生态文明观念能够引导个人形成良好的环保意识。通过了解和认识生态环境的重要性，人们会更加珍惜自然资源，减少浪费，从而在日常生活中自觉践行节约资源、保护环境的理念。这种环保意识的形成，是个人素质提升的重要体现，它促使个人在追求自身发展的同时能够关注到社会公共利益，实现个人价值与社会价值的统一。

二是生态文明观念能够激发个人的社会责任感。在面对生态环境问题时，每个人都应该承担起保护环境的责任。通过培养生态文明观念，个人会更加深刻地认识到自身行为对环境的影响，从而积极采取行动，参与到环保活动中去。这种参与不仅是个人社会责任感的体现，也是对社会的一种贡献。

三是生态文明观念还有助于培养个人的创新精神和实践能力。在应对生态环境问题的过程中，需要不断探索新的解决方法和技术手段。具备生态文明观念的个人，会更加关注环保技术的创新和应用，从而积极参与到相关研究和实践中去。这种创新精神和实践能力的培养，不仅有助于个人职业发展，也为社会的可持续发展注入了新的活力。

生态文明观念的培养在思政教育中具有举足轻重的地位，它不仅是应对环境危机的思想基础，也是促进社会可持续发展的关键，更是提升个人素质和社会责任感的重要途径。因此，在思政教育中应当注重生态文明观念的培养，通过课堂教学、实践活动等多种形式，引导大学生树立正确的生态文明观念，积极践行生态文明理念，为构建美丽中国、实现中华民族永续发展贡献力量。

二、在思政课程中强化生态文明观念

在当前生态环境问题日益严峻的背景下，高校思想政治课程作为传播生态文明观念的重要平台，具有举足轻重的作用。思想政治课程不仅是塑造学生思想观念和价值取向的关键平台，更是传播先进文化和理念的重要渠道。通过思政课堂，教师能够向广大学生系统地介绍生态文明的核心要义，帮助他们认识到人与自然和谐共生的重要性，从而树立正确的生态价值观。

（一）思政课程是传播生态文明观念的重要渠道

思政课程在高校教育中占据着举足轻重的地位，在生态文明建设的时代背景下，思政课程自然而然地成为传播生态文明观念的主阵地。一是思政课程的覆盖面广，几乎每一位大学生都会接受思政教育，这一特点使思政课程成为普及生态文明观念的首选。二是思政课程具有深厚的理论基础和丰富的教育资源，能够为学生提供全面、深入的生态文明教育，教师结合时事热点、环保案例等，从多个角度剖析生态文明建设的紧迫性和必要性，帮助学生深刻理解生态文明观念的内涵和外延。三是思政课程还注重实践与理论的结合，鼓励学生将所学知识应用于实际生活中。通过组织环保实践活动、开展生态文明主题讨论等方式，思政课程促使学生在亲身参与中加深对生态文明观念的理解，进而转化为自觉的行动。

（二）强化生态文明观念有助于培养学生的社会责任感

在当今环境问题日益严峻的背景下，强化生态文明观念对于培养学生的社会责任感至关重要。社会责任感是指个体对自身行为给社会、环境所带来的影响的认识和担当。通过思政课程强化生态文明观念，引导学生深刻认识到保护环境的重要性，从而培养他们的社会责任感。一是强化生态文明观念能够让学生意识到自身行为对环境的影响，当学生了解到环境问题的严重性和紧迫性时，会更加关注自己的行为是否会对环境造成负面影响。这种意识的形成，会使学生在日常生活中更加注重环保，如减少浪费、节约资源等，从而承担起保护环境的责任。

二是通过思政课程中教师对生态文明观念的深入讲解，让学生了解到环境保护不仅是个人的责任，更是全社会的共同使命。这种认识会激发学生的集体意识和团队精神，使他们更加愿意为环境保护贡献自己的力量。在这一过程中，学生的社会责任感得到了进一步的提升。

三是强化生态文明观念还有助于学生形成正确的价值观念。当学生认识到保护环境的重要性并付诸实践时，会逐渐形成一种以环保为荣、以破坏环境为耻的价值观，这种价值观的形成，让学生在面对环境问题时，更加坚定地承担起自己的社会责任。

四是通过思政课程的培养，学生将生态文明观念内化为自己的行为准则，在日常生活中，会自觉遵守环保法规，积极参与环保活动，倡导和推广环保理念。这些行为都是学生社会责任感的具体体现。

（三）生态文明观念与思政教育相结合

在新时代背景下，将生态文明观念与思政教育紧密结合，不仅能够增强学生的环保意识，也有助于促进学生的全面发展。这种结合教育的方式，为学生提供了更加宽广的视野和更加深厚的思想底蕴。生态文明观念的教育使学生更加关注自然与环境的和谐，理解人类活动与自然环境的相互影响。这种对生态的敬畏与尊重，培养了学生的大局意识和长远眼光，让他们学会在考虑问题时不局限于个人的利益，而是能够站在更高的角度，思考如何与自然和谐共处。

同时，思政教育旨在培养学生的道德品质、社会责任感和历史使命感，当生态文明观念融入思政教育时，这两者便形成了有力的互补。学生不仅学会了如何做一个有道德、有责任感的人，还学会了如何在保护环境、节约资源方面实践这些价值观。此外，这种结合教育还鼓励学生积极参与社会实践，将课堂上学到的知识应用到实际生活中。例如，参与环保活动、推广绿色生活方式等，这些实践经历不仅锻炼了学生的实际操作能力，还增强了他们的团队合作精神和创新意识。

在思政课程中强化生态文明观念，对于培养学生的环保意识、社会责任感和全面发展具有重要意义。高校应充分利用思政课程这一重要平台，通过创新教学方法和手段，使生态文明观念深入人心。这样不仅可以提升学生的个人素质，还可以为社会的可持续发展培养更多具有环保意识的人才，共同推动生态文明建设的进程。同时，这一举措也体现了高等教育对时代需求的积极响应，为培养新时代的高素质人才奠定了坚实基础。

三、通过实践活动培养生态文明行为

在生态文明视角下的大学生思想政治教育中，实践活动是培养生态文明行为的重要途径。通过亲身参与实践活动，大学生能够更直观地了解生态文明的重要性，从而在日常生活中自觉践行生态文明理念。实践活动不仅能增强学生的环保意识，还能提高他们的实践能力，为未来的生态文明建设贡献力量。

（一）实践活动能够深化学生对生态文明理念的理解

实践活动在大学生思想政治教育中扮演着举足轻重的角色，尤其对于深化学生对生态文明理念的理解至关重要。传统的课堂教学虽然能够传授生态文明的理论知识，但是实践活动能让学生亲身感受、直观了解生态文明的实际意义。

通过环保志愿服务、实地考察等实践活动，学生能够置身于真实的环境之中，直观感受到环境问题对人类和自然的深远影响，这种亲身体验比任何文字描述都更能触动学生的内心，使他们深刻认识到保护环境的紧迫性和重要性。例如，在考察污染企业的过程中，学生目睹了污染对环境和人类的危害，这种震撼远胜于课堂上的讲解。此外，实践活动还能提供丰富的案例和学习机会，帮助学生在实际操作中理解和掌握生态文明的理念，通过实践学生将理论知识与实际情况相结合，从而更好地理解和把握生态文明的核心要义。

（二）实践活动有助于培养学生的生态文明行为习惯

实践活动在培养学生的生态文明行为习惯方面发挥着重要作用。通过亲身参与实践活动，学生能够在实践中学习和掌握生态文明行为的具体做法，从而将这些行为内化为自己的习惯。

在实践活动中，学生往往需要亲自动手进行环保操作，如垃圾分类、节能减排等。这些实际操作不仅让学生了解到环保的具体方法，还能使他们在反复实践中逐渐形成良好的生态文明行为习惯。通过不断的实践锻炼，学生自然而然地养成节约资源、保护环境的习惯。此外，实践活动通常具有趣味性和互动性，能够激发学生的学习兴趣和积极性。学生在参与实践活动的过程中，不仅能够体验到保护环境的乐趣，还能在与同伴的合作中互相学习、互相监督，共同促进生态文明行为习惯的养成。

（三）实践活动能够激发学生的创新精神和社会责任感

实践活动在大学生思想政治教育中，不仅深化了其对生态文明的理解，培养了生态文明的行为习惯，更能够激发学生的创新精神和社会责任感。一是实践活动为学生提供了一个广阔的探索空间。在实践中，学生面对的是真实、复杂的环境问题，需要他们跳出课堂知识的框架，创造性地思考解决方案。例如，在参与环保项目时，学生会遇到之前未曾设想过的问题，这时就需要他们发挥创新精神，尝试运用新的方法和技术来解决问题。这种探索过程不仅锻炼了学生的思维能力，也激发了他们的创新精神。二是实践活动让学生更加直观地了解到自己的行为对社会和环境的影响。当学生在实践中亲眼看到自己的行为能够改善环境、造福社会时，他们会深刻体验到一种成就感和社会责任感。这种责任感会促使学生更加积极地投入生态文明建设，为保护环境、促进可持续发展贡献自己的力量。三是实践活动中的团队合作也是激发学生社会责任感的重要因素。在团队中，每个学生都承担着一定的责任，他们的表现直接影响到团队的整体成果。这种责任感不仅让学生更加认真地对待实践活动，也让他们意识到作为社会成员，每个人都有责任为环境保护和社会进步贡献力量。

通过实践活动培养生态文明行为是高校思想政治教育中的重要环节，实践活动不仅能够深化学生对生态文明理念的理解，还能培养他们的生态文明行为习惯，激发创新精神和社会责任感。因此，高校应积极开展丰富多彩的实践活动，为培养具备生态文明素养的大学生提供有力支持。同时，高校还应加强与社会各界的合作，共同推动生态文明建设的进程，为建设美丽中国贡献力量。

四、生态文明观念的内化与外化

在生态文明视角下，大学生思想政治教育的关键一环是生态文明观念的内化与外化。内化指的是个体将生态文明观念融入自己的价值观和行为准则中，而外化则是将这些观念通过实际行动表现出来。这一过程的实现，不仅关乎大学生个人的全面发展，也对整个社会的生态文明建设具有深远影响。

（一）生态文明观念的内化是思政教育的核心目标

在思政教育体系中，生态文明观念的内化被视为核心目标。所谓内化，即指个体将外部的观念、规范或价值观转化为自身内在的认知和信念。对于大学生而言，生态文明观念的内化意味着将保护生态环境、实现可持续发展的理念深刻融入个人的思想体系之中。这一目标的实现至关重要，因为只有当大学生真正理解和认同生态文明的重要性，才能够在未来的生活和职业发展中持续践行这些理念。在这一过程中思政教育扮演着关键角色，它通过系统的理论教学和实践活动，帮助学生建立起对生态文明的深刻认识，并激发他们的环保意识和社会责任感。

为了实现这一目标，思政教育不仅应传授生态文明的理论知识，更应通过案例分析、实地考察等多样化教学手段，让学生直观感受到生态文明建设的紧迫性和实际意义。此外，思政教育还须关注学生的情感体验，引导他们在情感体验中加深对生态文明观念的认同，从而实现观念的内化。

（二）生态文明观念的外化是检验思政教育成效的重要标志

生态文明观念的外化，即将内在的生态文明理念转化为实际行动，是大学生思政教育成果的直接体现。学生是否能在日常生活中践行环保行为，是否能在社会活动中倡导和推广生态文明理念，都是检验思政教育是否深入人心的重要指标。

生态文明观念的外化表现为学生在日常生活中的节约资源、保护环境等实际行为，如垃圾分类、节能减排等，这些行为不仅体现了学生对生态文明理念的认同，更是他们责任感与担当精神的展现。因此，通过观察学生的外在行为表现，可直观地评估思政教育的效果。此外，学生在社会实践中的表现也是检验思政教育成效的重要依据。他们是否能积极参与环保公益活动，是否能以身作则推广生态文明理念，都反映了思政教育的深度和广度。生态文明观念的外化不仅是学生个人素养的体现，更是思政教育成功与否的重要标志。

（三）生态文明观念的内化与外化相互促进

在思政教育过程中，生态文明观念的内化与外化是相辅相成的，它们之间相互作用，并共同推动着思政教育的发展。

一是生态文明观念的内化是外化的基础。学生通过思政教育的学习，将生态文明的理念融入自己的价值观中，形成深刻的生态环保意识。这种内化过程使学生更加理解并珍视自然环境，认识到个人行为对环境的影响，并激发起保护生态环境的责任感，只有生态文明观念真正内化为学生自身的思想意识时，他们才能在行动上体现出来，实现观念的外化。

二是生态文明观念的外化又进一步促进了内化，当学生将内化的生态文明观念通过实际行动表现出来时，他们会更加深刻地体会到这些观念的实际意义和价值。例如，参与环保活动、实践节约资源等行为，会让学生直观地感受到自己的行为对环境产生的积极影响，从而加深对生态文明观念的认同和理解。这种外化的实践经验会反过来强化学生的内化过程，使他们对生态文明观念有更加深入的认识。

三是生态文明观念的内化与外化共同推动着思政教育的发展。一方面，内化与外化的相互促进使学生更加全面地理解和接受生态文明观念，提高了思政教育的效果。另一方面,学生的实际行动也为思政教育提供了新的教育资源和案例,丰富了教育内容和方法,这种良性的互动和循环不仅提升了学生的生态文明素养,也推动了思政教育的不断创新和发展。

生态文明观念的内化与外化是大学生思政教育的重要环节,通过深化学生对生态文明的理解、培养他们的实践能力和创新精神,推动学生将生态文明观念真正内化于心,外化于行。这不仅有助于学生的全面发展,也为社会的生态文明建设奠定了坚实的基础。在未来的思政教育中,应继续加强生态文明观念的内化与外化工作,为培养具有高度生态文明素养的大学生而努力。

第三节 生态文明视角下的思政教育内容创新

一、对传统思政教育内容的反思

随着生态文明建设的不断深入,传统的大学生思政教育内容开始显得捉襟见肘,无法满足新时代对人才培养的需求。因此,需要对传统思政教育内容进行深刻的反思,以期为生态文明视角下的思政教育内容创新提供思路和方向。

(一)传统思政教育内容缺乏生态文明理念的深度融入

传统的大学生思政教育,虽然涉及了多个方面,但在生态文明理念的融入上却显得相对薄弱,这一不足主要体现在以下几个方面。

一是传统思政教育内容偏重于政治理论、思想道德教育以及法律法规的普及,而生态文明教育往往只是作为其中的一小部分,甚至有时被忽略。这种情况导致学生难以全面、深入地了解生态文明的重要性和紧迫性。

二是即使在涉及生态文明的内容中,也往往停留在概念和知识的介绍上,缺乏对学生生态文明观念、态度和价值观的培养,学生只是机械地记忆了一些生态文明的知识点,并没有真正理解和接受这些理念,更无法将其转化为实际的环保行动。

三是传统思政教育缺乏对生态文明实践环节的重视,这也限制了生态文明理念的深度融入,学生无法通过实践活动亲身体验和感受生态文明的重要性,从而难以形成深刻的生态文明观念。

（二）传统思政教育内容忽视实践环节的重要性

在传统的思政教育体系中，理论知识的传授往往占据主导地位，而实践环节则常被忽视，这种偏重理论而轻视实践的教育方式，在生态文明教育中显得尤为不合时宜。实践是检验真理的唯一标准，也是加深学生对生态文明理念理解和认同的有效途径，然而在传统思政教育中，学生往往是被动地接受理论知识，缺乏亲身参与和实践的机会。这种教育方式不仅难以激发学生的学习兴趣，也无法让他们深刻体会到生态文明建设的紧迫性和实际意义。

实践环节的缺失，还导致学生无法将所学的生态文明理念与实际行动相结合。理论知识如果没有实践的支撑，很容易变得空洞和抽象，只有通过实践活动，学生才能真正理解生态文明的重要性，学会如何在日常生活中践行这些理念。此外，忽视实践环节也限制了学生创新能力和批判性思维的培养。在实践过程中，学生会遇到各种问题和挑战，需要他们独立思考、创新解决方案。这一过程不仅能够锻炼学生的实践能力，还能培养他们的创新意识和批判思维。

因此，传统思政教育内容必须重视实践环节，通过组织环保志愿服务、实地考察等丰富多样的实践活动，让学生亲身参与生态文明建设，感受环保的紧迫性和现实意义。同时，教师应在实践过程中给予学生必要的指导和支持，帮助他们将理论知识与实践行动相结合，形成深刻的生态文明观念。

（三）传统思政教育内容缺乏与时俱进的特点

传统思政教育在长期的教育实践中虽然形成了较为固定的体系和内容，但这种稳定性也带来了一定的问题，即缺乏与时俱进的特点。以下是对这一问题的详细分析。

（1）内容更新缓慢，与时代脱节。传统思政教育内容往往侧重于经典理论和历史事件的解读，而对当下社会的热点问题和新兴现象关注不足，这导致了学生所学知识与现实社会存在一定的脱节，难以将知识应用到实际生活中去。例如，在互联网和信息技术迅猛发展的今天，网络伦理、信息安全等议题日益重要，然而这些内容在传统思政教育体系中往往得不到充分体现。

（2）教学方法陈旧，缺乏创新。传统思政教育的教学方法多以讲授为主，缺乏互动性和实践性，在当今多媒体和网络技术高度发达的时代，这种单一的教学方法显然无法满足学生的需求。与时俱进的教育方法应该包括在线教学、多媒体教学、案例教学等多样化手段，以提高学生的学习兴趣和参与度。

（3）未能充分反映社会主义核心价值观的最新发展。社会主义核心价值观是我国思政教育的重要组成部分，然而随着社会的不断进步和价值观的不断演化，传统思政教育内容未能及时将这些新的价值观融入其中。例如，近年来强调的"绿色发展"理念，在传统思政教育内容中只是轻描淡写，而未作为重点进行深入探讨。

（4）缺乏对全球化背景下国际视野的培养。在全球化日益加速的今天，培养学生的国际视野和跨文化交流能力显得尤为重要，然而传统思政教育内容往往局限于国内视野，对国际形势和全球议题涉及较少，这导致学生在面对国际问题时缺乏必要的认知和分析能力。

通过对传统思政教育内容的反思，发现其在生态文明教育方面存在诸多不足，为了适应新时代的需求，需要对思政教育内容进行创新，深度融入生态文明理念，注重实践环节，以及保持与时俱进的特点。这将有助于培养具有高度生态文明素养的大学生，为社会的可持续发展贡献力量。

二、融入生态文明理念的思政教育内容设计

随着全球生态环境问题的日益突出，生态文明教育成了当今教育领域的重要议题。大学生作为未来社会的建设者和领导者，他们的生态文明素养将直接影响社会的可持续发展。因此，将生态文明理念融入思政教育内容中，不仅是对传统思政教育内容的创新，更是对大学生进行全面素质教育的必然要求。下面将探讨如何通过设计融入生态文明理念的思政教育内容，以培养大学生的生态文明意识和实践能力。

（一）将生态文明理念贯穿思政教育全过程

在当今全球生态环境日益恶化的背景下，将生态文明理念贯穿思政教育全过程显得尤为重要。一是将生态文明理念融入思政课程是提升大学生生态文明素养的关键。传统的思政课程往往偏重于政治理论和思想道德教育，而对生态文明理念的涉及相对较少。因此，需要在思政课程设置中增加与生态文明相关的内容，

将生态文明的基本概念、原则和价值观融入其中。通过课堂讲解、案例分析等方式，引导学生深刻理解生态文明的重要性，认识到人类与自然环境的和谐共生关系。二是在日常思政教育中，应不断强化生态文明意识。教师通过组织生态文明主题班会、演讲比赛等活动，让学生在参与中感受生态文明的魅力，从而增强他们的环保意识。三是教师应结合时事热点，引导学生关注生态环境问题，激发他们对环保事业的热情和责任感。四是将生态文明理念贯穿思政教育全过程需要教师的积极参与和引导。教师应不断提升自身的生态文明素养，将生态文明理念融入教学之中，用自己的言行影响学生，使他们真正认识到保护环境的重要性。五是建立完善的评价体系，以确保生态文明教育的有效实施。通过制定明确的评价标准和方法，对学生的生态文明素养进行评估，从而及时调整教育内容和方法，提高教育质量。

（二）注重生态文明实践教育，提升学生实践能力

在生态文明教育中，单纯的理论传授已不能满足当前的教育需求，实践教育成了提升学生生态文明素养的重要环节。通过生态文明实践教育，学生不仅能够深化对生态文明理念的理解，还能在实际操作中锻炼实践能力，更好地将环保理念转化为实际行动。

实践是检验真理的唯一标准，也是提升学生生态文明素养的有效途径。生态文明实践教育能够让学生走出课堂，亲身参与环保活动，从而真切感受到生态环境问题的严峻性和保护环境的紧迫性。这种直观、生动的教育方式远比纯粹的理论教学更能触动学生的心灵，激发他们的环保热情。开展生态文明实践教育的方式多种多样，如学校组织学生参与校园绿化、垃圾分类等环保活动，让他们在亲身体验中了解环保工作的具体内容和实际意义。此外，还可以利用假期时间，组织学生参加生态考察、环保志愿服务等活动，让学生在实践中深入了解生态环境现状，增强环保意识。

除了校内的实践活动，学校还与企业、社区等合作，共同开展生态文明实践教育，例如，与当地的环保企业合作，建立实践基地，为学生提供实习机会，让他们在实践中学习环保技术和管理经验。这种校企合作模式不仅有助于提升学生的实践能力，还有助于培养他们的职业素养和团队合作精神。生态文明实践教育还能够促进学生的全面发展。在实践活动中，学生需要运用所学知识解决实际

问题，这既是对知识的检验，也是对能力的锻炼。同时，实践活动还能培养学生的创新精神和社会责任感，使他们在关注环境问题的同时更加珍惜资源，关爱自然。

（三）构建多元化的生态文明教育体系

随着全球生态环境问题的日益凸显，生态文明教育的重要性不言而喻。为了全面提升学生的生态文明素养，必须构建一个多元化的生态文明教育体系。这一体系应当涵盖课堂教学、实践活动、校园文化等多个方面，以丰富多样的教育形式和内容，共同推进生态文明教育的深入发展。

（1）课堂教学。课堂教学是生态文明教育的主渠道。在课程设置上，应增加生态文明相关的必修和选修课程，确保学生能够系统地学习生态文明的基本理论和实践知识。同时，鼓励教师在各类课程中融入生态文明理念，使生态文明教育渗透到学生学习的各个方面。

（2）实践活动。实践活动是生态文明教育的重要组成部分。学校应定期组织学生参与垃圾分类、节能减排、绿化校园等环保实践活动，让学生在亲身体验中加深对生态文明的理解。此外，还应开展环保调研、生态考察等生态文明主题的社会实践活动，让学生在实践中提升解决问题的能力。

（3）校园文化。校园文化是塑造学生生态文明观念的重要载体。学校应通过举办以生态文明为主题的文化活动，如环保知识竞赛、生态文明讲座等，营造浓厚的环保氛围。同时利用校园广播、校报等校园媒体，定期宣传生态文明理念和环保知识，增强学生的环保意识。

（4）网络资源。在数字化时代，网络资源为生态文明教育提供了更广阔的平台，学校建立生态文明教育网站或App，提供在线课程、环保资讯、互动论坛等功能，方便学生随时随地学习交流。同时利用社交媒体等网络平台，积极推广生态文明理念，扩大生态教育影响力。

（5）合作与交流。学校应积极与企业、社区、环保组织等合作，共同开展生态文明教育活动。通过校企合作、社区服务等形式，学生可以在更广泛的领域中实践生态文明理念。此外，还应加强与国际学校的交流合作，引进先进的生态文明教育资源和经验，提升教育质量。

融入生态文明理念的思政教育内容设计是提升大学生生态文明素养的重要途

径。将生态文明理念贯穿思政教育全过程、注重生态文明实践教育以及构建多元化的生态文明教育体系，有效地培养学生的环保意识、实践能力和责任感，这不仅有助于推动大学生全面发展，还能为社会的可持续发展贡献力量。

三、跨学科整合与生态文明教育的融合

在生态文明建设的时代背景下，高校思想政治教育需要与时俱进，积极融入生态文明理念，跨学科整合成为推动思政教育内容创新的重要途径之一。通过将生态文明教育与多学科知识相结合，不仅丰富了思政教育的内容体系，还能拓宽学生的知识视野，培养他们的综合素质。下面将探讨跨学科整合与生态文明教育的融合方式及其在教育实践中的应用。

（一）跨学科整合丰富了生态文明教育的内涵

跨学科整合为生态文明教育注入了新的活力，丰富了其教育内涵。在传统的思政教育框架中，生态文明的内容相对单一，主要聚焦于环境保护和可持续发展的基本理念。通过跨学科的整合，将生态学、环境科学、社会学、经济学等多学科的知识与技能融入生态文明教育中，使其内容更加全面、立体。

举例来说，生态学的引入能帮助学生更深入地理解生态系统的运行机制和生物多样性的重要性；环境科学则能揭示环境污染的根源及其对人类和地球的长期影响；社会学和经济学则能从社会结构和经济发展的角度，探讨生态文明建设的必要性和可行性。这种跨学科的整合不仅让学生从不同角度审视生态文明，还能培养他们的综合思维能力和解决问题的能力，让学生意识到，生态文明建设不仅是一个环境问题，更是一个涉及经济、社会、文化等多个层面的复杂系统。

（二）跨学科整合提升了生态文明教育的实效性

跨学科整合在提升生态文明教育的实效性方面发挥了重要作用。传统的生态文明教育更多地停留在理论层面，而缺乏实践操作和解决问题的能力培养。通过跨学科的整合，生态文明教育得以与实践紧密结合，从而显著提高了实效性。

具体来说，跨学科整合允许教育者将不同领域的知识和技能融入生态文明教育中。例如，环境工程学、化学分析、资源管理等专业的知识帮助学生理解并掌握环境治理和保护的实际操作技术。这种实践导向的教育方式不仅让学生更直观

地感受到生态文明建设的紧迫性,还培养了他们的实际操作能力。

此外,跨学科整合还鼓励学生运用所学知识去解决现实问题,如进行环境监测、设计节能减排方案等。这种以问题为导向的学习方法,不仅锻炼了学生的实践能力,还增强了他们的创新意识并提升了团队协作能力。因此,跨学科整合不仅让生态文明教育更加贴近实际,也为学生未来投身生态文明建设打下了坚实的基础,从而极大提升了教育的实效性。

表2-4 跨学科整合在生态文明教育中的实效性

跨学科整合在生态文明教育中的作用	具体措施和效果
结合理论与实践	通过跨学科整合,将环境工程学、化学分析、资源管理等专业知识融入教育,帮助学生理解和掌握环境治理和保护的实际操作技术
实践导向教育	学生能够直观感受到生态文明建设的紧迫性,培养实际操作能力,如环境监测、节能减排方案的设计和实施等能力
问题导向学习	鼓励学生运用所学知识解决现实问题,增强创新意识、提升团队协作能力,如开展环境监测项目、提出环保方案等
教育实效性提升	跨学科整合使生态文明教育更贴近实际需求,为学生未来参与生态文明建设奠定坚实基础,显著提升教育的实效性

(三)跨学科整合促进了生态文明教育的国际化交流

跨学科整合不仅丰富了生态文明教育的内涵,提升了其实效性,更在推动生态文明教育的国际化交流方面发挥了积极作用。在全球化日益加速的今天,各国都面临着相似的生态环境挑战,因此国际合作与交流在生态文明建设中显得尤为重要。

跨学科整合为生态文明教育提供了一个开放、多元的平台,通过这一平台,不同国家和地区的教育者共同探讨如何将多学科知识融入生态文明教育中,分享各自的成功经验和教学案例。这种交流不仅有助于各国之间相互学习、借鉴,还能促进教育资源的共享和优化配置。

跨学科整合与生态文明教育的融合是大学生思想政治教育创新的重要举措,通过引入多学科知识,丰富了生态文明教育的内涵,提升了教育的实效性,并促进了国际化交流。在未来的思政教育工作中，应继续深化跨学科整合的实践探索，不断完善教育内容和方法，为培养具有高度生态文明素养和国际竞争力的大学生贡献力量。同时应关注跨学科整合过程中面临的挑战和问题，如学科之间的协调与融合、教师队伍的建设等，以确保跨学科整合的顺利实施并取得良好效果。

四、思政教育内容的动态更新与优化

在快速发展的社会中，思想政治教育的内容必须与时俱进，以适应时代的需求和挑战，特别是在生态文明建设的背景下，思政教育内容的动态更新与优化显得尤为重要。这不仅关系到大学生思想政治素质的培养，也直接影响到他们未来在社会中的角色和责任，因此，下文将探讨思政教育内容的动态更新与优化的必要性、实施路径及其意义。

（一）思政教育内容动态更新与优化的必要性

在当今社会，思政教育内容的动态更新与优化显得尤为必要。随着时代的快速发展和社会的不断进步，传统的思政教育内容已经难以全面涵盖新时代的要求和挑战。生态文明、科技创新、全球化等议题日益凸显，这些新时代的发展趋势对大学生的思想观念、价值取向产生了深远影响。传统的思政教育内容往往侧重于政治理论和道德教育，然而这些内容已无法完全满足当代大学生对于知识、技能和价值观的多元需求。大学生作为未来社会的主力军，他们的思想观念和行为习惯将直接影响社会的发展方向。因此，思政教育必须紧跟时代步伐，不断更新和优化教育内容，以更好地引导大学生树立正确的世界观、人生观和价值观。

此外，思政教育内容的动态更新与优化也是提高教育实效性的关键。陈旧的教育内容不仅难以激发学生的学习兴趣，还会导致他们与现实社会脱节。只有通过不断更新和优化教育内容，使之更加贴近学生的生活实际和社会热点，才能激发学生的学习兴趣和积极性，提高思政教育的实际效果。

（二）思政教育内容动态更新与优化的实施路径

思政教育内容的动态更新与优化是提升教育实效性和适应时代发展的关键。其实施路径可归纳为以下几点。

（1）紧密关注时事与社会发展。思政教育应与时俱进，及时将国内外时事、社会热点问题纳入教学内容。例如，近年来生态文明建设成为全球关注的重点，思政教育可结合环保政策、绿色发展等议题，引导学生思考并践行环保理念。

（2）定期评估与调整教育内容。建立定期评估机制，对现有思政教育内容进行审视，剔除过时或不合时宜的部分，根据学生反馈、教学效果等因素，灵活调整教学计划和内容，确保教育内容的针对性和实效性。

（3）引入多元化教学方法。利用现代信息技术，如多媒体、网络教学平台等，丰富教学手段，提高学生的学习兴趣；结合案例教学、小组讨论、角色扮演等互动式教学方法，提升学生的参与感和实践能力。

（4）强化实践教学环节。通过社会实践、志愿服务等活动，让学生在实践中深化对思政知识的理解，与企业、社区等合作建立实践教学基地，为学生提供更多接触社会、服务社会的机会。

（5）教师队伍建设与培训。加强对思政教师的培训，提高其政治素养和教学能力，鼓励教师参与学术研究和社会实践，以便更好地将理论与实践相结合，更新教育内容。通过这些实施路径，确保思政教育内容的动态更新与优化，从而培养出既符合时代发展要求又具备高度社会责任感的人才。

（三）思政教育内容动态更新与优化的意义

思政教育内容的动态更新与优化，不仅体现了教育的时代性和前瞻性，更在多个层面具有深远的意义。一是这种更新与优化有助于培养学生的创新意识和实践能力。随着科技的飞速发展和社会的不断进步，新时代对人才的要求也日益提高。传统的思政教育内容往往侧重于理论知识的传授，而忽视了对学生实践能力和创新精神的培养。通过动态更新与优化教育内容，将更多的涉及实践和创新的知识与技能纳入教学体系中，从而激发学生的创新思维，提高他们的实践能力，使他们更好地适应未来社会的发展需求。二是动态更新与优化的思政教育内容有助于引导学生树立正确的世界观、人生观和价值观。在新时代背景下，各种社会思潮和文化冲击层出不穷，大学生正处于思想观念形成的关键时期。通过及时调整和丰富思政教育内容，更好地引导学生明辨是非、善恶、美丑，帮助他们树立正确的价值观，增强他们的社会责任感和历史使命感。三是思政教育内容的动态更新与优化能够促进教育公平和个性化发展。随着社会的发展，不同地域、不同背景的学生在思想观念、价值取向等方面存在较大的差异。通过灵活调整教育内容，能更好地满足不同学生的需求，为他们提供更加个性化的教育服务，从而促进教育公平和学生的个性化发展。四是思政教育内容的动态更新与优化对于推动社会进步和发展具有重要意义。大学生是未来社会的主力军，他们的思想观念和行为习惯将直接影响社会的发展方向。通过不断更新和优化思政教育内容，培养出更多具有高度社会责任感和创新精神的人才，为社会的进步和发展提供有力的人才支撑。

思政教育内容的动态更新与优化是时代发展的必然选择，也是提升思政教育实效性的重要途径。通过密切关注时事热点、加强与大学生的沟通交流、注重实践教育环节的创新以及建立完善的反馈机制等措施，可以不断推动思政教育内容的更新与优化，为培养具有高度生态文明素养和全面发展能力的大学生贡献力量。同时，这将为我国生态文明建设培养更多具有社会责任感和创新精神的人才，推动社会的可持续发展。

第四节 生态文明视角下的思政教育方法探讨

一、传统思政教育方法的局限性

在生态文明建设的时代背景下，大学生思想政治教育面临着前所未有的挑战与机遇。传统的思政教育方法，虽然在过去的岁月发挥了重要作用，但在应对新时代的需求时，其局限性逐渐显现了出来。为更好地推进思政教育工作，需要对传统方法进行深入的反思，并探讨其局限性，从而为思政教育方法的创新提供思路。

（一）传统思政教育方法缺乏生态文明理念的融入

传统思政教育方法在过去的岁月里，主要聚焦于政治理论的传授和道德规范的讲解。然而，在生态文明日益成为全球关注焦点的今天，不难发现，这些方法缺乏生态文明理念的融入，显得与时代脱节。传统的思政教育往往将重点放在政治思想和社会道德的讲解上，很少涉及生态文明的相关内容，这导致学生在接受思政教育时，对生态文明的认识和理解有限。他们也许了解国家的政治制度、社会道德规范，但对于如何与自然和谐相处、如何保护生态环境却知之甚少。

此外，由于传统思政教育方法未将生态文明理念融入其中，学生很难从课堂上获得关于环境保护、资源节约等生态文明方面的知识和启示。这种教育方法的片面性，不仅限制了学生对生态文明的认识，也阻碍了他们在日常生活中实践生态文明理念。

（二）忽视学生的主体地位

在传统的思政教育方法中，不难发现一个显著的问题：学生的主体地位经常被忽视。这种教育模式往往过于强调教师的讲解和传授，而将学生置于被动接受的地位，这无疑是对学生学习主动性和创造性的极大压制。在传统的思政教育课堂上，教师通常扮演着主导者的角色，他们按照既定的教学大纲和教材内容，向学生灌输理论知识和道德规范，而学生则更像是容器，被动地接收这些信息。这种"填鸭式"的教学方法不仅忽略了学生的学习兴趣和需求，也剥夺了他们主动思考和探索的机会。

忽视学生的主体地位，意味着在教育过程中缺乏对学生个体差异和多元需求的关注。每个学生都是独一无二的个体，他们有着不同的学习风格、兴趣爱好和认知方式。在传统的思政教育方法中，这些差异往往被忽视，学生被期望以相同的方式接收和处理信息，这无疑是对他们个性和创造力的极大束缚。此外，忽视学生的主体地位还可能导致学生对思政教育产生抵触情绪。当学生感受到自己的声音和需求不被重视时，就会对学习过程失去兴趣和动力，这种消极的学习态度不仅会影响思政教育的效果，还会对学生的全面发展产生负面影响。

（三）缺乏实践环节

在传统的思政教育体系中，一个显著的问题就是缺乏实践环节。思政教育本应与生活紧密相连，帮助学生在实际情境中锤炼品格、深化认识，然而现有的教育方法却往往偏重于理论传授，忽视了实践操作的重要性。实践是检验真理的唯一标准，也是巩固和深化理论知识的关键环节。通过实践，学生将课堂上学到的抽象概念转化为具体行动，从而更深刻地理解思政教育的内涵和意义。然而，传统思政教育方法却未能充分利用实践这一重要手段，导致学生难以将理论与实际相结合。

缺乏实践环节，学生无法真正领会思政教育的精神，单纯的理论学习容易让学生感到枯燥乏味，难以激发他们的学习兴趣，更重要的是没有实践经验的支撑，学生很难真正理解并内化思政教育的核心价值。此外，实践环节的缺失还可能导致学生缺乏实际操作能力和解决问题能力。在现实生活中，面对复杂多变的社会环境，学生需要具备灵活运用所学知识解决实际问题的能力。然而，由于传统思政教育方法缺乏实践环节，学生在这方面的训练明显不足。

（四）与现实生活脱节

在传统的思政教育中，与现实生活脱节的问题不容忽视。教育，尤其是思政教育，理应紧密贴合时代脉搏，反映社会现实，引导学生理解和适应他们所处的世界。然而现实是，传统的思政教育内容与当下社会的快速发展和复杂多变的现象存在明显的脱节。这种脱节首先体现在教材内容的滞后上，很多思政教育的教材和案例往往不能及时更新，导致其中涉及的社会现象、价值观念与现代社会存在较大的差异。学生在学习过程中，难以将这些过时的内容与他们的现实生活相联系，从而产生了疏离感。

此外，与现实生活的脱节还表现在教育方式的陈旧上。传统思政教育往往采用单一的课堂讲授方式，缺乏与现代科技、媒体和社交平台的结合。在数字化、信息化的今天，学生早已习惯了通过互联网获取信息、交流思想，而思政教育若不能融入这些现代元素，就难以引起学生的兴趣，更难以触及他们的心灵。这种与现实生活的脱节，不仅影响了思政教育的效果，还可能让学生对这门学科产生误解和偏见。当学生觉得思政教育与他们关心的现实问题无关，或者无法解决他们在实际生活中遇到的困惑时，会对这门学科失去信心，甚至产生抵触情绪。

（五）评价方式单一

在传统的思政教育体系中，评价方式单一一直是其软肋。长期以来，思政教育主要采用笔试或书面考试的形式来评价学生的学习成果，这种方式虽然便于量化和管理，却忽视了对学生综合素质和深层次能力的评估。单一的评价方式往往只注重学生对知识点的记忆和理解，无法全面反映学生在分析、解决问题以及创新思维等方面的能力。思政教育不仅是传授知识，更重要的是培养学生的价值观、道德观念和批判性思维，然而传统的笔试方式很难对这些方面进行有效评价。

此外，单一的评价方式也容易导致学生应试心态的加强，他们会过分关注记忆和应试技巧，而忽视了真正的学习和理解过程。在这种情况下，学生的主动性和创造性受到限制，思政教育的本质意义也被削弱。再者，单一的评价方式无法充分反映学生的个性化差异。每个学生都有自己独特的学习方式和兴趣点，他们在思政教育中的收获也各不相同，然而传统的评价方式往往只给出一个标准化的分数，无法体现学生的个体差异和特长。

传统思政教育方法在生态文明视角下存在诸多局限性，为了更好地推进思政教育工作，需要对传统方法进行深入的反思和创新。通过融入生态文明理念、尊重学生主体地位、加强实践环节、紧密联系现实生活以及完善评价方式等措施，构建起更加符合生态文明建设需求的思政教育方法体系。这不仅有助于提高思政教育的实际效果，也有助于培养出更多具备生态文明素养和全面发展能力的大学生。

二、创新思政教育方法的必要性

随着生态文明的兴起，传统的思政教育方法已难以适应新的教育需求。为了在大学生中深入推广生态文明理念，思政教育方法的创新势在必行。下文将探讨传统教育方法的局限性以及创新思政教育方法的必要性，旨在寻找更加贴合生态文明理念的教育方式，从而培养出既具备思想道德素质，又深刻理解生态文明重要性的新时代大学生。

（一）传统思政教育方法的局限性

传统思政教育方法在过去的教育实践中发挥了重要作用，但在生态文明视角下，其局限性越发凸显。一是传统方法往往过于注重理论传授，忽视了与实践的结合。这种单向灌输的教学方式，使学生处于被动接受的状态，难以激发他们的学习兴趣和主动性，学生往往无法深刻理解和应用所学知识，更难以将其转化为实际行动。

二是传统思政教育方法缺乏对学生个性化需求的关注。每个学生都有独特的思想、情感和价值观，而传统方法往往采用"一刀切"的教学模式，未能充分考虑到学生的个体差异。这种忽视学生主体性的做法，不仅影响了教育效果，还会导致学生产生逆反心理。

三是传统思政教育方法在内容更新方面明显滞后。随着社会的快速发展和生态文明理念的深入人心，思政教育内容应与时俱进，紧跟时代步伐。然而传统方法往往难以及时反映社会时事热点和生态文明建设的最新成果，导致教育内容与现实脱节。

四是传统思政教育方法缺乏互动性，课堂氛围沉闷，不利于培养学生的创新思维和批判性思考能力。在现代教育中，互动和参与是提升学生学习效果的关键，传统方法未能充分利用这一点，使思政教育变得枯燥乏味，难以吸引学生的注意力。

（二）创新方法有助于提升教育实效性

在思政教育领域，传统的教学方法往往侧重于理论传授，而在实践应用和学生参与度方面显得不足。随着教育理念的更新和教育技术的进步，创新方法正逐渐成为提升思政教育实效性的关键。创新方法通过引入更多元化、互动性的教学手段，显著提高了学生的参与度。例如，利用多媒体技术呈现生动案例，或者通过角色扮演、小组讨论等方式，让学生更加积极地投入学习。这些方法不仅增强了学生的学习兴趣，还促使他们在主动探索中深化了对思政知识的理解。

此外，创新方法强调实践与应用，有助于学生将理论知识转化为实际行动。通过组织社会实践活动、模拟情景演练等方式，让学生在真实或模拟的环境中运用所学知识解决问题。这种以实践为导向的教学方法，不仅锻炼了学生的实际操作能力，还培养了他们的社会责任感和团队协作精神，同时创新方法还注重个性化教学，根据学生的不同需求和特点，提供个性化的学习方案。

（三）培养学生生态文明实践的自觉性

在生态文明建设中，培养大学生的生态文明实践自觉性至关重要，这不仅关系到他们个人的全面发展，更对社会的可持续发展具有深远影响。培养学生的生态文明实践自觉性，首先，从课堂教育入手，通过在课堂上深入讲解生态文明的理念、意义和实践途径，引导学生认识到人类与自然环境的紧密联系，以及个人在保护环境中的责任和作用。这种教育不仅要注重知识的传授，更要通过生动的案例和实践活动，激发学生的环保意识和行动热情。

其次，鼓励学生积极参与生态文明实践活动，学校组织各类环保志愿服务、实地考察和绿色校园建设等活动，让学生在亲身参与中感受到生态文明建设的紧迫性和重要性。通过这些实践活动，学生能够更加直观地了解环境问题，从而提高他们的环保自觉性和行动力。

再次，通过建立激励机制来培养学生的生态文明实践自觉性，如设立环保奖学金、开展环保创意大赛等，鼓励学生发挥创新精神和团队协作能力，积极投身于生态文明建设中。这些措施不仅能够激发学生的积极性，还能提升他们的实践能力和社会责任感。

最后，家庭和社会环境是培养学生生态文明实践自觉性的重要因素。家长应该以身作则，引导孩子养成节约资源、保护环境的良好习惯，社会各界也应该共同营造关注环保、支持生态文明建设的氛围，为学生提供更多的实践机会和发展平台。

（四）促进思政教育与时俱进

在当今快速发展的社会，思政教育作为培养合格社会公民的重要环节，必须与时俱进，紧跟时代的步伐，这不仅是教育本身的内在要求，也是社会对思政教育的期待。首先，与时俱进意味着思政教育要不断更新内容，及时反映社会发展的新情况、新问题。随着科技的飞速进步和全球化的深入，社会现象日益复杂多变。思政教育应当敏锐捕捉这些变化，将最新的社会动态、科技成就、国际形势等纳入教学内容，使学生能够及时了解并思考这些变化对个人、对国家、对世界的影响。

其次，与时俱进还要求思政教育在教学方法上进行创新。传统的"填鸭式"教学已经无法满足现代学生的需求，思政教育应当充分利用多媒体、互联网等现代信息技术，创造出生动活泼的教学环境，提高学生的学习兴趣和参与度。此外，思政教育还应注重实践教学，通过实地考察、社会实践等方式，让学生在亲身体验中深化对理论知识的理解。

再次，与时俱进也体现在思政教育对学生个性化需求的关注上。每个学生都有其独特的成长背景和兴趣爱好，思政教育应当尊重这种多样性，提供个性化的教学方案，帮助学生找到自己的发展方向，实现自我价值。

最后，与时俱进还要求思政教师不断提升自身素质。教师作为思政教育的实施者，其知识水平、教学能力和道德素养直接影响到教育的质量。

在生态文明视角下，创新大学生思政教育方法具有显著的必要性。通过克服传统方法的局限性、提升教育实效性、培养学生生态文明实践的自觉性以及促进思政教育与时俱进，能够更好地培养出符合生态文明建设需求的高素质人才。为了实现这一目标，教育者应积极探索和实践新的教育方法，不断完善思政教育体系，为构建人与自然和谐共生的美好未来贡献力量。

三、多元化教学方法在思政教育中的应用

随着生态文明理念的深入人心，大学生思想政治教育面临新的挑战与机遇。传统的单一教学方法已无法满足当代大学生的需求，因此多元化教学方法的应用显得尤为重要。多元化教学方法不仅能够激发学生的学习兴趣，提高他们的学习积极性和主动性，还能够更好地培养学生的创新思维和实践能力。下文将深入探讨多元化教学方法在思政教育中的应用，以期为提升思政教育质量提供有益的参考。

（一）多元化教学方法能够激发学生的学习兴趣

多元化教学方法在思政教育中的应用，显著地激发了学生的学习兴趣。传统的思政教育课堂往往以单调的讲授为主，内容虽然重要，但是形式枯燥，很难引起学生的共鸣和兴趣。多元化教学方法的引入，像一股清新的风，为思政教育课堂带来了新的活力。

通过采用案例讨论、情景模拟、角色扮演等丰富多彩的教学方式，教师能够将抽象的思政理论与生动的教学实践相结合，让学生在轻松愉快的氛围中学习。例如，通过分析具体的生态案例，学生能够更加直观地了解生态文明的重要性，从而对思政课程产生浓厚的兴趣。此外，多元化教学方法还鼓励学生主动参与课堂讨论和互动，这种教学方式不仅提高了学生的口头表达能力，还增强了他们的学习自信心。当学生在课堂上能够积极发言、参与讨论时，他们的学习兴趣自然会被激发出来。

（二）多元化教学方法有助于培养学生的创新思维

多元化教学方法在思政教育中的另一大优势是有助于培养学生的创新思维。在传统的思政教育模式下，学生只是被动地接受知识，而在多元化教学方法的引导下，学生需要主动思考、分析和解决问题。

通过引入开放性问题、探究式学习和项目式实践，多元化教学鼓励学生从不同角度审视问题，提出新颖的见解和解决方案。这种教学方式不仅锻炼了学生的思维能力，还激发了他们的创新意识和探索精神。例如，教师设计一些具有挑战性的课题，让学生自主研究并提出创新性的观点，从而培养他们的创新思维和实践能力。此外，多元化教学方法还强调跨学科的学习，鼓励学生将思政知识与其他学科知识相融合，产生新的思考和创意，这种跨界的思维方式有助于打破传统思维的束缚，激发学生的创新思维潜能。

（三）多元化教学方法能够提升学生的实践能力

多元化教学方法在思政教育中的显著作用，还体现在能够提升学生的实践能力上。实践能力是当代大学生必备的重要素质，它不仅包括动手操作的技能，更涵盖了问题解决、团队协作、沟通协调等多方面的能力。多元化教学方法正是通过其独特的教学理念和实践环节，有效地促进了学生实践能力的提升。在多元化教学的框架下，教师不再是单纯的知识传授者，而是转变为学生学习过程中的引导者和支持者。通过设计社会调研、志愿服务、实地考察等丰富多样的实践活动，教师引导学生走出课堂，深入社会，亲身体验和解决实际问题。这些实践活动不仅让学生有机会将理论知识转化为实际操作，还培养了他们的社会责任感和服务意识。

例如，在生态文明教育中，教师组织学生参与环保项目，通过实地考察了解生态环境现状，提出改善建议，并亲身参与环保活动，这样的实践经历不仅能让学生深刻体会到生态文明的重要性，还能锻炼他们的组织协调能力、沟通能力和团队合作精神。同时，多元化教学方法还鼓励学生自主探究和创新，通过设定开放性的实践任务，教师能激发学生的创新思维，培养他们独立解决问题的能力。学生在实践中不断尝试、反思、调整，最终找到解决问题的最佳方案，这一过程本身就是对实践能力的全面提升。

多元化教学方法在思政教育中的应用具有重要意义。通过激发学生的学习兴趣、培养创新思维和提升实践能力，多元化教学方法为思政教育注入了新的活力。然而在实际应用中，教师还须根据具体教学内容和学生特点灵活地选择教学方法，确保教学效果的最优化，同时高校也应加强对思政教育方法的创新研究和实践探索，不断完善思政教育体系，为培养具有生态文明素养的高素质人才提供有力支持。

四、以学生为中心的互动式教学模式

随着教育理念的不断更新，以学生为中心的教学模式逐渐成为教育改革的热点。在生态文明视角下的大学生思想政治教育中，以学生为中心的互动式教学模式尤为重要。这种教学模式强调学生的主体地位，注重学生的参与和体验，旨在通过互动与交流，激发学生的学习兴趣，培养其自主学习能力和批判性思维。下面将深入探讨以学生为中心的互动式教学模式在思政教育中的应用及其意义。

（一）互动式教学以学生为中心，激发学生的主动性

以学生为中心的互动式教学模式是当代教育的重要理念，它强调学生在学习过程中的主体地位，致力于激发学生的学习主动性。在生态文明视角下的思政教育中，这一理念尤为重要。在传统的教学模式中，学生往往是知识的被动接受者，但在以学生为中心的互动式教学模式中，学生被赋予了更多的自主权和选择权。教师通过设计开放式问题、引导式讨论和实践性任务，鼓励学生主动参与学习过程，激发他们的学习兴趣和热情。

例如，教师结合生态文明的主题，让学生自主选择研究方向，进行独立的课题研究或项目设计。在这个过程中，学生需要自主查找资料、分析问题、提出解决方案，从而培养了他们的自主学习能力和问题解决能力。此外，以学生为中心的教学互动式模式还注重学生的个性化发展。每个学生都有自己独特的学习方式和兴趣点，教师应该尊重这种多样性，提供个性化的学习资源和指导。

（二）互动式教学，增强学生的参与度

互动式教学是提升学生学习参与度的重要手段。在生态文明视角下的思政教育中，采用互动式教学能提升增强学生的课堂参与度，使学习变得更加生动有趣。通过引入小组讨论、角色扮演、情境模拟等互动元素，教师能够鼓励学生积极参与到教学活动中来。这些互动形式不仅打破了传统课堂的沉闷氛围，还让学生在轻松愉快的氛围中学习知识，提升了对思政课程的兴趣。

在互动式教学中，每个学生都有机会发表自己的观点，与他人进行交流与讨论，这种教学方式促进了学生之间的思想碰撞，拓宽了他们的思维视野。同时，通过互动，学生还能学会倾听他人的意见，培养团队协作和沟通能力。此外，互动式教学也有助于教师及时了解学生的学习情况和思想动态，教师通过观察学生的互动表现，发现他们在学习上的困惑和难点，从而进行有针对性地指导和帮助。

（三）结合生态文明理念，深化思政教育内涵

在思政教育中融入生态文明理念，不仅丰富了教育内容，还能深化思政教育的内涵，使学生更好地理解和践行社会主义核心价值观。

（1）拓展思政教育内容。通过引入生态文明理念，思政教育的内容得到了进一步拓展，除了传统的思政课程内容，还加入了生态文明建设的基本要求、目标以及具体实践案例。结合我国生态文明建设的实际成果，如"绿水青山就是金山银山"的发展理念，以及生态文明建设在推动社会可持续发展中的重要作用，使学生更加直观地理解生态文明的价值。

（2）强化实践导向。生态文明教育注重实践性，鼓励学生通过实地考察、社会调研等方式，亲身体验和了解生态环境保护的重要性。这种实践导向的教学方式，不仅能够增强学生的实践能力，还能够加深他们对生态文明理念的理解和认同。

（3）培养环保意识。结合生态文明理念，思政教育着重培养学生的环保意识，让他们在日常生活中自觉践行节约资源、保护环境的理念。通过教育引导学生认识到个人行为对环境的影响，从而培养他们形成绿色、低碳的生活方式。

以学生为中心的互动式教学模式在生态文明视角下的大学生思想政治教育中具有明显的优势，通过激发学生的主动性、提升课堂参与度以及结合生态文明理念，这种教学模式不仅能够提高学生的学习效果，还能培养其自主学习能力、批判性思维和环保意识。然而在实际应用中，教师还须根据学生的实际情况和教学内容灵活调整教学策略，确保教学效果的最大化。同时，高校也应加强对这种教学模式的研究和实践，不断完善思政教育体系，为培养具有生态文明素养的高素质人才提供有力支持。

第三章 生态文明与思政教育的历史沿革

第一节 生态文明的发展历程

一、生态文明的起源与演变

随着人类社会文明的进步与发展,人类对自然环境的认识与利用方式也在不断演进。生态文明作为人类文明发展的最新阶段,其起源与演变不仅反映了人类对自然环境认识的不断深化,也体现了人类社会在可持续发展道路上的不断探索。

(一)农业文明与生态意识的萌芽

在人类历史的长河中,农业文明是文明发展的一个重要阶段,也是生态意识萌芽的起点。农业文明以农耕和畜牧为主要生产方式,在这个阶段人类开始系统地利用和改造自然环境,以满足日益增长的生存需求。在农业文明时期,人类开始意识到自然环境与农业生产之间的密切关系,通过观察自然现象、总结生产经验,人们逐渐认识到土地、水源、气候等自然要素对农作物生长和畜牧业发展的重要性。这种对自然环境的依赖和认识,促使人们开始尝试通过调整生产方式和保护自然资源来提高生产效率。

在长期的农业生产实践中,人们积累了丰富的生产经验。他们学会了合理轮作、精耕细作、修建水利设施等农业生产技术,以改善土壤结构、提高水资源利用效率、降低自然灾害的影响。

(二)工业文明与生态危机的显现

工业文明的崛起,标志着人类社会进入了一个全新的发展阶段。在这一阶段，机械化、自动化和大规模生产成为主导，科技进步和经济增长达到了前所未有的高度。然而随着工业文明的快速发展，一系列生态问题也逐渐显现，给人类社会的可持续发展带来了巨大挑战。工业文明的发展导致了资源消耗和环境污染的加剧，大规模的生产活动需要消耗大量的能源和原材料，而这些资源的开采和利用往往伴随严重的环境污染。工厂排放的废气、废水和固体废弃物对大气、水体和土壤造成了严重污染，导致了生态系统失衡，生物多样性减少。

同时，工业文明的发展还导致了资源的过度消耗和枯竭。随着人口的增长和经济的发展，人类对自然资源的需求不断增加，然而地球上的资源是有限的，过度开采和消耗导致了资源的短缺和枯竭。这不仅影响了人类社会的可持续发展，也对自然环境造成了不可逆的损害。此外，工业文明的发展还加速了城市化进程和人口聚集。大量的人口涌入城市，给城市的生态环境带来了巨大压力，城市的扩张和建设往往伴随着绿地的减少和生态系统的破坏，导致城市热岛效应、空气污染、噪声污染等问题的加剧。工业文明的发展虽然带来了巨大的经济繁荣和科技进步，但也给人类社会和自然环境带来了严重的生态危机。

（三）生态文明理念的提出与实践

随着工业文明带来的生态危机日益严重，人类开始深刻反思传统的发展模式，并积极探索新的可持续发展道路。在这一背景下，生态文明理念应运而生，成为引领人类社会走向绿色、低碳、循环发展的重要指导思想。生态文明理念的提出，标志着人类对自然环境的认识达到了一个新的高度，它强调人与自然和谐共生，倡导尊重自然、顺应自然、保护自然的理念。在经济发展上，生态文明理念主张绿色、低碳、循环的发展方式，推动产业结构的优化升级，减少对自然资源的过度消耗和对环境的破坏。

在实践层面，生态文明理念得到了广泛响应和积极落实，各国政府纷纷将生态文明建设纳入国家发展战略，制定了一系列环保政策和法规，加大了对环境保护的监管和执法力度。同时社会各界也积极参与生态文明建设，推动绿色技术的研发和应用，倡导绿色消费和低碳生活方式。

生态文明的起源与演化是人类文明发展史上的一个重要阶段，从农业文明到工业文明再到生态文明，人类对自然环境的认识不断深化，对可持续发展的追求也不断加强。当前，生态文明建设已经成为全球性的共识和行动，但其也面临着诸多困难和挑战，需要继续深化对生态文明理念的理解和实践，从而推动人类社会向着更加和谐、可持续的方向发展。

二、我国生态文明理念的形成与发展

随着全球生态危机的日益严峻，生态文明理念逐渐成为引领人类社会可持续发展的新方向。这一理念的形成与发展，不仅是对传统发展模式的深刻反思，也是对人与自然和谐共生关系的新认识。在这一过程中，人类对生态文明的内涵、目标及实现路径有了更加清晰的认识，为大学生思想政治教育提供了丰富的资源和新的视角。

（一）生态文明理念的提出与初步形成

生态文明理念的提出与初步形成是中国环境保护事业发展的重要里程碑，这一理念的形成标志着中国政府对人与自然关系的深刻反思和重新认识，也体现了中国政府在可持续发展道路上的坚定决心。在改革开放初期，随着经济的快速发展，环境问题逐渐凸显，中国政府开始意识到环境保护的重要性，并逐步将环保工作上升为基本国策。在这一背景下，生态文明理念开始萌芽并逐渐发展成熟。20世纪后期，随着中国社会的快速发展和国际环境压力的加大，中国政府更加重视生态文明建设，在多次全国性的环境保护会议中，都强调了加强环境保护、推进生态文明建设的重要性和紧迫性，最终在党的十九大报告中，社会主义生态文明观被明确提出，成为新时代中国特色社会主义的重要思想之一。这一理念的提出，不仅为中国未来的环境保护和生态建设指明了方向，也为全球环境治理提供了新的思路。

（二）生态文明理念的深化与拓展

随着全球环境问题日益严峻，中国的生态文明理念也在不断地深化与拓展，主要体现在以下几方面。

（1）内涵的丰富化。生态文明不再局限于环境保护的层面，而是扩展到经济、社会、文化等多个领域，它强调人与自然的和谐共生，追求绿色、低碳、循环的发展方式。2007年，中国共产党第十七次全国代表大会首次提出"生态文明"的理念，并将其纳入全面建成小康社会的奋斗目标，到了2012年，党的十八大将生态文明上升为国家战略,其内涵不断得到丰富和拓展。

(2)实践路径的明确化。中国政府提出了一系列具体的政策措施和行动计划,以推动生态文明建设的深入实施,如加强生态文明建设示范区建设、推广绿色生产方式、实施生态修复工程等。特别是近年来,中国政府提出了"绿水青山就是金山银山"的绿色发展理念,强调生态环境保护和经济发展双赢。

(3)国际合作的加强。中国积极参与全球环境治理和生态文明建设,与各国共同应对全球性环境问题,中国倡导构建人类命运共同体,推动各国在生态文明建设方面加强合作与交流。例如,中国积极参与《巴黎协定》的签署与实施,推动全球气候治理的深入发展。

(4)公众参与度的提升。随着生态文明理念的深入人心,越来越多的公众开始关注并参与到生态文明建设中来。政府通过宣传教育、政策引导等方式,鼓励公众树立生态文明意识,积极参与环保行动。

(三)生态文明理念的国际合作与全球治理

随着全球环境问题的日益严峻,生态文明理念的国际合作与全球治理显得尤为重要。中国作为负责任的大国,在推动生态文明理念的国际合作与全球治理方面发挥了积极的作用。

(1)加强国际合作。中国积极参与联合国环境规划署、世界环境大会等国际环保组织和会议,与各国共同商讨解决环境问题的方案。在"一带一路"倡议下,中国同共建国家加强环保合作,共同推进绿色丝绸之路建设,分享环保技术和经验。

(2)参与并推动国际环保公约。中国积极参与并推动《巴黎协定》的签署与实施,为全球应对气候变化做出积极贡献;中国还加入了《生物多样性公约》等国际环保公约,致力保护全球生物多样性。

(3)资金与技术支持。中国通过设立环保基金、提供技术援助等方式,支持发展中国家加强环境基础设施建设,提高环境治理能力;在"南南合作"框架下,中国向发展中国家分享生态文明建设的经验和成果,推动全球环境治理体系的完善。

(4)倡导绿色发展理念。中国在国际舞台上积极倡导绿色发展理念,推动全球形成绿色、低碳、循环的发展方式。通过国际合作,中国与其他国家共同研究绿色技术，推动绿色产业的发展，为全球环境治理提供新的动力。

生态文明理念的形成与发展是一个复杂而漫长的过程，在这一过程中，人类从对工业文明的反思中吸取教训，逐步认识到生态文明的重要性并付诸实践。如今生态文明已经成为全球共识和行动纲领，为人类社会可持续发展提供了新的方向和动力。同时，这一理念也为大学生思想政治教育提供了丰富的资源和新的视角，有助于培养具有生态文明素养和全球视野的新时代青年。

三、生态文明在当代社会的重要性

随着工业文明的快速发展，人类面临着前所未有的环境挑战，全球气候变化、资源枯竭、生物多样性丧失等问题日益凸显，这些问题的解决呼唤着一种新型的发展理念——生态文明。生态文明不仅是对自然环境的尊重和保护，更是人类社会可持续发展的基石。在当代社会，生态文明的重要性越发凸显，它不仅影响着大学生的思想政治教育，也深刻影响着国家的长远发展。

（一）生态文明是当代社会可持续发展的必然选择

随着工业化的迅速推进和科技的飞速发展，人类社会在取得巨大物质财富的同时也面临着前所未有的环境挑战，空气污染、水资源短缺、土壤退化、生物多样性丧失等环境问题日益凸显，这些问题的解决已经迫在眉睫。在这样的背景下，生态文明作为一种新型的发展理念提上了日程，成为当代社会可持续发展的必然选择。一是生态文明强调人与自然的和谐共生。在传统的发展模式下，人类往往以征服自然、改造自然为手段，追求经济的快速增长，然而这种发展方式往往忽视了自然的承载能力，导致生态失衡、环境恶化。而生态文明则倡导尊重自然、顺应自然、保护自然，追求经济社会与生态环境的协调发展，这种发展方式能够更好地保障人类的生存与发展，实现人与自然的和谐共生。

二是生态文明是实现可持续发展的内在要求。可持续发展是指既满足当代人的需求，又不对后代人需求构成危害的发展，这种发展方式强调资源的合理利用、环境的保护以及经济的稳定增长。生态文明正是实现可持续发展的关键所在。通过加强生态文明建设，能更好地保护生态环境，提高资源的利用效率，推动经济的绿色转型，从而实现可持续发展的目标。

三是生态文明也是国际社会的共同追求。在全球化的今天，环境问题已经成为全球性的问题，各国政府和国际组织纷纷将生态文明建设作为重要的议题，共同推动全球环境治理，通过加强国际合作，共同应对环境挑战，更好地保护地球家园，实现人类社会的可持续发展。

（二）生态文明对大学生的思想政治教育具有重要影响

生态文明作为现代社会的重要理念，对大学生的思想政治教育具有深远的影响。在高等教育体系中，思想政治教育旨在培养学生的道德观念、价值观念和社会责任感，而生态文明理念的融入，为这一教育过程注入了新的活力。一是生态文明教育有助于大学生形成正确的自然观和生态观。通过学习生态文明的相关知识，大学生能够更深刻地理解人类与自然的关系，认识到保护生态环境的重要性。这种观念的转变将促使他们更加珍惜自然资源，积极参与环保活动，为生态环境的改善贡献自己的力量。

二是生态文明教育有助于提升大学生的社会责任感。作为社会的未来和希望，大学生肩负着推动社会进步、实现可持续发展的重任。生态文明教育能够激发大学生的社会责任感和使命感，促使他们关注社会问题，积极参与社会建设，为社会的繁荣稳定贡献自己的力量。

三是生态文明教育还有助于培养大学生的创新精神和实践能力。在生态文明建设中，需要不断地探索新的方法和技术，推动环保技术的创新和发展。大学生作为具有较高创新意识和实践能力的群体，通过参与生态文明建设，可以锻炼自己的创新能力和实践能力，为未来的职业发展打下坚实的基础。

表3-1 生态文明对大学生思想政治教育的影响

影响领域	具体内容
自然观和生态观	通过学习生态文明相关知识，大学生能够更深刻理解人类与自然的关系，认识到保护生态环境的重要性，促使珍惜自然资源和参与环保活动
社会责任感	激发大学生的社会责任感和使命感，促使他们关注社会问题，积极参与社会建设，为社会繁荣稳定贡献力量

续表

影响领域	具体内容
创新精神和实践能力	在生态文明建设中，大学生通过探索新方法和技术，推动环保技术创新和发展，锻炼创新能力和实践能力，为职业发展打下基础

（三）大学生在生态文明建设中发挥着重要作用

大学生作为社会的重要组成部分和未来的中坚力量，在生态文明建设中发挥着不可或缺的作用。他们不仅具备较高的知识水平和文化素养，还拥有强烈的责任感和使命感，是推动生态文明建设的重要力量。一是大学生是生态文明理念的传播者。在大学期间，他们通过系统的学习和实践活动，深入了解和掌握了生态文明的相关知识。毕业后，他们将这些知识传播到社会各个角落，影响并带动身边的人关注环境问题，共同参与到生态文明建设中来。二是大学生是生态文明实践的先行者，他们积极参与垃圾分类、节能减排、植树造林等各种环保活动，通过实际行动践行生态文明理念。这些实践活动不仅增强了大学生的环保意识、提高了实践能力，也为生态文明建设贡献了实实在在的力量。

生态文明在当代社会的重要性不言而喻，它不仅是人类社会可持续发展的必然选择，也对大学生的思想政治教育产生了深远影响。大学生作为社会的未来和希望，在生态文明建设中发挥着重要作用。因此，加强大学生的生态文明教育，增强他们的环保意识提升他们的实践能力，对于推动生态文明建设具有重要意义。

四、生态文明与高等教育机构的历史关联

随着人类社会对自然环境的认识逐渐深入，生态文明的理念逐步确立并发展。高等教育机构作为社会进步的重要推动力量，与生态文明之间也形成了紧密的关联。探讨这一关联，不仅有助于深入理解生态文明的发展历程，也有助于明确高等教育机构在推动生态文明建设中的责任和使命。

（一）高等教育机构是生态文明理念传播的重要阵地

在推动生态文明建设的过程中，高等教育机构发挥着举足轻重的作用，其是生态文明理念传播的重要阵地。高等教育机构以其深厚的学术积淀、丰富的教育资源和先进的教育理念，为生态文明理念的传播提供了得天独厚的条件。一是高等教育机构拥有系统全面的课程体系，通过设置环境科学、生态学、可持续发展等与生态文明相关的课程，高等教育机构能够向学生传授生态文明的理论知识，帮助他们了解人与自然的关系，认识到保护生态环境的重要性。这些课程不仅拓宽了大学生的视野，也为他们提供了参与生态文明建设的知识储备。

二是高等教育机构汇聚了众多专家学者，这些专家学者在各自领域内深入研究生态文明的理念和实践，通过他们的研究成果和学术交流，高等教育机构能够不断更新和深化对生态文明的理解。同时，这些专家学者也能够将最新的研究成果和理念融入到教学中，进一步推动生态文明理念的传播。

三是高等教育机构还承担着社会责任，积极参与环保活动和公益事业。通过组织学生参与环保志愿活动、开展环保宣传教育等方式，高等教育机构能够引导学生关注环境问题，培养他们的环保意识和实践能力。

（二）高等教育机构为生态文明建设提供人才支持

高等教育机构在生态文明建设中扮演着至关重要的角色，为这一伟大事业提供了可靠的人才支持。一是高等教育机构通过系统专业的培养，为社会输送了大批具备环保知识和实践能力的专业人才。这些人才涵盖了环境科学、生态学、资源管理等各个领域，他们在生态文明建设中发挥着关键的技术支持和引领作用。

二是高等教育机构注重培养学生的创新意识和实践能力。在生态文明建设的实践过程中，不仅需要理论知识，更需要创新思维和解决问题的能力。高等教育机构通过实验教学、科研项目等方式，培养学生的创新精神和实践能力，使他们能够应对生态文明建设中的挑战和难题。

三是高等教育机构还注重培养学生的社会责任感和使命感。通过环保教育、社会实践等活动，引导学生关注环境问题，培养他们的环保意识和责任感，这些具有社会责任感和使命感的人才，将成为推动生态文明建设的重要力量。

（三）高等教育机构在生态文明建设中承担重要责任

高等教育机构在生态文明建设中承担着不可推卸的重要责任，作为培养未来社会建设者和领导者的摇篮，高等教育机构有责任将生态文明的理念融入教育教学全过程。一是高等教育机构应当加强生态文明教育，使学生深刻认识到人与自然和谐共生的重要性，培养他们的环保意识和可持续发展观念，通过开设相关课程、组织实践活动等方式，引导学生积极参与生态文明建设的实践。

二是高等教育机构应当推动科研创新，为生态文明建设提供科学支撑，鼓励师生开展环保科技研究，推动环保技术的创新和应用，为解决生态环境问题提供有效的解决方案。

三是高等教育机构还应当积极参与社会服务和公益事业，发挥自身在环保领域的影响力，通过与企业、政府等机构的合作，共同推动生态文明建设的深入开展。

生态文明与高等教育之间存在紧密的历史关联，高等教育机构作为知识传播和人才培养的重要阵地，在生态文明建设中发挥着不可替代的作用。通过开设相关课程、培养专业人才、参与实践和研究等方式，高等教育机构为生态文明建设的深入推进提供了有力的人才支持和智力保障。

第二节 思政教育的发展历程

一、思政教育的起源与变迁

思政教育作为培养社会主义建设者和接班人的重要手段，其发展历程与中国的革命、建设和改革实践紧密相连。随着时代的变迁，思政教育也在不断发展和完善，以适应社会发展的需要。下文将探讨思政教育的起源、变迁及其在不同历史阶段的特点。

（一）思政教育的起源与早期发展

思政教育的起源可以追溯到中国共产党成立初期，在1921年党的一大上，就提出了要通过宣传教育实现工农与士兵的组织联合，最终实现社会变革的目标。这一时期的思政教育，主要围绕党的革命任务，强调政治信仰的坚定性和革命精神的培养。早期思政教育的发展，主要体现在以下几方面。

（1）确立思政教育地位。1927年的三湾改编，通过细化思想政治教育工作策略、确立"支部建在连上"和"党指挥枪"等治军方法，完成了党在革命军队内部进行思想政治教育的初步尝试。这一举措标志着思政教育在军队建设中的正式应用。

（2）明晰思政教育内容。1929年的古田会议决议进一步明晰了思想政治教育的地位、作用、内容等，党的思想政治教育方针体系初步形成。这一时期，思政教育的内容主要包括党的路线、方针、政策教育，以及革命理论、革命纪律等方面的教育。

（3）强化思政教育作用。1934年第一次全军政治工作会议对"生命线"问题的阐释，郑重申明了思想政治教育在党的建设中的重要作用与工作定位。这标志着思政教育在党的建设中的核心地位得到了进一步确认。

（4）思政教育实践深入。全面抗战爆发后，党内思想政治教育理论基石更加稳固，通过广泛的宣传教育活动，思政教育深入人心，为抗战胜利提供了强大的精神支持。

（二）改革开放后思政教育的创新发展

改革开放后，中国社会的深刻变革为思政教育带来了新的发展机遇和挑战。思政教育在适应新形势、新任务的过程中，实现了创新发展，主要体现在以下几方面。

（1）内容体系的丰富。改革开放后，思政教育不再局限于传统的政治理论教育，而是逐渐扩展到思想道德教育、法治教育、心理健康教育等多个领域，这种多元化的内容体系，使思政教育更加贴近学生的实际需求，提高了教育的针对性和实效性。

（2）教学方法的创新。传统的"填鸭式"教学已经不能满足学生的需求，因此思政教育在教学方法上进行了创新，通过引入课堂讨论、案例分析、社会实践等新的教学方法，激发学生的学习兴趣，培养学生的思考能力和实践能力。

（3）理论与实践相结合。改革开放后，思政教育注重理论与实践相结合，通过组织学生参与社会实践、志愿服务等活动，让学生在实践中感受社会、了解国情、认识自己，从而提高他们的社会责任感和使命感。

（4）国际视野的拓宽。随着全球化的深入发展，思政教育也开始注重拓宽学生的国际视野，通过加强与国际教育机构的合作和交流，引进国外先进的思政教育理念和方法，提高思政教育的国际化水平。

（5）思想教育体系的完善。在改革开放的推动下，思政教育体系得到了进一步完善，通过加强师资队伍建设、优化课程设置、完善评价机制等措施，提高了思政教育的质量和水平。

（三）生态文明视角下思政教育的现代转型

在生态文明建设的时代背景下，思政教育正经历着现代转型，这一转型主要体现在以下几方面。

（1）理念更新。思政教育不再是仅关注政治理论的传授，而是更加注重生态文明理念的融入，通过引导学生理解人与自然和谐共生的重要性，培养学生的环保意识和可持续发展观念。

（2）内容拓展。思政教育内容得到了进一步拓展，涵盖了环境科学、生态学、资源管理学等与生态文明相关的学科知识，这使思政教育更加贴近社会实际，满足了学生对于生态环保知识的需求。

（3）方法创新。教学方法上，思政教育更加注重实践性和互动性，通过组织生态实践活动、开展环保志愿服务等方式，让学生在实践中体验生态文明的内涵，增强他们的环保意识和提升他们的实践能力。

（4）体系完善。思政教育的体系得到了进一步完善，高校加强了与环保部门、社会组织的合作，共同开展生态文明教育，形成了校内外联动、多学科交叉的思政教育体系。

表3-2 思政教育现代转型的主要方面

转型方面	具体内容
理念更新	关注生态文明理念的融入，培养学生环保意识和可持续发展观念
内容拓展	拓展至环境科学、生态学、资源管理等学科知识，贴近社会实际，满足学生对生态环保知识的需求

续表

转型方面	具体内容
方法创新	注重实践性和互动性，通过生态实践活动和环保志愿服务，增强学生环保意识和提升学生的实践能力
体系完善	完善思政教育体系，加强与环保部门、社会组织合作，形成校内外联动、多学科交叉的教育体系

思政教育作为培养社会主义建设者和接班人的重要途径，其发展历程与中国的革命、建设和改革实践紧密相连，从起源与变迁到现代转型，思政教育经历了不同历史阶段的发展和完善。在新的历史时期，思政教育需要继续发挥重要作用，加强生态文明教育，培养具有创新精神和实践能力、社会责任感和使命感的新时代人才。

二、思政教育内容的演变

随着时代的变迁和社会的发展，思政教育的内容也在不断演变和丰富。从最初的政治理论教育，到涵盖思想道德、法律法规、心理健康教育等多个领域，思政教育的内容逐渐多元化、系统化。这种演变不仅反映了社会发展的需要，也体现了思政教育在时代背景下的自我更新与完善。

（一）政治理论教育的核心地位

政治理论教育在思政教育体系中始终占据着核心地位，这一地位的确立，源于其深厚的历史根基和不可替代的现实价值。一是政治理论教育是思政教育的基石。从马克思主义、毛泽东思想到中国特色社会主义理论体系，这些政治理论不仅是国家意识形态的重要组成部分，更是培养社会主义事业接班人的必要内容。通过政治理论教育，学生能够深刻理解和认同社会主义制度，坚定走中国特色社会主义道路的信心，这是思政教育的首要任务。

二是政治理论教育具有鲜明的导向性。在多元化、复杂化的社会环境中，政治理论教育能够引导学生树立正确的世界观、人生观和价值观，帮助他们明辨是非、坚定信念。这种导向性不仅体现在课堂上，更贯穿于学生的日常生活和成长过程。

三是政治理论教育是培养高素质人才的重要途径。在全球化、信息化的时代背景下，人才竞争日益激烈。政治理论教育能够提升学生的政治素养和综合素质，使他们具备更强的社会适应能力和创新能力，这种能力不仅有助于他们在未来职业生涯中取得成功，更能够为国家和社会的发展做出更大的贡献。

（二）思想道德教育的拓展

思想道德教育在思政教育中的拓展是教育体系的重要组成部分。随着社会变革和教育理念的更新，思想道德教育不再局限于传统的道德教育，而是涵盖了更广泛的内容和目标。一是它强调培养学生正确的道德观念和伦理意识，使他们在行为上能够遵循社会公德和职业道德。二是思想道德教育还包括诚信教育、责任教育和感恩教育等多个方面，旨在提升学生的综合素质和社会责任感。三是思想道德教育强调实践体验的重要性，通过参与社会实践、志愿服务等活动，让学生在实践中感受和理解道德的力量，从而树立正确的人生观和价值观。

（三）多元化内容的融入

思政教育融入多元化内容是教育发展的重要趋势，反映了对社会多样化和学生个性化需求的关注。除了传统的政治理论教育和思想道德教育外，现代思政教育还积极引入了法律法规教育、心理健康教育和生态文明教育等多个新领域。一是法律法规教育成为思政教育的重要组成部分。通过普及法律知识和法治精神，培养学生的法治意识和法律素养，使其成为遵守法律、维护社会法治的合格公民。二是心理健康教育在现代社会中越发重要。教育机构通过开展心理健康教育活动和提供心理咨询服务，帮助学生认识和处理心理问题，提升他们的心理素质和适应能力。三是把生态文明教育作为新兴内容，强调生态环境保护和可持续发展意识的培养。通过教育学生认识生态文明的重要性、掌握环保知识并参与环保实践，从而激发学生的环保意识和责任感，推动可持续发展理念的落实。

思政教育内容的演变是一个不断发展和完善的过程，从政治理论教育的核心地位，到思想道德教育的拓展，再到多元化内容的融入，思政教育的内容逐渐丰富和多元化。这种演变不仅适应了社会发展的需要，也体现了思政教育在时代背景下的自我更新与完善。在生态文明建设的背景下，思政教育将继续发挥重要作用，为培养具有生态文明素养的新时代人才提供有力支持。

三、思政教育方法的创新历程

随着时代的进步和社会的发展,思政教育方法也在不断地创新和演进。从传统的灌输式教学到现代化的互动式教学,不仅提高了教育的效果,也更好地适应了时代的需求。下文将探讨思政教育方法的创新历程,分析其在不同历史阶段的特点和变化。

(一)传统教学方法的局限与改革

在思政教育的发展历程中,传统教学方法曾长期占据主导地位,然而随着时代的变迁和教育理念的更新,传统教学方法的局限性逐渐显现。一是传统的灌输式教学往往以教师为中心,学生被动地接受知识,缺乏主动性和参与度。这种教学方式忽视了学生的学习需求和兴趣,难以激发他们的学习热情和积极性。二是传统教学方法缺乏实践性和互动性,学生往往只停留在理论层面,难以将所学知识应用于实际生活中。这种脱离实际的教学方式将会导致学生缺乏实践能力和创新精神。

为了克服传统教学方法的局限性,思政教育进行了一系列的改革,注重学生的主体地位,倡导学生主动参与学习过程,通过引入案例分析、课堂讨论等互动式教学方式,激发学生的学习兴趣和积极性,使他们能够主动思考和探索问题。加强实践教学环节,组织学生参与社会实践活动和志愿服务等活动,让学生在实践中体验思政教育的内涵和价值,提高他们的实践能力和社会责任感。此外,思政教育还注重培养学生的创新精神和实践能力,通过引导学生进行创新性学习和研究,鼓励他们提出新观点、新方法,培养他们的创新意识和实践能力。

(二)互动式教学的兴起与发展

互动式教学的兴起与发展是思政教育领域的一次重要变革,这一教学方法的兴起源于对学生主体地位的重新认识。与传统教学方法不同,互动式教学强调学生的参与和合作,将教学过程转变为师生、生生之间的双向或多向交流。

随着计算机技术和互联网的普及,互动式教学得到了快速发展,特别是在20世纪80—90年代,个人电脑和互联网的兴起为互动式教学提供了更广阔的平台。学生通过网络与教师和其他学生进行实时交流,拓展了学习的空间,教师也能够利用这些技术创建更丰富多样的教学内容和互动形式，如在线讨论、虚拟实验等。进入21世纪，移动互联网和智能设备的普及进一步推动了互动式教学的创新，学生可以通过手机、平板电脑等设备随时随地接入学习平台，进行自主学习和互动交流。这不仅提高了学生学习的灵活性和便捷性，也为教师提供了更多样化的教学手段和评价方式。

此外，虚拟现实（VR）和增强现实（AR）等新兴技术的应用也为互动式教学带来了更多可能性，学生通过身临其境的体验和互动，获得更深入的学习效果。这些技术的发展和应用，不仅丰富了互动式教学的形式和内容，也进一步提升了教学效果和学习体验。

（三）多元化教学方法的探索与应用

在思政教育领域，多元化教学方法的探索与应用已成为提高教学质量的关键。这种方法注重不同教学策略和手段的融合，以满足学生的多样化需求。

（1）策略多样性。多元化教学方法涵盖了从小组合作学习、问题解决式学习到多媒体辅助教学等多种策略。例如，小组合作学习鼓励学生之间的交流与协作，问题解决式学习则通过实际问题激发学生主动思考。

（2）个性化教学。针对不同学生的学习风格和能力，教师灵活调整教学方法。例如，对于视觉学习者，更多地使用图表和视频；对于听觉学习者，则设计更多听力材料和讨论环节。

（3）技术整合。随着科技的发展，多媒体技术被广泛应用于教学中，视频、音频、互动软件等不仅丰富了教学内容，也提高了学生的学习兴趣和参与度。

（4）实践导向。除了理论教学，多元化教学方法还强调实践教学的重要性，通过实地考察、实验等活动，学生能够亲身体验知识，加深理解和记忆。

思政教育方法的创新历程是一个不断探索和实践的过程，从传统的灌输式教学到现代化的互动式教学，再到多元化教学方法的探索与应用，思政教育方法不断创新和完善，这些创新不仅提高了思政教育的效果和质量，也更好地适应了时代的需求和学生的发展。

四、生态文明在思政教育中的历史地位

随着全球环境问题的日益严峻，生态文明的理念逐渐深入人心。作为培养社会主义建设者和接班人的重要阵地，思政教育在推动生态文明建设中扮演着举足轻重的角色。下文将探讨生态文明在思政教育中的历史地位，分析其在不同历史阶段的特点和变化。

（一）生态文明理念的初步引入

在思政教育的发展历程中，生态文明理念的初步引入是一个重要的转折点，这一转变不仅标志着思政教育内容的丰富和拓展，也反映了社会对环境问题认识的不断深化。在思政教育早期，其主要关注点在于国家意识形态的灌输、道德品质的培养以及社会主义核心价值观的弘扬。然而随着工业化进程的加速和环境污染问题的日益严重，人们开始意识到环境保护的重要性，并逐渐认识到经济发展与环境保护之间的关系。在这一背景下，生态文明理念开始逐渐进入人们的视野，成为思政教育领域需要关注的新课题。

生态文明理念的初步引入，一是体现在思政教育的课程设置上，一些高校开始尝试在思政课程中增加环境科学、生态学等相关内容，使学生能够初步了解环境问题的本质和解决方法。二是思政教育也开始注重培养学生的环保意识，引导他们关注环境问题、关注生态环境的变化。除了课程设置上的调整，思政教育还通过实践活动等方式，让学生亲身感受生态文明的重要性。例如，组织学生参与植树造林、垃圾分类等环保活动，让他们在实践中体验环保的乐趣和意义。这些实践活动不仅增强了学生的环保意识，也促进了他们对生态文明理念的认同和接受。

（二）生态文明教育成为思政教育的重要内容

近年来，随着生态文明理念在社会各界的广泛传播和深入实践，其已经成为思政教育不可或缺的重要内容。这一转变不仅体现了思政教育与时俱进的特征，也彰显了其在培养具有环保意识和可持续发展观念的新时代人才方面的积极作用。在思政教育体系中，生态文明的内容得到了全面而深入的融入，从课程设置到教学内容，从理论教学到实践活动，都充分体现了对生态文明理念的重视。思

政课程不仅增加了环境科学、生态学等专业知识,还注重培养学生的环保意识和绿色生活方式。通过案例分析、实地考察等方式,学生能够深入了解环境问题的严峻性和紧迫性,从而更加自觉地参与到生态文明建设中来。

同时,思政教育还注重将生态文明理念与社会主义核心价值观相结合,引导学生从更高的层次理解和践行生态文明。学生通过学习不仅能够认识到个人行为对环境的影响,还能够理解生态文明建设与国家发展、民族振兴之间的紧密联系。这种全面的教育理念,有助于培养出具有强烈社会责任感和使命感的时代新人。此外,思政教育还鼓励学生参与垃圾分类、节能减排等环保实践活动。

(三)思政教育在推动生态文明建设中的重要作用

思政教育在推动生态文明建设中发挥着举足轻重的作用,它不仅为学生提供了深入理解生态文明理念的平台,还通过培养学生的环保意识和责任感,促进了全社会对生态文明建设的关注和参与。一是思政教育通过系统的课程设置和丰富的教学内容,使学生全面认识和理解生态文明建设的紧迫性和重要性,它引导学生关注环境问题,寻找产生环境问题的根源并制定解决方案,从而培养学生的环保意识和绿色生活方式。这个过程不仅提升了学生的综合素质,也为他们未来成为生态文明建设的积极参与者打下了坚实的基础。二是思政教育通过实践教学活动,使学生能够在亲身体验中感受生态文明建设的实际成果,如参与植树造林、垃圾分类等环保活动,让学生亲自动手,感受到改善环境、保护生态的成就感。这种实践教育不仅增强了学生的环保意识,也激发了他们参与生态文明建设的热情和动力。三是思政教育通过政策倡导和舆论引导等方式,推动了全社会对生态文明建设的关注和参与,它倡导绿色发展理念,推动形成绿色发展的社会共识。

生态文明在思政教育中的历史地位经历了从初步引入到成为重要内容的转变,这一转变不仅反映了社会对环境保护问题的重视和认识的提高,也体现了思政教育在推动生态文明建设中的重要作用。

第三节 生态文明与思政教育的融合过程

一、生态文明理念在思政教育中的初步引入

随着工业化和现代化的飞速发展，环境问题日益凸显，生态文明理念逐渐成为社会关注的焦点。作为培养社会主义建设者和接班人的重要阵地，大学生思想政治教育在生态文明理念的引入中扮演着至关重要的角色。下面将深入探讨生态文明理念在思政教育中的初步引入过程，分析其背景、途径及影响。

（一）生态文明理念在思政教育中的初步渗透

生态文明理念在思政教育中的初步渗透，标志着思政教育在内容和方法上的重要革新。随着社会对生态文明建设的重视和推动，思政教育逐渐将生态文明理念融入其课程体系和教学内容之中，以此来培养学生的环保意识和可持续发展理念。一是思政教育在课程设置上增加了与生态文明相关的内容。传统的思政教育主要侧重于国家意识形态、政治理论和社会价值观等方面的教育，如今随着环境问题的日益凸显，思政教育也开始关注生态文明建设。许多高校在思政课程中增设了环境科学、生态学等相关课程，使学生能够从科学的角度理解环境问题，掌握基本的环保知识和技能。

二是思政教育在教学方法上注重生态文明理念的渗透。传统的思政教育往往采用讲授式的教学方法，而现在，为了使学生更好地理解和接受生态文明理念，思政教育开始采用更加生动、直观的教学方式。例如，通过案例分析、实地考察等方式，让学生亲身感受环境问题的严重性和紧迫性；通过小组讨论、角色扮演等方式，引导学生思考如何在日常生活中践行生态文明理念。

三是思政教育还积极鼓励学生参与环保实践活动。通过组织植树造林、垃圾分类、节能减排等环保活动，让学生亲身体验环保工作的艰辛和乐趣，培养他们的环保意识和实践能力。这些实践活动不仅增强了学生的环保意识，还促进了他们与社会的联系和交流，使他们更加关注社会发展和人类命运。

（二）环境问题与思政教育的关联性逐渐增强

环境问题与思政教育的关联性逐渐增强，这一趋势在近年来越发明显。随着工业化、城市化的快速发展，环境问题已经成为全球性的挑战，对人类的生存和发展产生了深远的影响。在这样的背景下，思政教育作为培养社会主义建设者和接班人的重要途径，也面临着如何更好地应对环境问题、推动生态文明建设的重大课题。一是环境问题的紧迫性和严峻性促使思政教育必须关注这一领域。环境污染、生态破坏等环境问题不仅直接威胁着人类的生活质量和健康，还对整个社会的可持续发展构成了严重威胁。因此，思政教育需要引导学生正确认识环境问题的严重性和紧迫性，增强他们的环保意识和社会责任感。

二是思政教育在解决环境问题方面具有独特的优势。思政教育注重培养学生的道德品质、政治觉悟和社会责任感，这些素质在解决环境问题中发挥着至关重要的作用。通过思政教育，引导学生树立正确的生态观和可持续发展观，培养他们的环保意识和行为习惯，使他们成为推动生态文明建设的积极参与者。此外，环境问题与思政教育之间的关联性还体现在教育内容的融合上，思政教育在传授国家意识形态、社会主义核心价值观等基本知识的同时，也需要将环境问题纳入其教学内容中。因此，须增加环境科学、生态学等相关课程，使学生能够系统了解环境问题的本质和解决方法，通过案例分析、实践教学等方式，让学生亲身体验环境问题的严重性和紧迫性，增强他们的环保意识和提升他们的实践能力。

（三）生态文明理念在思政教育中的价值提升

生态文明理念在思政教育中的价值提升，体现了思政教育在新时代背景下的深刻变革和时代担当。随着全球环境问题的日益严峻，生态文明理念逐渐成为引领人类社会可持续发展的核心观念。思政教育作为培养社会主义建设者和接班人的重要阵地，其对于生态文明理念的重视和融入，不仅丰富了思政教育的内容，也提升了其在新时代背景下的教育价值。一是生态文明理念的融入使思政教育更加贴近时代主题。通过引导学生关注环境问题、思考人与自然的关系，思政教育帮助学生树立了正确的生态观和可持续发展观，培养了学生的环保意识和责任感。这有助于学生在未来的学习和工作中，更加关注环境保护和社会可持续发展，成为推动生态文明建设的重要力量。

二是生态文明理念的价值提升促进了思政教育方法的创新。为了更好地传播生态文明理念,思政教育采用了更加生动、直观的教学方式,如案例教学、实地考察等,让学生在亲身体验中感受生态文明的重要性。这种教学方法不仅提高了学生的学习兴趣和参与度,也使他们更加深入地理解了生态文明理念的内涵和价值。

三是生态文明理念的价值提升增强了思政教育的社会影响力。通过培养具有环保意识和社会责任感的学生,思政教育为社会输送了更多关注环境保护和可持续发展的优秀人才。

生态文明理念在思政教育中的初步引入是一个渐进的过程,它经历了从初步渗透到关联性增强再到价值提升的转变。这一过程不仅体现了思政教育与时俱进的时代性,也彰显了其在培养具有环保意识和社会责任感的新时代人才方面的积极作用。随着生态文明建设的不断深入和发展,思政教育将继续深化对生态文明理念的理解和应用,为推动生态文明和社会可持续发展做出更大的贡献。

二、生态文明与思政教育内容的逐步融合

随着生态文明理念的不断深化和普及,其与大学生思政教育的融合也日益紧密。这种融合不仅体现在思政教育对生态文明理念的关注上,更体现在教育内容、方法和目标的逐步统一上。下文将详细探讨生态文明与思政教育内容逐步融合的过程,以及这一融合对思政教育和学生发展的深远影响。

(一)思政教育内容向生态文明理念拓展

思政教育内容向生态文明理念拓展是新时代背景下教育改革的必然趋势。随着全球环境问题的日益严峻,人们越来越意识到生态文明对于人类社会可持续发展的重要性。因此,思政教育作为培养社会主义建设者和接班人的重要途径,其内容的拓展和更新显得尤为重要。一是体现在对环保知识的引入和普及上。传统的思政教育主要关注政治理论、道德伦理等方面的内容,而现代思政教育则开始将环境科学、生态学、可持续发展等与生态文明相关的知识纳入其教学体系中。通过开设相关课程、组织专题讲座等方式,使学生们能够系统地了解环境问题的严重性、环境保护的必要性以及生态文明理念的核心内容。这样的拓展不仅丰富了思政教育的内容,也为学生们提供了更加全面、深入的知识体系。

二是思政教育内容向生态文明理念的拓展还体现在对实践活动的重视上。传统的思政教育往往注重理论知识的传授，而现代思政教育则更加注重学生的实践能力和社会责任感的培养。通过组织环保实践活动、开展社会调查等方式，学生们能够亲身参与环保事业，感受环保工作的艰辛和乐趣，从而更加深入地理解生态文明理念的核心价值和实践意义。这样的拓展不仅提高了学生的实践能力和综合素质，也增强了他们的环保意识和责任感。

三是思政教育内容向生态文明理念的拓展还促进了思政教育的创新和发展。

（二）生态文明理念在思政教育中的深化

在思政教育中，生态文明理念的深化是一个逐步推进且意义深远的过程。随着全球环境问题的日益凸显，人们开始更加深入地思考人类与自然的关系以及如何在现代社会中实现可持续发展。思政教育作为塑造学生价值观的重要平台，必然要在这一过程中发挥关键作用，深化生态文明理念在思政教育中的体现。一是对生态文明的全面理解和系统阐释。思政教育不仅要向学生传授基本的环保知识，更要引导他们深入理解生态文明理念背后的哲学思想、价值观念和道德要求。通过深入剖析环境问题背后的社会、经济、文化等因素，使学生能够全面认识到生态文明建设的复杂性和紧迫性。

二是深化生态文明理念还需要注重学生的情感体验和实践参与。思政教育应该通过组织实地考察、环保志愿活动等方式，让学生亲身感受环境问题的严重性，培养他们的环保意识和实践能力。同时通过案例分析、角色扮演等教学方式，让学生们更加深入地理解生态文明理念，激发他们的环保热情和社会责任感。

三是深化生态文明理念在思政教育中的过程，这也是一个不断反思和创新的过程。思政教育需要不断总结经验教训，探索新的教学方法和途径，以适应时代的发展和学生的需求。

（三）思政教育目标与生态文明理念的统一

思政教育目标与生态文明理念的统一，是新时代教育发展的重要方向。随着生态文明建设的深入推进，思政教育不再局限于传统的政治教育和道德教育，而是更加注重培养学生的社会责任感、创新能力和实践精神，以适应生态文明建设对人才的需求。在这一过程中，思政教育目标与生态文明理念实现了高度的统一。一是思政教育强调培养学生的社会责任感，这与生态文明建设倡导的共同责任和利益共同体不谋而合。学生通过思政教育，了解到保护环境和可持续发展对于整个社会乃至全人类的重要意义，从而自觉承担起保护环境的责任和义务。

二是思政教育注重培养学生的创新能力和实践精神，这也是生态文明建设所必需的品质。在生态文明建设中，需要不断创新环境治理方式、发展绿色技术和产业，而具备创新能力和实践精神的人才正是推动这一进程的关键力量。

三是思政教育目标与生态文明理念的统一，还体现在对人才全面发展的培养上。思政教育不仅关注学生知识和技能的培养，更重视学生的道德品质、心理健康和社会适应能力的全面提升。这样的培养目标与生态文明建设所需的全方位、复合型人才培养要求相契合，为培养具有生态文明素养的新时代人才提供了有力支撑。

生态文明与思政教育内容的逐步融合是一个长期而复杂的过程。在这一过程中，思政教育不仅拓展了其教育内容，深化了对生态文明理念的理解和应用，还实现了教育目标与生态文明理念的统一。这种融合不仅提高了学生的环保素养和综合素质，也推动了社会可持续发展的进程。

三、生态文明教育推动思政教育方法的创新

随着生态文明理念的深入人心，其在思政教育领域中的融合不仅体现在内容的拓展与深化上，更在教学方法上引发了创新性的变革。这种变革不仅适应了时代发展的需要，也提高了思政教育的实效性，使其更好地服务于生态文明建设。

（一）实践教学法的引入

实践教学法的引入为大学生思政教育注入了新的活力。传统的思政教育往往侧重于理论知识的传授，而实践教学法则强调学生的亲身体验和实际操作，使学生在实践中深化对理论知识的理解，提高解决实际问题的能力。

在生态文明视角下，实践教学法的引入显得尤为重要。通过组织学生参与环保活动、社会调查、实地考察等形式，学生能够亲身感受到环境问题的严峻性，了解环保工作的实际运作情况。例如，安排学生参观环保设施、参与垃圾分类活动、调查环境污染问题等，让学生在实践中深入了解生态文明建设的重要性和紧

迫性。实践教学法的引入不仅提高了学生的学习兴趣和参与度，还使他们更加深入地理解了环保知识。通过实际操作和亲身体验，学生能够更加直观地了解环保技术的运用、环保政策的实施等，从而增强他们的环保意识和实践能力。此外，实践教学法还能够培养学生的团队协作精神和解决问题的能力，让他们在实践中学会如何与他人合作、如何分析和解决问题。

（二）案例教学法的运用

案例教学法的运用在高校思政教育中有独特而显著的效果。在生态文明视角下，通过选取与环保相关的典型案例，教育者能够引导学生深入分析环境问题，培养他们的环保意识和社会责任感。案例教学法的核心在于其真实性和启发性。教育者精心挑选的环保案例，往往涉及环境污染、资源枯竭、生态保护等现实问题，这些案例不仅真实存在，而且具有深刻的社会影响。通过分析这些案例，学生能够直观了解到环境问题的严重性和紧迫性，从而引发他们的共鸣和思考。

在案例教学的过程中，教育者会引导学生全面、深入地分析案例，学生需要运用所学的理论知识和方法，分析案例的背景、原因、影响以及解决方案。这种分析过程不仅锻炼了学生的逻辑思维能力和批判性思维能力，还让他们学会了如何运用所学知识解决实际问题。同时案例教学法的运用也为学生提供了一个交流和互动的平台，在案例分析过程中，学生需要积极参与讨论，发表自己的观点和看法。这种互动不仅能够激发学生的学习热情和积极性，还能够培养他们的沟通能力和团队协作精神。在生态文明视角下，案例教学法的运用不仅增强了思政教育的针对性和实效性，也使学生更加深入地理解了生态文明理念。通过案例分析，学生不仅能够了解环境问题的严重性和紧迫性，还能够掌握解决环境问题的基本思路和方法。这种教学方式有助于培养学生的环保意识和实践能力，为生态文明建设培养更多具有责任感和使命感的人才。

（三）多媒体与网络技术相结合

在当今信息化时代，多媒体与网络技术的结合为大学生思政教育带来了革命性的变革，特别是在生态文明理念的传播和教育过程中，这种结合不仅丰富了教学内容，还提高了学生的学习效率和兴趣。多媒体技术的运用使思政教育内容更加生动、直观，通过视频、动画、图片等多媒体形式，教育者将抽象的环保理念、复杂的生态过程等以直观的方式呈现给学生。例如，利用动画模拟地球生态系统的运作，让学生直观地了解生态平衡的重要性；通过视频展示环境污染的现场，让学生深刻感受到环境问题的紧迫性。这些多媒体内容不仅能吸引学生的注意力，还能增强他们的记忆力和理解能力。

同时，网络技术的融入为思政教育提供了更加广阔的平台。教育者利用网络平台发布课程资料、组织在线讨论、开展互动教学等。学生通过网络随时随地访问学习资源，参与教学活动，与教育者和其他同学进行实时交流，这种教学方式打破了时间和空间的限制，使学习更加灵活、便捷。

生态文明理念在思政教育中的融合推动了思政教育方法的创新。实践教学法的引入、案例教学法的运用以及多媒体与网络技术的结合，不仅使思政教育更加生动、直观、有趣，也提高了学生的参与度和学习效果。这些创新性的教学方法不仅适应了生态文明建设的需要，也符合当代大学生的学习特点和需求。

四、生态文明与思政教育的协同发展

随着全球环境问题的日益严峻，生态文明理念逐渐成为社会发展的共识。在这一背景下，大学生思政教育作为培养新时代人才的重要途径，也必然要与生态文明理念相结合，实现协同发展。下面将探讨生态文明与思政教育协同发展的必要性、实践路径、深远影响及其面临的挑战与对策。

（一）协同发展的必要性

协同发展的必要性在于它不仅是适应时代发展的需要，更是提升思政教育实效性的关键。随着全球环境问题的日益严峻，生态文明理念逐渐成为社会发展的共识。大学生作为未来社会的建设者和接班人，他们的环保意识、生态文明素养直接关系到国家和社会可持续发展的前景，因此思政教育必须与生态文明理念相结合，实现协同发展。

这种必要性，一是体现在适应时代发展的需要上。随着社会对环保和可持续发展的要求越来越高，其对人才的需求也在发生变化。具备高度环保意识和生态文明素养的人才，将在未来社会中发挥越来越重要的作用。思政教育作为培养新时代人才的重要途径，必须紧跟时代步伐，将生态文明理念融入教学内容和过程中，以适应社会对人才的需求。二是协同发展的必要性还体现在提升思政教育实效性上。传统的思政教育往往侧重理论灌输，缺乏与现实生活的紧密联系。而生态文明理念的融入，为思政教育提供了丰富的教学素材和实践机会。实践教学、案例教学、多媒体与网络技术等教学手段的运用，让学生在亲身体验和互动交流中深入理解生态文明理念，培养了他们的环保意识和实践能力。

（二）协同发展的实践路径

协同发展的实践路径主要包括以下几方面：一是更新教学内容是关键。在思政教育中，应当增加与生态文明相关的课程内容，如环境科学、生态伦理学等，使学生全面了解生态文明的理念、原则和实践方法。这样的内容更新不仅能够丰富思政教育的内涵，还能帮助学生构建起对生态文明的整体认知。

二是创新教学方法也是实现协同发展的重要手段。应当运用实践教学、案例教学、多媒体与网络技术等现代化教学手段，让学生在亲身体验和互动交流中深入理解生态文明理念。例如，组织学生参与环保实践活动，让他们在实践中感受环保的重要性；利用多媒体技术展示环境污染的严重后果，激发学生的环保意识。

三是加强师资培训也是实践路径中不可或缺的一环。思政教师只有具备较高的生态文明素养和教学能力，才能将生态文明理念有效地融入思政教育中。因此，应当加强对思政教师的培训，提高他们的生态文明素养和教学水平。

四是建立有效的合作机制也是实现协同发展的重要保障。学校、政府、企业等各方应当加强合作，共同推动思政教育与生态文明理念的融合发展。

（三）协同发展的深远影响

协同发展的深远影响体现在多个方面，对大学生、社会乃至整个生态环境都具有重要意义。一是对于大学生而言，协同发展将显著增强他们的环保意识和提升生态文明素养。通过学习与实践相结合的教学方式，大学生能够更深入地理解生态文明理念，形成正确的环保观念和行为习惯，这种素养的提升不仅有助于他们在未来职业生涯中积极履行环保责任，还能影响他们的家庭、朋友和社区，成为推动社会生态文明进步的重要力量。

二是对于社会整体而言，协同发展将推动生态文明建设的步伐。大学生作为社会的中坚力量，他们的环保意识和行动将对社会产生广泛而深远的影响。通过思政教育与生态文明理念的融合，大学生将更加积极地参与环保活动，推动环保产业的发展，为构建美丽中国贡献力量。

三是对于整个生态环境而言，协同发展将促进人与自然的和谐共生。通过培养大学生的环保意识和实践能力，他们将更加珍惜和爱护自然资源，减少污染和破坏行为。这将有助于维护生态系统的平衡和稳定，促进生物多样性的发展，为人类创造更加宜居的生态环境。

（四）面临的挑战与对策

在推动生态文明与思政教育协同发展的过程中，不可避免地会面临一些挑战。这些挑战既包括思政教育内容的更新速度滞后于生态文明理念的发展，也包括教学方法的创新与实践存在难度，还包括师资力量的培养和提升需要时间和资源投入。一是思政教育内容的更新是一个持续的过程，需要紧跟生态文明理念的发展步伐。为了应对这一挑战，需要加强对生态文明理念的研究，及时将最新的理论成果和实践经验融入教学内容中。同时要鼓励学生关注生态环境问题，积极参与生态文明实践活动，从而不断丰富和更新教学内容。

二是教学方法的创新与实践也是一个重要挑战。在推广多媒体、网络技术等现代教学手段时，会遇到技术、资源等方面的限制。为了应对这一挑战，需要加大对教学技术的投入，提高教师的技术应用能力，同时积极寻求外部合作，共享优质教学资源。

三是师资力量的培养和提升也是一项长期任务。为了应对这一挑战，需要加强师资培训，提高教师的生态文明素养和教学能力，同时要鼓励教师积极参与生态文明实践活动，提升他们的实践经验和教学能力。

针对以上挑战，需要制定具体的对策，如建立定期的教学内容更新机制；加强与生态文明研究机构的合作，加大对教学技术的投入和研发力度，推动教学方法的创新；制订教师培训计划，提高教师的生态文明素养和教学能力等。只有这样，才能有效地应对挑战，推动生态文明与思政教育的协同发展。

生态文明与思政教育的协同发展是新时代教育发展的重要方向，通过更新教学内容、创新教学方法、加强师资培训等措施，推动思政教育在生态文明建设中发挥更大作用。同时要正视协同发展过程中面临的挑战和问题，采取有效措施加以解决。

第四节　生态文明与思政教育未来的关系与发展

一、生态文明引领思政教育的发展方向

随着全球生态环境问题日益凸显，生态文明理念逐渐成为社会发展的重要指导思想。在这一背景下，大学生思想政治教育也面临着新的机遇和挑战。下面将探讨生态文明如何引领思政教育的发展方向，以期为思政教育的未来发展提供新的思路和方向。

（一）生态文明理念的渗透推动思政教育内容的更新

随着全球生态环境问题的日益严峻，生态文明理念逐渐成为社会发展的核心指导思想，这一理念的深入渗透，对思想政治教育内容产生了显著的推动和更新作用。一是生态文明理念强调人与自然和谐共生的价值观，要求人们尊重自然、顺应自然、保护自然，这种价值观与思政教育中的道德教育和价值观培育紧密相关。因此，在思政教育内容中，开始更多地引入环保、可持续发展等议题，引导学生树立正确的生态观和环保意识。

二是生态文明理念的渗透还推动了思政教育与其他学科的交叉融合。如环境科学、生态学等相关学科的知识和理论被引入思政教育课程中，使学生能够在接受思政教育的同时了解和学习更多关于生态环境问题的知识和方法。这种跨学科的融合不仅丰富了思政教育的内容，而且提高了学生的学习兴趣和参与度。

三是随着生态文明理念的深入人心，思政教育也开始注重培养学生的实践能力和社会责任感。

（二）生态文明实践活动的拓展丰富了思政教育的实践形式

在思政教育的发展过程中，生态文明实践活动的不断拓展极大地丰富了其实践形式，为学生提供了更为生动、具体的学习体验。一方面，生态文明实践活动使学生能够亲身参与环保事业，通过实地考察、志愿服务、社会调查等多种形

式，深入了解和感受生态环境问题的紧迫性和环保工作的重要性。这些实践活动不仅促使学生将理论知识与实际应用相结合，更在实践中锻炼了他们解决问题的能力，增强了他们的社会责任感。

另一方面，生态文明实践活动的拓展也促进了思政教育与其他学科的交叉融合。如环境科学、生态学等学科的实验和研究项目为学生提供了丰富的实践机会，让他们在实践中学习和掌握相关知识。同时，这些实践活动为学生提供了跨学科交流和合作的机会，有助于培养他们的综合素质和创新能力。

（三）生态文明教育的国际化趋势推动思政教育走向世界

随着全球环境问题的日益凸显，生态文明教育逐渐成为国际社会共同的关注点，这一国际化趋势不仅推动了生态文明教育的深入发展，也促使思政教育逐步走向世界，与全球教育接轨。一是生态文明教育的国际化趋势表现为国际环保合作和交流的加强。各国纷纷将生态文明教育纳入国民教育体系，通过组织国际会议、分享教育资源和经验，共同推动生态文明教育的全球化发展。这种国际的合作与交流，为思政教育提供了更广阔的国际视野和发展平台，使其能够借鉴国际先进的教育理念和实践经验，提高自身的教育水平和国际影响力。二是生态文明教育的国际化趋势推动了思政教育在内容和方法上的创新。在教育内容上，思政教育开始更多地关注全球性的生态环境问题，引导学生树立全球视野和环保意识；在教育方法上，思政教育开始注重采用国际化的教学手段和模式，如利用互联网技术进行远程教学、开展国际合作项目等，提高教学效果和培养学生的国际交流能力。三是生态文明教育的国际化趋势促进了思政教育在人才培养方面的变革。

生态文明对思政教育未来走向的影响是广泛而深远的，它不仅推动了思政教育内容的更新和拓展，还丰富了思政教育的实践形式和方法，使思政教育更加符合时代发展的需要。同时，生态文明教育的国际化趋势也为思政教育走向世界提供了机遇和挑战。因此，应当充分认识到生态文明对思政教育的重要性，加强生态文明与思政教育的融合和创新，为培养具有环保意识和社会责任感的新时代大学生做出更大的贡献。

二、生态文明理念促进思政教育的持续创新

随着生态文明理念的深入人心，大学生思想政治教育也面临着前所未有的发展机遇。在这一背景下，思政教育需要不断创新，以适应时代的发展和社会的需求。生态文明理念的引入，为思政教育的持续创新提供了有力的思想武器和实践指南。

（一）生态文明理念引领思政教育理念的更新

随着全球生态环境问题的日益凸显，生态文明教育的国际化趋势越发明显，这为思政教育的国际交流与合作提供了强大的动力。在这一趋势的推动下，思政教育不再局限于国内，而是开始与世界各地的高校、研究机构展开深入的合作与交流。通过共同举办研讨会、互派学者访问、开展合作项目等方式，思政教育不仅学习了国际先进的教育理念和方法，还向国际社会展示了中国生态文明建设的成就和经验。这种国际交流与合作不仅拓宽了思政教育的国际视野，也为学生提供了更广阔的学习平台和更丰富的实践机会。通过参与国际交流，学生能够更深入地了解不同国家和地区的环保政策和措施，提高自身的国际竞争力，为未来的职业生涯和承担社会责任奠定坚实的基础。

（二）生态文明实践活动推动思政教育方法的创新

在生态文明建设的热潮中，生态文明实践活动正逐步成为推动思政教育方法创新的重要动力，这些实践活动不仅为学生提供了亲身体验环保工作的机会，还激发了他们探索新学习方式的热情。通过组织实地考察、环保志愿服务、绿色校园建设等活动，思政教育方法得以创新，从传统的课堂讲授转变为更具互动性和实践性的教学模式。这些实践活动鼓励学生走出教室，深入社会，用实际行动践行生态文明理念，从而深化学生对思政教育内容的理解和认同。同时，实践活动也促进了思政教育与其他学科的交叉融合，为学生提供了更加丰富的学习资源和思考角度。这种教育方法的创新不仅提高了学生的学习兴趣和参与度，还有助于培养他们的实践能力和社会责任感。

生态文明理念对思政教育未来走向的影响是广泛而深远的，它促进了思政教育理念的更新、方法的创新以及国际交流与合作的发展。在生态文明理念的引领

下，思政教育将更加注重培养学生的环保意识、可持续发展观念和创新能力，为学生的全面发展提供更加优质的教育资源和环境。

三、思政教育在培养生态文明新一代中的作用

随着生态文明理念的深入人心，大学生作为未来社会建设的中坚力量，其生态文明素养的培养显得尤为重要。思政教育作为培养大学生全面发展的重要手段，在培养生态文明新一代中具有举足轻重的角色。下文将探讨思政教育在培养生态文明新一代中的作用，以及如何通过思政教育实现培养目标。

（一）思政教育引领生态文明理念的普及

在推进生态文明建设的伟大征程中，思政教育肩负着普及生态文明理念的重任。作为大学生思想政治教育的核心内容，思政教育通过课堂教学、校园文化活动和社会实践等多种方式，将生态文明理念融入学生的日常生活和学习中，使他们深刻认识到生态文明对于人类生存和发展的重要性。思政教育在普及生态文明理念时，注重从理论层面进行阐释和解读，通过系统讲授生态文明的理论体系、价值追求和实践路径，使学生全面了解生态文明的核心要义。同时，结合国内外生态文明建设的典型案例，引导学生深入思考生态文明与人类社会发展的关系，增强他们的环保意识和社会责任感。

除了理论教育，思政教育还注重通过实践活动来深化学生对生态文明理念的理解，组织学生开展环保志愿服务、绿色校园建设等实践活动，让他们亲身参与环保事业，感受生态文明建设的成果。这些实践活动不仅增强了学生的环保意识，也提升了学生的实践能力，并促进了他们与社会的联系和交流。

（二）思政教育促进生态文明实践活动的开展

思政教育在推动生态文明建设的进程中，积极促进生态文明实践活动的开展，为学生提供亲身体验环保、参与生态文明建设的平台。通过精心设计一系列的实践活动，思政教育不仅加深了学生对生态文明理念的理解，更激发了他们参与环保事业的热情与责任感。

在思政教育的引导下，学生积极参与环保志愿服务、校园绿化美化、节能减

排倡议等各类生态文明实践活动，旨在通过实际行动践行生态文明理念。例如，学生参与校园垃圾分类工作，推动资源循环利用；加入环保社团，参与社区环境整治和生态保护项目，这些实践活动不仅锻炼了学生的动手能力和团队协作能力，也让他们深刻体会到环保工作的艰辛与参与的成就感。

思政教育还注重将生态文明实践活动与课堂教学相结合，形成理论与实践相互促进的教学模式，通过案例分析、实地考察等方式，使学生将在课堂上学到的理论知识应用到实践中去，增强学习的针对性和实效性。

（三）思政教育推动生态文明教育的国际化

在全球生态环境问题日益凸显的当下，思政教育正积极推动生态文明教育的国际化，以培养具备全球视野和跨文化交流能力的生态文明新一代。一是思政教育通过与国际高校和研究机构的紧密合作，引进国际先进的生态文明教育理念和教学资源。这不仅丰富了思政教育的内容，也为学生提供了与国际接轨的学习平台，通过与国外学者的交流互动，学生深入了解不同国家的生态文明建设经验，拓宽视野，提升跨文化沟通能力。二是思政教育鼓励学生参与国际生态文明项目的研究，提供国际化的实践机会。通过参与国际项目合作，学生亲身体验国际环保工作的挑战与机遇，锻炼解决实际问题的能力。同时这些经历也有助于学生建立国际人脉，为未来在生态文明领域的发展奠定坚实的基础。三是思政教育还通过举办国际研讨会、论坛等活动，加强与国际社会的交流与合作。

思政教育在培养生态文明新一代中发挥着重要作用，通过生态文明理念的普及、促进生态文明实践活动的开展并推动生态文明教育的国际化，思政教育为培养具有生态文明素养的大学生提供了有力支持。

四、思政教育融入生态文明理念的方式方法

随着全球生态环境问题的日益严峻，生态文明理念逐渐成为社会发展的重要指导思想。大学生作为社会的新生力量，其生态文明素养的高低直接关系到未来社会的可持续发展。因此，探讨未来思政教育如何更好地融入生态文明理念，对于培养具有社会责任感和创新精神的新时代大学生具有重要意义。

（一）深化生态文明理念在思政教育中的地位

在探讨未来思政教育如何更好地融入生态文明理念时，深化生态文明理念在思政教育中的地位显得尤为重要，这不仅是时代发展的需要，也是思政教育自身创新发展的必然选择。一是随着全球环境问题的日益严重，生态文明已成为社会发展的重要方向。作为培养未来社会建设者和接班人的重要阵地，思政教育必须紧跟时代步伐，将生态文明理念纳入其教育体系之中。深化生态文明理念在思政教育中的地位，有助于学生在学习思政课程的同时更加深入地了解生态文明的重要性，从而树立起正确的生态价值观和环保责任感。

二是深化生态文明理念在思政教育中的地位，有助于提升思政教育的针对性和实效性。传统的思政教育往往侧重于政治、经济、文化等方面的教育，而生态文明理念的融入为思政教育提供了新的视角和内容，引导学生关注环境问题、参与环保实践，让学生在实践中体验和感悟生态文明的重要性，从而更加深刻地理解思政教育的核心价值和意义。

三是深化生态文明理念在思政教育中的地位，也有助于推动思政教育的创新和发展。随着时代的变迁和社会的发展，思政教育需要不断更新其教育内容和方法。将生态文明理念融入思政教育中，为思政教育提供新的教育资源和创新点，通过引入与生态文明相关的案例、实践项目等，丰富思政教育的内容和形式，使其更加符合时代的需求和学生的期望。

图 3-1　深化生态文明理念在思政教育中的重要性

（二）创新思政教育方法和手段

在推动思政教育与生态文明理念融合的过程中，创新思政教育方法和手段至关重要。传统的思政教育方式在传播生态文明理念时面临一定的局限性，因此需要通过创新来打破这些限制，提升教育效果。

一是应引入互动式、参与式的教学方法，如采用案例分析、小组讨论、角色扮演等方式，让学生参与到生态文明问题的讨论和实践中。这种方法能够激发学生的积极性，让他们更加主动地思考和探索，从而加深对生态文明理念的理解和认同。

二是借助现代信息技术手段，如网络课程、在线互动平台、虚拟现实等，为思政教育提供更加丰富多样的教学资源和学习方式。通过这些技术，学生可以随时随地获取生态文明相关的知识和信息，参与在线讨论和交流，甚至进行虚拟的环保实践活动。这种灵活多样的学习方式不仅能够满足学生的个性化需求，还能提高他们的学习效率和兴趣。

三是结合生态文明实践项目，将思政教育延伸到课堂之外。例如，组织学生参与环保志愿服务、生态调研等活动，让他们在实践中体验和感悟生态文明的重要性。这种实践式的教学方式能够让学生更加直观地了解环境问题，增强他们的环保意识、提升他的实践能力。

（三）加强思政教育师资队伍建设

在推进思政教育与生态文明理念融合的过程中，加强思政教育师资队伍建设是不可或缺的一环。教师作为思政教育的关键实施者，其专业素养和生态文明意识的高低直接关系到教育的质量和效果。一是加强思政教育教师的专业培训是提升师资队伍水平的重要途径。通过组织教师参加生态文明相关的课程培训、研讨会和实践活动，提高他们对生态文明理念的认识和理解，掌握相关的教学方法和技能，将有助于教师更好地将生态文明理念融入思政课程，提高教育的针对性和实效性。二是鼓励思政教育教师积极参与生态文明相关的科研和实践活动也是提升师资队伍水平的有效方式。通过参与科研项目、撰写学术论文、开展环保实践等方式，教师能够不断积累生态文明领域的专业知识和实践经验，提高自己的专业素养和创新能力，有助于他们在思政教学中更好地运用生态文明理念，引导学生进行深入思考和实践探索。

未来思政教育如何更好地融入生态文明理念是一个值得深入探讨的问题，通过深化生态文明理念在思政教育中的地位、创新思政教育方法和手段以及加强思政教育师资队伍建设等措施，有效地推动思政教育与生态文明理念的融合，培养出更多具有生态文明素养和社会责任感的新时代大学生。这不仅有助于推动社会的可持续发展，也将为构建人类命运共同体贡献智慧和力量。

第四章　生态文明视角下的大学生思想政治教育内容创新

第一节　传统思政教育内容概述

一、传统思政教育内容的构成

在深入探讨生态文明视角下大学生思想政治教育内容创新之前，需要对传统思政教育的内容构成进行审视。传统思政教育内容作为大学生思政教育的重要组成部分，长期以来在培养大学生的道德品质、政治觉悟和社会责任感方面发挥着不可替代的作用。然而随着时代的变迁和社会的发展，特别是在生态文明理念日益深入人心的今天，传统思政教育内容也面临着新的挑战和机遇。

（一）传统思政教育内容的核心理念

传统思政教育内容的核心理念主要体现在以下几方面。

（1）社会主义核心价值观的塑造。传统思政教育始终将社会主义核心价值观作为教育的核心，通过系统的理论学习和实践锻炼，引导大学生树立正确的世界观、人生观和价值观，培养他们成为具备高度政治觉悟和社会责任感的公民。

（2）民族精神的弘扬。思政教育注重弘扬民族精神，通过讲述中华民族的历史、文化和传统，激发大学生的爱国热情和文化自信，增强民族自豪感和归属感。

（3）集体主义和爱国主义的彰显。传统思政教育强调集体主义和爱国主义的重要性，通过组织各种集体活动和社会实践，培养大学生的团队协作能力和奉献精神，积极投身于国家和社会的发展中来。

（二）传统思政教育内容的课程安排

传统思政教育内容的课程安排通常包括以下几方面。

（1）政治理论课程。这是思政教育的基础课程，主要涵盖马克思主义理论、毛泽东思想、中国特色社会主义理论体系等内容，通过这些课程的学习，学生能够深入理解社会主义的基本原理和发展规律。

（2）思想道德修养课程。这类课程旨在培养学生的道德品质和人文素养，包括伦理学、心理学、美学等方面的内容，通过学习学生能够树立正确的道德观，提升个人修养。

（3）法律基础课程。法律基础课程重在使学生了解国家的基本法律制度和法律精神，培养他们的法治观念和法律意识，有助于学生遵守法律，维护社会秩序。

（4）实践课程。实践课程是思政教育的重要组成部分，通过社会实践、志愿服务等活动，学生能够将理论知识转化为实际行动，提升综合素质和实践能力。

（三）传统思政教育内容的实践环节

传统思政教育内容的实践环节，是连接理论知识与实际应用的重要桥梁，其设置旨在让学生将所学内容内化于心，外化于行。以下是实践环节的具体内容。

（1）社会调查与志愿服务。学生通过参与社会调查，深入了解社会现象和问题，提高对社会的认知和理解；志愿服务活动则使学生能够将所学知识应用于实践，通过服务他人、奉献社会，提升自我修养和社会责任感。

（2）实习实训。思政课程通常包含实习实训环节，让学生在实践中学习和成长。实习实训能够帮助学生将课堂上学到的理论知识与实际工作相结合，提升他们的实践能力和综合素质。

（3）校园文化活动。学校会组织各种校园文化活动，如主题演讲、辩论赛、文化展览等，让学生参与其中，感受文化的魅力。这些活动不仅丰富了学生的课余生活，还能培养他们的团队协作能力和创新精神。

（4）结合专业特色的思政教育。针对不同专业的学生，思政教育会结合专业特色设计实践环节，例如，理工科学生参与科研项目或实验室工作，文科学生参与文化研究和创作等，这些活动都能够将思政教育与学生所学专业紧密结合。

传统思政教育内容在培养大学生的道德品质、政治觉悟和社会责任感方面发挥了重要作用，然而在生态文明视角下，传统思政教育内容也面临着新的挑战和机遇。为了更好地适应时代发展的需要，需要对传统思政教育内容进行创新和改进，将生态文明理念融入其中，使大学生在学习的过程中深刻理解和认同生态文明的重要性，从而更加积极地投身到生态文明建设中来。

二、传统思政教育内容的局限性

在深入探讨生态文明视角下大学生思想政治教育内容创新之前，需要对传统思政教育内容的局限性进行客观分析。虽然传统思政教育在培养大学生道德品质、政治觉悟和社会责任感方面发挥了重要作用，但是在生态文明理念日益凸显的今天，其内容上的某些局限性也逐渐暴露出来。

（一）内容滞后于社会发展需求

随着社会的快速进步和时代的变迁，大学生思想政治教育内容需要与时俱进，紧密贴合社会发展的实际需求，然而在现实中不难发现，传统思政教育内容在某种程度上存在着滞后于社会发展需求的问题。一是现代社会的发展已经远远超出了传统思政教育内容的覆盖范围，尤其是在科技、经济、文化等多个领域，新的理念、新的技术和新的模式层出不穷，这些都对大学生的思想观念、价值取向和行为方式产生了深远的影响。然而传统思政教育内容往往还停留在过去，对于新兴领域的知识和观念缺乏及时、深入的探讨和解读，导致大学生在面对复杂多变的社会环境时感到迷茫和困惑。[1]

二是随着全球化的加速和互联网技术的普及，大学生获取信息的渠道更加广泛，接触到的思想观念也更加多元化。在这种情况下，如果思政教育内容仍然固守成规，缺乏创新和发展，就很难吸引大学生的注意力和兴趣，更难以引导他们形成正确的世界观、人生观和价值观。

三是生态文明作为当代社会发展的重要理念，已经深入人心，然而在传统思政教育内容中，关于生态文明的知识和观念相对较少，缺乏系统性和完整性。

---

[1] 黄文龙.基于生态文明视域下农林类大学生思想政治教育的思考[J].科教导刊,2020（25）:2.

（二）缺乏实践性和互动性

在传统的大学生思想政治教育中，一个突出的问题是其内容的呈现方式往往缺乏实践性和互动性，这种教学方式使思政教育与学生的实际生活体验脱节，难以产生深远的影响和引发学生共鸣。一是缺乏实践性意味着思政教育的内容往往停留在理论层面，学生很难将所学到的知识应用于实际生活中。在理论学习的过程中，学生只是被动地接受知识，而没有机会亲自去体验和实践。这种"纸上谈兵"的教学方式不仅难以激发学生的学习兴趣，而且难以让学生真正理解和掌握知识。

二是缺乏互动性使思政教育课堂变得单调乏味。在传统的教学方式中，教师通常是课堂的主导者，而学生则处于被动接受的地位，这种教学方式忽视了学生在课堂上的主体地位，缺乏师生之间的有效互动。这种单向的知识传递方式很难引发学生的思考和讨论，也难以形成积极的学习氛围，在生态文明视角下，需要更加强调思政教育的实践性和互动性。

（三）与生态文明理念融合不足

在当前生态文明建设日益受到重视的背景下，大学生思想政治教育内容与生态文明理念的融合显得尤为重要，然而现实情况是，传统思政教育在这一方面的融合仍显不足。一是思政教育课程中关于生态文明的内容相对较少，往往只是作为课程的一部分或者附加内容被提及，没有形成系统性和完整性。这使得学生难以对生态文明理念有全面而深入的了解，也难以形成对生态文明重要性的深刻认识。二是在教学方法和手段上，传统思政教育往往过于注重理论知识的灌输，而缺乏对生态文明实践活动的引导和组织，学生往往只是被动地接受知识，而没有机会亲身参与到生态文明建设的实践中去，导致他们对生态文明理念的理解停留在表面，难以形成真正的认同感和归属感。三是思政教育与生态文明理念之间的融合也需要教师具备相关的知识和能力，然而当前许多教师缺乏对生态文明理念的系统学习和了解，导致他们在教学中难以将生态文明理念与思政教育内容有效融合。

传统思政教育内容在培养大学生道德品质、政治觉悟和社会责任感方面发挥了重要作用，但在生态文明视角下，其内容上的局限性也逐渐暴露出来。为了更好地适应时代发展的需求，需要对传统思政教育内容进行创新和改进。

三、生态文明对传统思政教育内容的挑战

随着生态文明理念的深入人心,其对大学生思想政治教育内容的挑战也日益凸显,传统思政教育内容在应对这一挑战时,需要审视自身,寻找与生态文明理念相契合的切入点,以推动内容的创新与发展。

(一)生态文明理念对思政教育目标的挑战

随着生态文明理念的广泛传播和深入人心,其对传统大学生思想政治教育目标的挑战也日益显著。传统的思政教育目标主要侧重于培养学生的政治觉悟、道德品质和社会责任感,这些目标在长期的思政教育实践中发挥了积极作用,但在面对生态文明这一新的时代课题时,传统目标显得有所欠缺。一是生态文明理念强调人与自然的和谐共生,这虽然与传统思政教育目标中的"以人为本"原则并不冲突,但在实际操作过程中,往往容易忽视对自然环境的关注与保护。在生态文明视角下,思政教育目标需要更加注重培养学生对生态环境的尊重和保护意识,引导他们形成可持续发展的生活方式和价值取向。[①]

二是生态文明理念要求大学生具备强烈的环保意识和责任感,然而传统思政教育在培养学生的社会责任感时,往往更侧重于对人类社会的关怀与贡献,而忽视了对自然环境的责任与担当。

三是生态文明理念还强调了对生态文明知识的普及和教育,传统思政教育在知识传授上往往侧重于政治、经济、文化等方面的知识,而对生态文明知识的涉及较少。在生态文明视角下,思政教育需要增加对生态文明知识的普及和教育,使学生全面了解生态文明的重要性、内涵和实践路径,为他们今后参与生态文明建设奠定坚实的知识基础。

(二)生态文明实践对思政教育内容的挑战

在生态文明建设的不断推进下,生态文明实践对传统大学生思想政治教育内容提出了新的挑战。传统思政教育内容以理论知识为主,侧重于对政治、经济、文化等领域的解读和分析,但在生态文明实践面前,这些内容显得相对单一和滞

---

① 张志明. 基于生态文明理念视角下的高校思想政治教育研究——以湘西地区高校为例[J]. 教育教学论坛,2020(3):2.

后。一是生态文明实践具有极强的实践性和操作性，它要求大学生不仅停留在理论知识的层面上，更要能将其转化为具体的行动和实践。然而传统思政教育内容往往缺乏对生态文明实践的具体指导和操作指南，导致学生难以将所学知识与实际相结合，在生态文明建设中发挥积极作用。

二是生态文明实践涉及的知识领域广泛，不仅包括生态学、环境科学等自然科学知识，还包括伦理学、社会学等人文社科知识，这就要求思政教育内容更加多元化和综合性，能够涵盖这些领域的知识。然而传统思政教育内容往往缺乏对这些领域的深入研究和探讨，导致学生缺乏必要的知识储备，难以适应生态文明实践的需求。

（三）生态文明发展对思政教育方法的挑战

随着生态文明建设的深入发展，其对大学生思想政治教育方法的挑战也日益凸显。这些挑战主要体现在以下几方面。

（1）互动性和参与性的提升。传统思政教育方法多以讲授式为主，缺乏足够的互动性和学生的参与性。然而生态文明发展强调实践性和体验性，要求大学生能够积极参与其中，形成对生态文明理念的深刻理解和认同。

（2）跨学科知识的融合。生态文明涉及的知识领域广泛，包括生态学、环境科学、伦理学、社会学等多个学科，传统思政教育方法往往局限于某一学科领域，难以满足生态文明教育对跨学科知识的需求。

（3）创新性和时效性的要求。生态文明是一个不断发展的领域，新的理念、技术和方法不断涌现，传统思政教育方法往往缺乏足够的创新性和时效性，难以跟上生态文明发展的步伐。

生态文明对传统思政教育内容提出了严峻的挑战，但也为其创新与发展提供了机遇。在生态文明视角下，思政教育需要更加注重培养学生的环保意识和可持续发展理念，增加与生态文明相关的实践活动，创新教学方法和手段。只有这样，才能培养出具备生态文明素养的优秀人才，为构建美丽中国、实现中华民族永续发展贡献力量。

四、创新思政教育内容的必要性

在生态文明日益成为社会发展重要理念的今天，传统的大学生思想政治教育内容面临着前所未有的挑战,为了应对这一挑战,必须重新审视并创新思政教育内容,以适应生态文明建设的需要。下文将探讨创新思政教育内容的必要性,以期为未来思政教育的发展提供理论支持和实践指导。

(一)适应时代发展的需要

随着全球环境问题的日益严峻,生态文明理念逐渐成为国际社会共同关注的焦点。在这一时代背景下,传统的大学生思想政治教育内容面临着重大的挑战与机遇,为了适应时代发展的需要,创新思政教育内容显得尤为迫切和必要。一是适应时代发展的需要意味着思政教育必须紧跟时代步伐,与时俱进。大学生作为未来社会的重要力量,他们的环保意识、可持续发展观念以及生态文明素养的高低,直接关系到国家和社会的未来发展。因此,思政教育内容必须及时引入与生态文明相关的知识和理念,帮助学生树立正确的生态观和可持续发展观。[1]

二是适应时代发展的需要还意味着思政教育要关注学生的全面发展。在传统的思政教育中,往往过于注重政治理论知识的传授,而忽视了对学生实践能力和综合素质的培养。然而在生态文明建设的实践过程中,不仅需要学生具备扎实的理论知识,更需要他们具备将理论知识转化为实践能力的本领。因此,创新思政教育内容需要注重培养学生的实践能力、创新能力和社会责任感,使他们能够在实践中不断学习和成长。

三是适应时代发展的需要还要求思政教育要关注社会时事热点和现实问题。随着生态环境问题的日益突出,社会对环保和可持续发展的关注度不断提高,作为思政教育的重要内容之一,必须紧密关注社会时事热点和现实问题,及时回应社会的关切和期待。

(二)提高思政教育实效性

在当前社会,提高大学生思政教育的实效性显得尤为重要。思政教育不仅是理论知识的传授,更应该是实践能力的培养和价值观的塑造。面对生态文明建设的挑战,思政教育需要更加注重实效性,确保学生能够将所学知识真正内化为自身的行动和信念。一是提高思政教育实效性需要注重教学方法的创新。传统的灌

---

[1] 唐柳荷,许立兰.美丽中国愿景下的大学生生态文明融入高校思想政治教育研究[J].课程教育研究:学法教法研究,2019(9):1.

输式教学已经无法满足现代大学生的需求，他们更加渴望参与和互动，因此思政教育应该引入更多具有互动性和参与性的教学方法，如案例教学、小组讨论、角色扮演等。这些方法能够激发学生的学习兴趣，让他们更加主动地参与到学习中来，从而提高思政教育的实效性。

二是提高思政教育实效性需要注重实践环节的设计。思政教育不仅是理论知识的传授，更重要的是让学生在实践中体验、感悟和成长。因此，思政教育应该设计更多的实践环节，如社会调查、志愿服务、实地考察等，这些实践环节能够让学生亲身参与到生态文明建设的实践中去，感受和理解生态文明的重要性，从而培养他们的环保意识和责任感。三是提高思政教育实效性还需要建立评价与反馈机制。通过定期的教学评价和学生的反馈，及时了解学生的学习情况和教学效果，发现问题并及时进行改进。

（三）促进学科交叉融合

在当代教育体系中，促进学科交叉融合已成为推动知识创新、培养复合型人才的重要途径，特别是在生态文明建设的背景下，思政教育内容需要打破传统学科的界限，与生态学、环境科学、伦理学、社会学等相关学科进行深度融合，以提供更全面、更深入的教育内容。一是促进学科交叉融合有助于丰富思政教育的内涵。将生态学、环境科学等自然科学的知识引入思政教育，使学生更加深入地理解自然规律、生态环境的重要性以及人类与自然的关系。同时结合伦理学、社会学等人文社科知识，帮助学生从多个角度审视环境问题，形成更加全面、深刻的认识。[①]

二是促进学科交叉融合有助于提高学生的综合素质。在学科交叉融合的过程中，学生需要运用多学科的知识和方法来解决问题，这有助于培养他们的跨学科思维能力和创新能力。同时通过参与跨学科的研究和实践项目，学生能接触到不同领域的知识和人才，拓宽视野，增强综合素质水平。

三是促进学科交叉融合还有助于推动学术创新。在学科交叉融合的过程中，不同学科的知识和方法相互碰撞、融合，往往能产生新的学术观点和理论。这些新的学术观点和理论不仅丰富了思政教育的内容，还为其他领域的研究提供了新的思路和方法。

---

① 魏强.思想政治教育视阈下的大学生生态文明教育[J].常州信息职业技术学院学报，2016，015(004):80-82.

四是促进学科交叉融合也是适应时代发展的需要。

（四）回应社会热点和现实问题

在当今社会，环境问题已成为全球性的热点和现实问题，引发了广泛的社会关注和讨论，大学生作为社会的重要组成部分，他们的思想和行动对于推动社会进步、解决环境问题具有重要意义。因此，思政教育必须紧密回应社会热点和现实问题，引导学生关注和思考这些问题，培养他们的责任感和使命感。

回应社会热点和现实问题，一是要求思政教育内容具有时效性和针对性。教育者应密切关注国内外环境问题的最新动态，及时将相关热点和现实问题引入思政课堂，让学生了解这些问题的紧迫性和严重性。例如，引导学生关注全球气候变化、生物多样性丧失、环境污染等热点问题，采用案例分析、讨论交流等方式，让学生深入了解这些问题的成因、影响及解决方案。

二是回应社会热点和现实问题需要思政教育注重实践性和参与性。教育者应鼓励学生积极参与环保活动、社会实践等，让他们亲身感受环境问题的严峻性和紧迫性。通过实践活动，学生能够更加深入地了解环境问题的实际情况，增强他们的环保意识和责任感。同时实践活动还帮助学生将所学知识应用于实际生活中，提高他们的实践能力和综合素质。

创新思政教育内容是当前思政教育改革的重要方向之一，通过适应时代发展的需要、提高思政教育实效性、促进学科交叉融合以及回应社会热点和现实问题等方面的努力，能更好地推动思政教育内容的创新和发展。这不仅有助于培养具有生态文明素养的优秀人才，还有助于推动社会文明的进步和发展。因此，应积极探索和实践创新思政教育内容的方法和途径，为构建美丽中国、实现中华民族永续发展贡献力量。

第二节 融入生态文明理念的思政教育新内容

一、生态伦理与道德责任教育

随着生态文明建设的不断推进，大学生作为未来社会建设的主力军，其生态伦理意识和道德责任感的培养显得尤为重要，生态伦理与道德责任教育不仅关乎个人的品德修养，更关系到整个社会的可持续发展。因此，在大学生思想政治教育中融入生态伦理与道德责任教育，具有重要的现实意义和深远的历史意义。

（一）生态伦理教育的重要性

在当今日益严峻的环境问题面前，生态伦理教育的重要性越发凸显，生态伦理教育不仅是对大学生进行环境知识的普及，更是对其道德观念、行为准则的深层次影响。一是生态伦理教育有助于大学生树立正确的生态观念。通过生态伦理教育，大学生能够深刻认识到人类与自然环境的相互依存关系，以及人类活动对自然环境产生的深远影响，这种认识将促使他们更加珍视和尊重自然，形成与自然和谐共生的生活方式。

二是生态伦理教育能够培养大学生的道德责任感。在了解了环境问题的严重性和紧迫性后，大学生将意识到保护环境的道德责任。这种责任感将促使他们积极参与到环保活动中，从节约用水、减少废弃物排放等做起，为改善环境贡献自己的力量。

（二）道德责任教育的紧迫性

在当今社会，道德责任教育的紧迫性日益凸显。随着科技的发展和社会的进步，人们面临着越来越多的道德挑战和伦理困境，这使道德责任教育显得尤为重要。一是道德责任教育对于培养大学生的道德意识和品质至关重要。大学生作为社会的未来和希望，他们的道德素质直接关系到社会的文明程度和进步水平。通过道德责任教育，大学生能够明确自己的道德责任，形成正确的道德观和行为准则，从而在日常生活和工作中坚守道德底线，树立良好的道德风尚。

二是道德责任教育有助于解决当前社会面临的一些道德问题。随着社会的发展，诚信缺失、道德冷漠等道德问题逐渐浮出水面，这些问题不仅影响了社会的和谐稳定，也损害了人们的利益。通过道德责任教育，大学生能够深刻认识到这些问题的危害性和严重性，从而自觉遵守道德规范，抵制不良行为，为社会的道德建设贡献自己的力量。

（三）生态伦理与道德责任教育的实践路径

在推进生态伦理与道德责任教育的过程中，需要明确其实践路径，以确保教育的有效实施和深入发展。以下是对生态伦理与道德责任教育的实践路径的详细阐述。

（1）课程设置与教材建设。高校应开设专门的生态伦理和道德责任课程，纳入公共必修或选修课程体系，确保每个学生都能接受到相关教育；同时加强教材建设，编写符合时代要求、内容丰富的教材，为学生提供系统的理论知识和案例分析。

（2）实践教学与体验教育。除理论教学外，实践教学也是生态伦理与道德责任教育的重要环节。高校组织学生进行生态考察、环保志愿服务等实践活动，让学生在实践中感受生态环境问题，增强他们的环保意识和责任感。此外，体验式教育也是一种有效的教育方式，通过模拟环境场景、角色扮演等方式，让学生更深入地理解生态伦理和道德责任。

（3）网络平台与资源整合。利用网络平台开展生态伦理与道德责任教育，拓宽教育渠道，提高教育效果。高校可以建立在线学习平台，整合相关教育资源，提供在线课程、学习资料等，方便学生自主学习和交流。同时利用社交媒体等平台，开展环保知识普及和宣传活动，提高大学生的环保意识和参与度。

（4）评价与反馈机制。建立有效的评价与反馈机制，是确保生态伦理与道德责任教育质量的关键。高校制定评价标准和指标，对学生的学习成果和实践表现进行评价，并根据评价结果及时调整教育内容和方式。同时通过学生反馈、教师评价等方式，收集教育过程中的问题和建议，为改进教育质量提供参考。

生态伦理与道德责任教育是大学生思想政治教育的重要内容之一，在生态文明建设的背景下，需要提升生态伦理与道德责任教育的力度和深度，引导大学生树立正确的生态观和环保意识，提高他们的道德素质且培养他们的责任感。通过有效的实践路径和评价机制的实施，不断提高生态伦理与道德责任教育的针对性和实效性，为培养具有生态文明素养的优秀人才做出积极贡献。同时应该认识到，生态伦理与道德责任教育是一项长期而艰巨的任务，需要持之以恒地推进和深化。

二、可持续发展与环境意识培养

在生态文明建设的时代背景下，可持续发展与环境意识的培养成为大学生思想政治教育不可或缺的内容。随着全球环境问题的日益严峻，人们越来越意识到保护环境和实现可持续发展的紧迫性。因此大学生作为未来社会的建设者和接班人，必须具备强烈的环境意识和可持续发展的理念，下面将从三个方面探讨如何在大学生思想政治教育中融入可持续发展与环境意识。

（一）加强环境科学知识的普及

在生态文明建设的时代背景下，加强环境科学知识的普及对于提升大学生的环境意识与责任感至关重要。环境科学知识的普及不仅是大学生思想政治教育的重要组成部分，更是培养未来社会建设者和接班人环境素养的基础。一是高校应当在思想政治教育课程中增设环境科学相关课程，系统介绍环境问题的成因、影响及解决方法。这些课程应涵盖环境科学的基本概念、原理和方法，以及环境保护的法律法规和政策措施，让学生全面认识环境问题的严重性和紧迫性。

二是高校应利用图书馆、实验室、科研机构等校内外的资源，为学生提供丰富的学习和实践机会，如组织学生参观环保设施、参与环保科研项目，让学生亲身参与环境保护工作的实际运作，增强他们的环境科学素养。

三是高校还可以邀请环保专家、学者来校开展讲座或成立工作坊，分享最新的环保科研成果和实践经验。这些活动不仅能够拓宽学生的视野和知识面，还能激发他们的环保热情和创新精神。

（二）强化实践教学与体验教育

在生态文明视角下，大学生思想政治教育应当特别注重强化实践教学与体验教育，这种教学方式不仅能使学生更深入地理解理论知识，还能激发他们的参与热情，培养实际操作能力和社会责任感。一是高校应增加实践教学的比重，为学生提供更多参与环保实践的机会。这包括组织学生进行环保志愿服务、环保主题调研、生态考察等活动。通过这些实践活动，学生能亲身感受到环境问题的紧迫性和保护环境的必要性，从而增强他们的环保责任感和使命感。

二是体验教育也是培养学生环境意识和可持续发展理念的重要途径。高校利用校园内外的生态环境资源，如校园绿化、生态公园等，开展生态体验教育。通过让学生亲身参与生态环境的保护和修复工作，如植树造林、垃圾分类等，他们能深刻体验到保护环境的乐趣和价值。

三是高校应将实践教学与体验教育融入课程教学中。如在环境科学课程中，设置实验环节或项目作业，让学生亲自动手进行实验或调查，以加深对理论知识的理解和应用，同时邀请企业或环保组织参与教学，为学生提供更多的实践机会和体验平台。

强化实践教学与体验教育不仅有助于提高学生的环境意识和可持续发展理念，还可以培养他们的团队合作精神和创新能力。在参与实践活动的过程中，学生需要相互协作、共同完成任务，这有助于培养他们的团队合作精神和沟通能力。同时通过实践探索和创新尝试，学生可以不断挖掘新的解决方案和方法，提高自己的创新能力。

表4-1　强化实践教学与体验教育的措施及效果

教学方式	具体措施	效果
实践教学	增加环保实践机会，如环保志愿服务、生态考察，整合企业与环保组织资源参与教学	提高学生的环保责任感和使命感，增强实际操作能力
体验教育	利用校园生态资源进行生态体验教育，如校园绿化、垃圾分类活动，引入实地植树、环境修复等实践项目	培养学生的环境意识和可持续发展理念，体验环保活动的乐趣和价值
教学整合	将实践教学与体验教育融入课程设置，如实验环节和项目作业，邀请企业和组织参与，提供实践平台	加深对理论知识的理解和应用，提供更多实践机会和交流平台

（三）构建多元化评价体系

在推进大学生可持续发展与环境意识培养的过程中，构建多元化评价体系显得尤为重要。传统的单一评价方式往往难以全面、准确地反映学生的综合素质和发展潜力，因此需要构建一个涵盖多个维度、多种形式的评价体系。一是多元化评价体系应包括知识、能力、素质等多方面的指标。知识指标主要考查学生对环境科学知识的掌握程度；能力指标则注重评价学生的实践操作能力、解决问题的能力以及创新能力等；素质指标则强调学生的道德观念、环保意识和社会责任感等。

二是评价方式应多样化。除传统的笔试考核外，还应增加实践考核的比重，如环保实践活动的参与度、环保项目的完成情况等。此外，引入社会评价、企业评价等外部评价机制，全面客观地评估学生的环境素养和可持续发展能力。同时学生自评和互评也是重要的评价方式，有助于学生在自我反思和互相学习中不断提高。

三是评价过程应注重过程性评价和结果性评价相结合。过程性评价关注学生在学习过程中的表现和努力，鼓励学生积极参与、勇于探索；结果性评价则注重评价学生的学习成果和最终表现，激励学生追求卓越、不断进步。

四是评价结果的反馈和利用也是构建多元化评价体系的重要环节。通过及时的反馈，学生能发现自己的不足和需要改进的地方，从而有针对性地提升自己的综合素质。

可持续发展与环境意识的培养是大学生思想政治教育的重要内容之一，通过加强环境科学知识的普及、强化实践教学与体验教育以及构建多元化评价体系等措施，可以有效地培养大学生的可持续发展理念和环境意识。这些措施不仅有助于提高学生的综合素质和创新能力，还有助于推动生态文明建设的深入发展。因此，高校应高度重视大学生的环境意识和可持续发展理念的培养工作，将其纳入思想政治教育的重要内容之中，为培养具有生态文明素养的优秀人才贡献力量。

三、绿色生活方式的倡导与教育

随着全球环境问题的日益严峻，绿色生活方式逐渐成为社会关注的焦点。大学生作为社会的新生力量，他们的生活方式和消费习惯对于推动绿色发展、构建生态文明具有重要意义。因此，在大学生思想政治教育中融入绿色生活方式的倡导与教育，是新时代背景下思想政治教育的重要任务之一。

（一）绿色生活方式的内涵与意义

绿色生活方式作为一种注重环保、低碳、健康、可持续发展的生活方式，其内涵丰富且深远，它涵盖了绿色消费、绿色出行、绿色居住等多个方面，旨在通过个体的日常行为减少对环境的负面影响，促进自然资源的有效利用，以及注重身心健康和社会责任。一是绿色生活方式强调绿色消费。这意味着在日常生活中,人们应该尽量选择环保、无污染的产品,避免使用一次性物品,减少包装浪费,支持可循环使用的产品等。通过绿色消费,有效减少资源的消耗和废弃物的产生,从而降低对环境的破坏。

二是绿色出行是绿色生活方式的重要组成部分。它鼓励人们采用步行、骑行、乘坐公共交通工具等低碳出行方式,减少私人汽车的使用,这不仅有助于降低碳排放和空气污染,还有益于身体健康和缓解交通拥堵,三是绿色居住也是绿色生活方式的重要体现。在居住环境中,应该注重节能、节水、节电等措施的实施,使用环保材料进行装修,积极参与垃圾分类和回收等环保活动,通过绿色居住,为环境保护贡献自己的一份力量。

(二)绿色生活方式的实践路径

绿色生活方式的实践路径,既需要个体在日常生活中积极践行,也需要社会各界的共同努力和支持,对于大学生而言,他们可以通过以下方式将绿色生活方式融入到日常生活中。一是大学生应树立绿色消费理念,在购物时优先选择环保、节能的产品,避免购买过度包装的商品;通过了解产品的生产过程和环保认证情况,选择对环境影响较小的产品。此外,大学生还可以积极参与二手商品交易,减少资源的浪费和过度消耗。

二是在出行方面,大学生应尽量采用低碳环保的方式,选择骑自行车、步行或乘坐公共交通工具代替私家车出行,减少碳排放和缓解交通拥堵。同时还可以参与拼车活动,共享出行资源,降低出行成本和环境负担。在居住环境中,大学生可以积极参与节能减排行动,养成随手关灯、关水的好习惯,减少不必要的能源浪费,同时他们还可以选择使用节能电器和节水设备,降低能源消耗和水资源消耗。此外,大学生还应参与垃圾分类和回收活动,将可回收垃圾进行分类投放,降低垃圾对环境的影响。

(三)绿色生活方式的激励机制

为了有效推动大学生积极践行绿色生活方式,建立合理的激励机制显得尤为重要。以下是一些具体的激励机制建议。

(1)政策激励。政府设立绿色消费补贴政策,对购买节能、环保产品的个人或家庭给予一定的经济补贴；对于大学生群体，学校设立"绿色奖学金"，奖励在绿色生活方式方面表现突出的学生，以此激励更多学生采取绿色生活方式。

（2）教育引导。加强绿色生活方式的宣传教育，通过举办讲座、展览、主题班会等形式，普及绿色生活的知识和意义；开设绿色生活相关的选修课程，提升大学生的环保意识和绿色生活技能。

（3）实践体验。组织大学生参与环保志愿服务、垃圾分类、节能减排等绿色实践活动，通过亲身体验增强对绿色生活的认同感，提供绿色实习机会，学生能够在实际工作中了解绿色产业的发展和环保技术的应用。

（4）社会认可。对在绿色生活方式方面做出突出贡献的个人或团体给予表彰和奖励，如给予"绿色环保大使"荣誉称号，通过媒体宣传、社区公告等方式，对表现优秀的个人或团体进行广泛宣传，提高社会认可度。

（5）经济激励。鼓励企业开发绿色产品和服务，对符合绿色标准的产品给予税收优惠或资金扶持；设立绿色创新基金，支持大学生参与绿色创新项目或创业计划。

表4-2 推动大学生积极践行绿色生活方式的激励机制与具体措施

激励机制	具体措施
政策激励	政府设立绿色消费补贴政策，对购买节能、环保产品的个人或家庭给予一定的经济补贴；学校设立"绿色奖学金"，奖励在绿色生活方式方面表现突出的学生
教育引导	加强绿色生活方式的宣传教育，通过举办讲座、展览、主题班会等形式普及绿色生活的知识和意义；开设绿色生活相关的选修课程，提升大学生的环保意识和绿色生活技能
实践体验	组织大学生参与环保志愿服务、垃圾分类、节能减排等绿色实践活动，通过亲身体验增强绿色生活的认同感，提供绿色实习机会，学生能够在实际工作中了解绿色产业的发展和环保技术的应用
社会认可	对在绿色生活方式方面做出突出贡献的个人或团体给予表彰和奖励，如给予"绿色环保大使"荣誉称号，通过媒体宣传、社区公告等方式，对表现优秀的个人或团体进行广泛宣传，提高社会认可度
经济激励	鼓励企业开发绿色产品和服务，对符合绿色标准的产品给予税收优惠或资金扶持；设立绿色创新基金，支持大学生参与绿色创新项目或创业计划

绿色生活方式的倡导与教育是生态文明视角下大学生思想政治教育的重要内容之一，通过加强对绿色生活方式的内涵与意义的阐释、实践路径的探索以及激励机制的建立等方面的努力，可以有效地引导大学生树立绿色消费观念、选择环保产品、减少浪费和污染等绿色生活方式。这不仅有助于推动绿色发展、构建生态文明，还能提升大学生的综合素质和社会责任感。因此应该高度重视绿色生活方式的倡导与教育工作，将其纳入大学生思想政治教育的重要内容之中。

四、生态文明建设与全球视野教育

在全球视野下，生态文明建设不再是一个国家或地区的问题，而是全人类共同面临的挑战。大学生作为新时代的建设者和接班人，必须具备全球视野，深刻理解生态文明建设的国际意义，并积极参与全球环境治理。因此将生态文明建设与全球视野教育相结合，成为大学生思想政治教育的重要内容之一。

（一）生态文明建设的国际意义

生态文明建设的国际意义深远而重大。一是它关乎全球生态安全和人类可持续发展。在当代社会，环境问题已经超越国界，成为全球性挑战，生态文明建设作为应对环境问题的有效手段，能够推动全球生态治理体系的完善，保护人类赖以生存的自然环境。

二是生态文明建设是构建人类命运共同体的必然要求。人类命运共同体理念强调各国在应对全球性挑战时的共同责任和相互依存关系。生态文明建设作为其中重要的一环，能够加强国际合作，共同应对气候变化、生物多样性丧失等全球性环境问题，推动全球可持续发展。

（二）全球视野下的生态文明建设路径

在全球视野下，生态文明建设的路径需要各国携手合作，共同推进。一是应建立全球性的环境治理体系。通过加强国际合作，制定并执行全球性的环保政策和法规，确保各国在环境保护方面共同承担责任。同时要推动各国在环保技术和经验方面的交流与学习，共同提升应对环境问题的能力。

二是各国应积极推动绿色经济的发展。通过调整产业结构、优化能源结构、推广清洁能源等措施，降低对自然资源的过度消耗和环境的破坏，同时要倡导绿色消费方式和绿色生活方式，鼓励人们减少对环境的负面影响。

三是加强环境教育和提升意识也是关键。各国应加大对环境教育的投入，普及环保知识，提高公众对环境保护的认识和参与度，通过教育引导每个人都能成为生态文明建设的参与者、推动者和实践者。

四是注重国际合作与协调。在应对全球性环境问题时，各国应摒弃零和博弈的思维，坚持合作共赢的原则，加强政策协调和信息共享，共同应对环境挑战。

（三）培养具有国际视野的生态文明建设者

在全球化的时代背景下，培养具有国际视野的生态文明建设者至关重要。一是教育体系应当注重培养学生的全球意识和跨文化交流能力。通过开设国际政治、经济、文化等相关课程，引导学生了解不同国家的环保政策、实践及其背后的文化因素，从而拓宽他们的国际视野。

二是加强实践教学环节，让学生在实践中提高全球环境治理的能力。组织学生参与国际环保项目、国际交流项目等，让他们在实践中了解全球环境治理的机制和模式，掌握与不同文化背景的人合作的方法和技巧。

三是注重培养学生的国际责任感。通过案例分析、主题讨论等方式，引导学生深入思考全球环境问题的紧迫性和重要性，激发他们的环保意识和行动意愿。要让他们明白，作为新时代的青年，他们不仅要有为国家、为民族贡献的担当，更要有为全球可持续发展贡献力量的责任感。

生态文明建设与全球视野教育相结合是大学生思想政治教育的重要内容之一，通过加强大学生对全球环境问题的认识、培养他们全球环境治理的能力和素质以及培养具有国际视野的生态文明建设者等方面的教育和实践，让大学生更好地理解生态文明建设的国际意义，积极参与全球环境治理，为构建人类命运共同体贡献力量。

第三节 跨学科整合在思政教育中的应用

一、跨学科整合的意义与价值

在当今高等教育领域，跨学科整合已成为推动知识创新和人才培养的重要趋势，特别是在生态文明视角下，大学生思想政治教育的内容创新需要借助跨学科整合的方法，以提供更全面、更深入和更系统的教育。跨学科整合不仅有助于丰富思政教育的内涵，还能促进学生对生态文明理念的理解和认同，进而培养他们的综合素质和社会责任感。

（一）跨学科整合有助于拓展思政教育的知识体系

在当今日益复杂多变的社会环境中，单一学科的知识体系已经难以满足大学生全面、深入、系统地学习知识的需求。特别是在生态文明视角下，思政教育不仅要关注个体的道德品质和思想素养，更要引导学生从宏观和跨学科的角度去理解社会、经济和自然三者之间的关系，因此跨学科整合在思政教育中的应用显得尤为重要。

跨学科整合能够打破学科之间的壁垒，将不同学科的知识、理论和方法进行有机融合，为思政教育提供更为丰富和多元的教育资源。通过引入环境科学、生态学、社会学、经济学等学科的理论和观点，思政教育更加全面地揭示了生态文明的内涵和价值，帮助学生形成了对生态文明建设的深刻理解和认同。

具体来说，跨学科整合能帮助思政教育更加深入地探讨人与自然的关系、经济发展与环境保护的平衡、社会公平与生态正义的协调等问题，这些问题不仅涉及道德伦理层面，还涉及科学、经济、社会等多个领域。思政教育通过跨学科整合将这些领域的知识和理论相互贯通，形成一个完整、系统的知识体系，为学生提供更为全面、深入的教育内容。

（二）跨学科整合有助于增强思政教育的实践性和应用性

在生态文明视角下，思政教育不应仅停留在理论层面，更应注重其实践性和应用性，跨学科整合的方法为思政教育提供了实践和应用的新途径，使其能够更好地服务于社会发展和学生成长。一是跨学科整合引入实际案例和现实问题，将思政教育从抽象的理论层面转移到具体的实践场景中。例如，结合环境科学和社会学的知识，分析当地的环境污染问题，引导学生参与环保实践活动，通过亲身体验了解生态文明建设的实际需求和挑战。这种实践性的教学方式能够使学生更深刻地理解思政教育的意义，增强他们的责任感和使命感。

二是跨学科整合为学生提供更多实践和应用的机会，通过组织跨学科的研究项目、实践活动或社会服务等活动，让学生将所学知识运用到实际中，解决实际问题。例如，结合经济学和生态学的知识，探讨绿色经济的发展路径，提出切实可行的政策建议或商业计划。这种应用性的学习方式能够培养学生的创新思维和实践能力，使他们在未来的学习和工作中更加自信和有竞争力。

（三）跨学科整合有助于提升思政教育的国际化和开放性

在全球化的时代背景下，思政教育需要具有国际化的视野和开放性的态度，以适应日益紧密的国际交流与合作。跨学科整合作为一种创新的教育方法，有助于提升思政教育的国际化和开放性，为学生提供更广阔的学习和发展空间。

一是跨学科整合能够引入国际先进的教育理论和方法，推动思政教育向国际化发展。通过引入国际环境科学、国际政治、国际关系等学科的前沿理论，思政教育更加深入地了解全球生态文明建设的趋势和挑战，引导学生从全球视角思考问题。同时结合国际上的环保政策、技术和经验，思政教育为学生提供更多国际化的学习资源和案例，增强他们的国际竞争力。

二是跨学科整合能够促进思政教育的国际交流与合作。通过与国外高校、研究机构等的合作与交流，共同开展研究项目、举办学术会议等活动，推动思政教育在国际上的传播和推广。这种国际交流与合作有助于拓宽学生的国际视野，增强他们的跨文化交流能力，培养具有国际竞争力的人才。

三是跨学科整合还能够推动思政教育内容的开放性和包容性。通过引入不同学科、不同文化背景的知识和观点，思政教育能够更加全面地反映人类文明的多样性和复杂性。

跨学科整合在思政教育中的应用具有重要的意义和价值，它不仅可以拓展思政教育的知识体系，增强其实践性和应用性，还可以提升思政教育的国际化和开放性。因此，在生态文明视角下，应该积极推动跨学科整合在思政教育中的应用，以更好地培养具有综合素质和社会责任感的大学生，同时需要不断探索和实践跨学科整合的方法和途径，为思政教育的创新和发展提供有力支持。

二、生态文明与多学科知识的融合

随着生态文明建设的深入推进，大学生思想政治教育的内容也面临着创新的要求。在生态文明视角下，思政教育不再局限于传统的道德伦理教育，而是需要与多学科知识相融合，形成更加丰富、立体和多元的教育内容。这种融合不仅有助于提升思政教育的深度和广度，还能更好地培养学生的综合素质和创新能力。

（一）生态文明与环境科学的融合

在当今社会，生态文明建设的紧迫性日益凸显，它要求人与自然和谐共生，实现可持续发展。为了实现这一目标，大学生思想政治教育需要将生态文明理念与环境科学知识深度融合，以此培养学生的环保意识和责任感。生态文明与环境科学的融合，一是体现在对自然环境的深刻认识上。环境科学作为研究自然环境及其与人类活动相互关系的科学，为思政教育提供了丰富的理论知识和实践案例。在思政教育中，引入环境科学的基本概念和原理，如生态系统、生态平衡、环境污染等，使学生了解自然环境的复杂性和脆弱性。同时通过分析气候变化、生物多样性丧失等具体的环境问题，引导学生认识到人类活动对自然环境造成的破坏，从而激发他们保护环境的紧迫感和责任感。

二是生态文明与环境科学的融合体现在对环保行动的实践指导上。环境科学不仅关注自然环境的保护，还致力于推动绿色技术的研发和应用。在思政教育中，结合环境科学的研究成果，介绍绿色生产、清洁能源、废物回收等环保技术和方法，引导学生了解这些技术在日常生活中的应用。同时组织学生参与环保实践活动，如校园绿化、垃圾分类、节能减排等，让他们在实践中体验环保行动的乐趣和成就感，进一步加深对生态文明理念的理解和认同。

三是生态文明与环境科学的融合有助于培养学生的创新精神和创业能力。随着环保产业的不断发展壮大，绿色经济已经成为新的经济增长点。在思政教育中，鼓励学生关注环保产业的发展趋势和市场前景，引导他们思考如何将生态文明理念转化为创业实践。通过案例分析、项目实践等方式，培养学生的创新思维和创业能力，为他们未来的职业发展和社会适应打下坚实的基础。

（二）生态文明与社会学的融合

生态文明作为人类社会发展的新型文明形态，不仅关注自然环境的保护，也深刻影响着社会结构、文化价值观及人类行为模式，因此将生态文明理念与社会学知识相融合，对于深化大学生思想政治教育的内涵，培养具有社会责任感和公民意识的新时代青年具有重要意义。一是生态文明与社会学的融合有助于从社会结构的角度理解生态文明建设的重要性。社会学研究社会结构、社会关系以及社会变迁等问题，揭示了社会现象背后的深层次原因。在生态文明建设中，社会结构的变化、社会关系的调整以及社会文化的转型等因素都发挥着重要作用。将社会学理论引入思政教育，使学生更加清晰地认识到生态文明建设对于社会进步的推动作用，从而增强他们参与生态文明建设的自觉性和主动性。

二是生态文明与社会学的融合有助于从社会文化的角度理解生态文明建设的内涵。社会文化是人类社会在长期发展过程中形成的价值观念、行为准则和生活方式等。在生态文明建设中，文化价值观的转变对于推动人们形成绿色生活方式和生态道德观念至关重要。通过引入社会学的文化理论，学生能够更加深入地了解不同文化背景下人们对于生态文明的不同理解和态度，从而引导他们在日常生活中积极践行生态文明理念，形成绿色、低碳、循环利用的生活方式。

三是生态文明与社会学的融合有助于从社会问题的角度探讨生态文明建设的挑战与对策。随着城市化、工业化的加速推进，环境污染、资源短缺等社会问题日益突出。这些问题不仅影响人们的生活质量，也给生态文明建设带来了严峻挑战。通过引入社会学的社会问题研究方法，学生能够更加全面地了解这些问题的成因和影响，从而引导他们思考如何在社会实践中找到解决这些问题的有效途径，为生态文明建设贡献智慧和力量。

（三）生态文明与经济学的融合

随着全球对环境问题关注度的不断提升，生态文明建设与经济发展的关系日益紧密，在大学生思想政治教育中，将生态文明理念与经济学知识相融合，不仅有助于拓宽学生的视野，更能培养他们的可持续发展意识，为未来的经济建设注入绿色动力。

一是生态文明与经济学的融合体现在对经济发展模式的重新认识上。传统经济学往往追求经济增长的速度和规模，而忽视了资源的有限性和环境的承载能力。在生态文明视角下，经济发展需要更加注重资源节约、环境保护和生态平衡，因此引入绿色经济、循环经济等经济学概念，能使学生认识到经济发展与生态保护并非相互排斥，而是相互促进的。这种认识转变将有助于学生形成更加科学、理性的经济发展观念。

二是生态文明与经济学的融合还体现在对企业经营活动的指导上。在生态文明理念下，企业需要转变传统的生产方式，采用更加环保、高效的生产技术和管理模式。同时企业也需要关注社会责任，积极参与环保活动，推动绿色产业的发展。在思政教育中引入企业案例，让学生了解到那些注重生态文明、推动绿色发展的企业是如何实现经济效益和社会效益双赢的，这将有助于学生形成正确的企业价值观和经营理念。

三是生态文明与经济学的融合体现在政策制定和实施上。政府作为推动生态文明建设的重要力量，需要通过制定和执行一系列经济政策来促进绿色发展。这些政策包括环保税、绿色信贷、绿色债券等金融工具的运用，以及绿色产业政策的制定和实施等。在思政教育中，应引导学生关注这些政策制定的背景、目标和实施效果，从而加深对生态文明理念的理解和应用。

三、通过跨学科教育培养复合型人才

随着全球化和信息化的快速发展，社会对人才的需求日趋多元化和复杂化，特别是在生态文明建设的大背景下，对于具备跨学科知识和综合能力的人才的需求更为迫切。因此在大学生思想政治教育中，跨学科教育显得尤为重要。通过跨学科教育，有效地培养具备生态文明素养、综合素质高、创新能力强的复合型人才，为社会的可持续发展贡献力量。

（一）跨学科教育有助于拓宽学生的知识视野

在当今社会，知识的边界越来越模糊，许多问题都需要从多个角度、多个学科领域去理解和解决，在这样的背景下，跨学科教育应运而生。它为大学生提供了一个全新的学习视角，有助于他们拓宽知识视野，形成全面的知识体系。一是跨学科教育打破了传统学科壁垒，使学生能够接触到不同学科领域的知识。在学习的过程中，学生不仅能够深入了解本专业的基础知识，还能接触其他学科的最新研究成果和理论观点。这种跨学科的学习模式，能够帮助学生构建更加全面、立体的知识体系，为未来的学习和工作打下坚实的基础。

二是跨学科教育有助于培养学生的综合分析能力。在学习的过程中学生需要将不同学科的知识进行融合和整合，形成自己独特的见解和观点，这种综合分析能力，对于解决复杂问题、应对未来挑战具有重要意义。通过跨学科教育，学生能够更好地适应社会的发展需求，成为具备综合素质的人才。

三是跨学科教育还能够激发学生的学习兴趣和求知欲。不同学科领域的知识相互交织、相互渗透，能够为学生带来全新的学习体验。在学习的过程中，学生不仅能够感受到知识的魅力，还能不断发现新的问题和挑战，从而激发他们的学习热情和探索精神。

（二）跨学科教育有助于培养学生的创新能力

跨学科教育在培养大学生创新能力方面发挥着重要作用，通过将不同学科的知识、理论和方法进行交叉融合，跨学科教育为学生提供了一个更为广阔的创新平台。一是跨学科教育能够激发学生的创新思维。面对不同学科领域的知识，学生需要打破传统的思维模式，从不同的角度和层面去思考问题，这一过程本身就是对创新思维的锻炼。

二是跨学科教育为学生提供了更多的创新机会。在跨学科学习和研究中，学生常常需要面对新的问题和挑战，这些问题的解决往往需要创新的思路和方法。通过参与跨学科项目、实践活动等，学生能够在实践中锻炼自己的创新能力，将所学知识应用于实际问题的解决中。

（三）跨学科教育有助于提高学生的综合素质

跨学科教育作为现代高等教育的重要趋势，其独特的教育模式有助于全面提高学生的综合素质。这种教育模式不仅关注学生专业知识的积累，更强调对学生综合素质的培养，以适应日益复杂多变的社会需求。一是跨学科教育能够培养学生的综合素养。通过整合不同学科的知识和方法，跨学科教育使学生具备更加全面、系统的知识体系,从而提高学生的综合素养。这种综合素养不仅包括专业知识,还包括批判性思维、沟通能力、团队协作能力等软技能,这些技能对于学生的全面发展至关重要。

二是跨学科教育有助于拓宽学生的视野。在跨学科学习的过程中,学生需要接触和理解不同学科领域的知识和思想,这种跨界交流能够帮助学生打破思维定式,拓宽视野,培养开放、包容的心态。这种心态对于学生未来的职业发展和社会适应能力具有重要意义。

通过跨学科教育培养复合型人才是大学生思想政治教育内容创新的重要方向之一,通过拓宽学生的知识视野、培养创新能力和提高综合素质,跨学科教育可以使学生更好地适应社会的需求和发展趋势。在生态文明建设的背景下,跨学科教育更是具有重要的意义,因此应该积极探索和实践跨学科教育的方法和途径,为培养更多具备生态文明素养、综合素质高、创新能力强的复合型人才贡献力量。同时应该加强跨学科教育的师资队伍建设和课程建设,为跨学科教育的实施提供有力的保障和支持。

第四节 思政教育内容的动态更新与优化机制

一、建立思政教育内容更新的必要性

随着社会的快速发展和时代的变迁,大学生思想政治教育面临着新的挑战和机遇。特别是在生态文明建设的背景下,思政教育内容需要与时俱进,不断适应新的社会需求和时代要求,因此,建立思政教育内容的动态更新与优化机制显得尤为重要。

(一)适应时代发展的需要

随着科技的不断进步和社会的快速发展,人类进入了一个瞬息万变的时代,在这个时代,新的科技、新的思想、新的价值观层出不穷,不断改变着人们的生活方式和思维模式。作为培养未来社会栋梁的高等教育,大学生思想政治教育必须紧跟时代的步伐,适应时代发展的需要。一是适应时代发展需要思政教育内容

具备前瞻性。时代在变化，社会在进步，思政教育内容不能停留在过去，而应该根据时代的特点和趋势，及时更新和调整。只有具备前瞻性的思政教育内容，才能引导学生正确把握时代的脉搏，理解社会的变革，从而为他们未来的职业发展和社会适应能力打下坚实的基础。

二是适应时代发展需要思政教育方式方法创新。传统的思政教育方法往往以灌输为主，缺乏互动性和实践性，在新时代，需要探索更加灵活、多样、有效的思政教育方式方法。比如，通过案例分析、小组讨论、角色扮演等方式，激发学生的学习兴趣和积极性，让他们在参与中体验，在体验中思考，在思考中成长。

（二）满足学生成长的需求

在高等教育阶段，大学生正处于人生的重要转折期，他们的知识体系、价值观念、人生观都在逐渐形成和完善，因此大学生思想政治教育的内容必须紧密贴合学生的成长需求，为他们提供必要的思想指导和精神支持。一是满足学生成长需求意味着思政教育内容要贴近学生的生活实际。学生关心的是与他们切身利益相关的问题，如就业、创业、人际关系等，思政教育内容应当围绕这些实际问题展开，帮助学生解决困惑，提供有效的建议和指导。

二是满足学生成长需求要求思政教育内容具有启发性和引导性。大学生正处于思维活跃、求知欲旺盛的阶段，他们渴望接触新知识、新思想。思政教育内容应当具有启发性和引导性，能够激发学生的思考能力和创新精神，帮助他们形成独立思考和解决问题的能力。

三是满足学生成长需求还需要思政教育关注学生的个性发展。每个学生都有自己独特的性格、兴趣、爱好和优势，思政教育应当尊重学生的个性差异，为他们提供个性化的指导和支持，帮助他们实现自我发展和价值。

（三）提升思政教育的实效性

在当前的教育环境中，提升思政教育的实效性显得尤为重要。这不仅关乎大学生个人思想品质的培养，更关乎整个社会道德风尚和文明程度的提升。以下将从几个方面探讨如何提升思政教育的实效性。

一是强化思政教育内容的针对性。思政教育内容应紧密结合当前社会的热点问题和学生的实际需求，确保教育内容贴近实际、贴近生活、贴近学生。这样学生才能对思政教育产生浓厚的兴趣，积极参与其中，从而提升教育的实效性。

二是创新思政教育方法。传统的思政教育方法往往以灌输式为主，在新时代背景下应当探索更加灵活、多样、有效的思政教育方法，从而提升思政教育的实效性。

三是加强思政教育的实践教学环节。实践是检验真理的唯一标准，也是提升思政教育实效性的重要途径。通过组织社会实践活动、志愿服务、社会调查等方式，让学生深入社会、了解社会、服务社会，从而在实践中深化对思政教育内容的理解和应用。

建立思政教育内容的动态更新与优化机制是时代发展的需要、学生成长的需求以及提升思政教育实效性的必然要求，通过不断更新和优化思政教育内容，确保思政教育内容的先进性和时效性，满足学生的成长需求，提高思政教育的针对性和实效性，同时应为生态文明建设提供有力的人才保障和智力支持。因此应该高度重视思政教育内容的动态更新与优化工作，不断探索和实践新的教育理念和方法，推动大学生思想政治教育事业的持续健康发展。

二、动态更新机制的构建与实施

在生态文明建设的时代背景下，大学生思想政治教育内容必须保持动态更新，以适应不断变化的社会环境和时代要求。构建与实施思政教育内容的动态更新机制，是确保思政教育内容与时俱进、富有时代性的关键。下文将详细探讨动态更新机制的构建与实施策略。

（一）明确更新目标与原则

在构建大学生思政教育内容的动态更新机制时，首要任务是明确更新目标与原则，这是确保更新工作具有方向性、针对性和系统性的关键。更新目标应紧密围绕生态文明建设的核心要求，旨在培养具备生态文明素养、具备社会责任感和创新精神的新时代大学生。更新目标应包含以下几方面：一是确保思政教育内容反映当前生态文明建设的最新理论和实践成果，使学生能够及时了解和掌握相关知识。二是加强对学生生态文明意识的培养，引导他们树立正确的生态价值观，积极参与生态文明建设。三是提高学生的综合素质和创新能力，使他们能够适应未来社会发展的需要。

在明确更新目标的基础上，还须制定相应的更新原则，这些原则应体现科学性、系统性和前瞻性的要求。科学性原则要求更新内容必须基于科学的理论和实践，避免出现错误和误导；系统性原则要求更新内容应具有完整性和连贯性，避免内容碎片化、缺乏逻辑；前瞻性原则要求更新内容能够预见未来发展趋势，为学生提供具有前瞻性的思想指导。

明确更新目标与原则不仅有助于确保思政教育内容的科学性和实效性，还能够为更新工作提供明确的指导方向。在实际操作中，高校应结合自身实际情况和学生需求，制定具体的更新计划和实施方案。同时高校还应加强与其他高校、政府、企业和社会组织的合作与交流，共同推动思政教育内容的更新与发展。

（二）建立多元化的更新渠道

为了确保大学生思政教育内容能够及时、有效地更新，需要建立多元化的更新渠道，这些渠道不仅能够提供丰富的思政教育资源，还能够确保信息的准确性和时效性。一是加强与政府、企业、社会组织的合作，建立稳定的合作关系。这些机构往往拥有政策文件、研究成果、实践案例等丰富的思政教育资源，通过与这些机构建立合作关系，能及时获取最新的思政教育资源，为思政教育内容的更新提供有力支持。二是关注学生的日常生活和学习实践，从中挖掘新的思政教育资源。大学生作为社会的一分子，他们的日常生活和学习实践中蕴含着丰富的思政教育资源。通过观察、调研、访谈等方式，深入了解学生的生活实践，发现其中的思政教育资源，并将其融入思政教育内容中。

此外，还可以利用互联网、大数据等现代信息技术手段，建立网络化的更新渠道，通过开设思政教育网站、社交媒体账号等，及时发布最新的思政教育信息，为学生提供便捷的获取途径。同时还可以利用大数据分析技术，分析学生的学习需求和行为习惯，为思政教育内容的个性化更新提供数据支持。建立多元化的更新渠道是确保大学生思政教育内容能够及时、有效地更新的重要保障。

（三）实施定期的更新与评估

为了确保大学生思政教育内容的动态更新机制能够持续、有效地运行，必须实施定期的更新与评估，这一环节是确保思政教育内容与时俱进、保持活力的关键。一是定期更新是思政教育内容保持新鲜感和吸引力的基础。设定一个固定的周期，如每学期或每学年，对思政教育内容进行全面的检查和更新。在这个过程中，需要关注社会发展的最新动态，了解国家政策的最新变化，以及学生关注的热点问题和需求，确保思政教育内容既能够紧跟时代步伐，又能满足学生的实际需求。二是评估是更新工作的重要反馈机制，设立专门的评估小组，对更新后的思政教育内容进行质量评估和效果评估。质量评估主要关注内容的科学性、系统性、前瞻性和针对性等方面，确保更新后的内容符合教育目标和原则；效果评估则通过收集学生的反馈意见、观察学生的学习情况等方式，了解更新后的内容在学生中的接受程度和影响力，为下一步的更新工作提供方向。

构建与实施思政教育内容的动态更新机制是确保大学生思想政治教育内容与时俱进、富有时代性的重要举措，通过明确更新目标与原则、建立多元化的更新渠道和实施定期的更新与评估等措施。同时这需要高校、政府、企业和社会各界的共同努力和支持，形成合力推动大学生思想政治教育工作的创新发展。

三、优化思政教育内容的策略与方法

在生态文明建设的时代背景下，大学生思想政治教育内容需要不断优化，以更好地适应社会发展的需求和学生的成长需要。优化思政教育内容不仅要求内容的更新与扩充，更需要策略与方法的创新与改进。下文将详细探讨优化思政教育内容的策略与方法，以期为思政教育工作的创新发展提供有益参考。

（一）强化内容的针对性与实用性

在生态文明视角下优化大学生思想政治教育内容，首要任务是强化内容的针对性与实用性。随着社会的快速发展和生态文明建设的深入推进，大学生的思想观念和价值取向也在不断变化。因此思政教育内容必须紧跟时代步伐，紧密结合学生的实际需求和发展特点，确保内容贴近学生生活、贴近社会现实。

一是要深入了解学生的成长需求和发展特点，关注他们的思想动态和心理变化，确保思政教育内容能够真正触动学生的内心，引发他们的共鸣。二是要关注社会热点问题和生态文明建设的最新进展，将相关内容和理论融入思政教育体系中，使学生能够更好地理解社会现象、把握时代脉搏。三是要注重理论与实践的结合，通过案例分析、社会实践等方式，学生能亲身体验和感受生态文明建设的实际成果，提高思政教育的实效性。

（二）创新教学方法与手段

随着信息技术的飞速发展，传统的教学方法与手段已难以满足现代大学生的需求，在生态文明视角下，创新思政教育的教学方法与手段显得尤为重要。

一是引入案例教学、小组讨论、角色扮演等多元化的教学手段，这些方式能够激发学生的学习兴趣，增强他们的参与感和体验感。二是充分利用互联网、多媒体、在线课程等现代信息技术手段，打破时间和空间的限制，实现思政教育资源的共享和优化配置。三是跨学科的教学方法也是创新的重要方向。通过将思政教育与其他学科相结合，能够拓宽学生的视野，培养他们的综合素质。

创新教学方法与手段不仅能够提高思政教育的趣味性和实效性，还能更好地满足学生的个性化需求，激发他们的学习动力和创新精神。因此，在生态文明视角下，应该不断探索和创新思政教育的教学方法与手段。

（三）建立反馈与调整机制

为了确保思政教育的持续优化，建立有效的反馈与调整机制至关重要。这一机制不仅能帮助教育者及时了解学生的学习体验和需求，还能为思政教育内容的调整提供科学依据。一是需要建立畅通的学生反馈渠道。通过问卷调查、座谈会、在线平台等多种形式，鼓励学生积极表达出他们对思政教育的看法和建议，使教育者能够更全面地了解学生的需求。二是需要构建教师评价机制。通过教学观摩、学生评价等方式，对教师的教学效果进行客观评估，激励教师不断优化教学内容和方法。三是需要定期分析反馈信息，并根据分析结果对思政教育内容、教学方法等进行相应调整。这样，思政教育就能更好地适应时代发展和学生需求的变化，保持其生命力和活力。建立反馈与调整机制是思政教育持续改进的关键环节，它能够帮助教育者及时发现问题、解决问题，确保思政教育始终与时俱进、富有成效。

优化思政教育内容是提升大学生思想政治教育实效性的重要途径，通过强化内容的针对性和实用性、创新教学方法与手段以及建立反馈与调整机制等策略与方法，使思政教育内容更加贴近学生需求，更加符合时代要求，更加具有实效性。同时这也需要高校、教师和社会各界的共同努力和支持，形成合力推动思政教育工作的创新和发展。

四、保持思政教育内容时效性的途径

在生态文明建设的时代背景下,大学生思想政治教育内容的时效性显得尤为重要,时效性的保持不仅能够确保教育内容紧跟时代步伐,还能增强学生对现实问题的关注度和思考能力。因此探索保持思政教育内容时效性的途径,对于提升思政教育的吸引力和实效性具有重要意义。

(一)紧跟国家政策和社会热点

在生态文明视角下,大学生思想政治教育内容的时效性至关重要。为了确保思政教育内容始终与国家政策和社会热点紧密相连,需要密切关注国家层面的政策动态以及社会上的热点事件。这一做法不仅能够使教育内容更具现实意义和时代感,还能引导学生从思政角度深刻理解和分析国家发展和社会变迁中的重大问题。

一是紧跟国家政策是保持思政教育内容时效性的基础。国家政策是国家意志的体现,反映了国家发展的方向和目标。随着生态文明建设的深入推进,国家出台了一系列与生态环保、绿色发展相关的政策,这些政策不仅为大学生提供了学习和研究的方向,也为思政教育内容提供了丰富的素材。因而需要将这些政策及时纳入教育内容,使学生了解国家政策的最新动态,理解政策背后的深层含义,从而增强他们的国家意识和社会责任感。

二是关注社会热点是保持思政教育内容时效性的重要途径。社会热点事件往往具有广泛的影响力和关注度,反映了社会问题和人民关切,在生态文明建设的背景下,环境问题、资源问题、气候变化等社会热点与思政教育内容紧密相连。教育者需要引导学生关注这些热点事件,从思政角度进行分析和思考,提高对现实问题的敏感度和洞察力。通过关注社会热点,学生不仅能够更好地理解国家政策和社会变迁,还能增强社会责任感和使命感。

(二)引入前沿理论和研究成果

在生态文明视角下,大学生思想政治教育内容的创新离不开前沿理论和研究成果的引入,这些前沿理论和研究成果不仅能为思政教育提供坚实的理论支撑,还能帮助学生更好地理解现实问题和探索未来发展方向。一是引入生态科学、环境科学等相关学科的前沿理论,这是丰富思政教育内容的重要途径。这些学科的前沿理论能够提供关于生态系统、环境保护、可持续发展等方面的新知识、新观点和新方法。将这些理论引入思政教育内容中，不仅能帮助学生从更深层次上理解生态文明建设的内涵和要求，还能增强他们的环保意识和可持续发展理念。

二是关注思政教育领域内的最新研究成果，这也是保持教育内容时效性的关键。随着社会的不断发展和进步，思政教育领域也在不断探索和创新。引入最新的研究成果，将最新的教育理念、教学方法和案例等引入课堂，使思政教育内容更加贴近学生实际、更加符合时代要求，这不仅能够激发学生的学习兴趣和热情，还能提高他们的学习效果和实际应用能力。

（三）创新教学方法和手段

在生态文明视角下，大学生思想政治教育需要不断创新教学方法和手段，以适应学生特点和新时代的教育需求。教学方法和手段的创新，不仅能够提高学生的学习兴趣和参与度，还能有效提升思政教育的实效性。一是需要充分利用互联网、大数据、人工智能等现代信息技术手段，为思政教育注入新的活力。通过在线课程、网络直播、虚拟课堂等形式，打破传统课堂的时空限制，让学生随时随地接受思政教育。同时利用大数据和人工智能技术，对学生的学习行为、兴趣偏好等进行精准分析，为个性化教学提供数据支持。

二是引入多元化的教学方法也是创新思政教育的关键。尝试采用案例教学、模拟演练、角色扮演等教学方法，让学生在实践中学习和思考。例如，通过模拟环保项目的策划与实施，让学生亲身体验环保工作的艰辛与乐趣，从而增强他们的环保意识和实践能力。

三是引入跨学科的教学方法，将思政教育与其他学科相结合，形成优势互补，提高思政教育的综合性和实效性。

四是注重教学方法的灵活性和多样性。在教学过程中，根据学生的实际情况和需求，灵活调整教学方法和手段，确保每个学生都能得到适合自己的教育。

保持思政教育内容的时效性，需要从多个方面入手，首先要紧跟国家政策和社会热点，确保教育内容紧跟时代步伐；其次要引入前沿理论和研究成果，为学生提供更为丰富和深入的理论支持；最后要创新教学方法和手段，提高学生的学习兴趣和参与度。这些途径的共同努力，使思政教育内容始终保持新鲜感和吸引力，为培养具有生态文明素养的高素质人才提供有力保障。

第五章　思想政治教育教学方法与手段的改革

第一节　传统思政教育方法概述

一、传统思政教育方法的特点

随着生态文明建设的深入推进，大学生思想政治教育迎来了新的挑战与机遇。传统思政教育方法在过去的岁月中发挥了重要作用，但在新的时代背景下，需要对其进行深入的反思，以适应生态文明建设的需要。下文将探讨传统思政教育方法的特点，并分析其在新形势下的适用性与局限性。

（一）传统思政教育方法注重知识灌输

传统思政教育方法的一个重要特点就是注重知识的单向灌输。在这种模式下，教师是知识的传授者，而学生则主要是知识的接受者。课堂上，教师通过系统的讲解、演示，将思政理论知识传递给学生，这种方法在特定历史阶段确实有其必要性，它能够帮助学生快速建立起对思政知识体系的基础认识，但是这种注重知识灌输的教学方法也存在明显的问题。一是它忽视了学生的主体性和主动性，学生往往只是被动地接受知识，缺乏主动思考和探索的机会。二是单纯的知识灌输容易使学生对学习产生厌倦感，缺乏学习兴趣和动力。三是这种方法过于强调理论知识的学习，而忽视了对学生实践能力和创新思维的培养。

在生态文明建设的背景下，这种传统的教学方法显然已经无法满足当代大学生的需求。为了培养具有生态文明意识的高素质人才，需要对传统的教学方法进行改革，注重学生的主体性和实践性，激发学生的学习兴趣和创新精神。例如，通过引入案例分析、小组讨论等互动式教学方法，鼓励学生主动参与、积极思考，将理论知识与实践相结合，从而更好地理解和应用思政知识。同时还应将生态文明理念融入思政教育中，引导学生关注生态环境问题，培养他们的环保意识和社会责任感。

（二）传统思政教育方法缺乏生态文明理念

传统思政教育方法在培养学生的道德品质、政治觉悟方面发挥了重要作用，但在融入生态文明理念方面却显得明显不足。在过去的教育实践中，思政教育更多地聚焦于政治理论、国家历史和社会主义核心价值观等内容，而对于生态文明和环境保护的探讨则相对较少。

这种缺乏生态文明理念的教育方法，导致学生对当前严峻的环境问题缺乏足够的认识和重视。随着全球生态环境问题的日益突出，生态文明已经成为人类社会可持续发展的重要组成部分，因此将生态文明理念融入思政教育，引导学生关注环境问题，培养他们的环保意识，显得尤为重要。

在快速发展的社会中，每个人都应该承担起保护环境的责任，但传统思政教育方法对生态文明理念的忽视，使学生在未来的生活和工作中缺乏对环境责任的认知，因而，培养学生从小关注环境、珍惜资源的意识，是思政教育不可推卸的责任。此外，缺乏生态文明理念的思政教育还影响学生的全面发展，在生态文明建设的时代背景下，具备环保意识和实践能力的人才将更具竞争力。

（三）传统思政教育方法需要与时俱进

随着时代的进步和社会的发展，传统思政教育方法已经显得捉襟见肘，亟须与时俱进以适应新的教育环境和学生需求。在当今信息化、多元化的社会中，大学生的思想观念、行为方式发生了深刻变化，这就要求思政教育方法也要进行相应的调整和更新。一是与时俱进意味着思政教育要充分利用现代信息技术，互联网、社交媒体等新兴媒介为思政教育提供更广阔的平台和更丰富的手段。通过在线课程、微课堂、互动论坛等形式，更加及时地与学生进行沟通交流，提高思政教育的吸引力和影响力。二是思政教育方法的更新还应体现在教育内容的创新上，除了传统的政治理论和道德教育，还应增加生态文明、科技创新、全球视野等与时代发展密切相关的内容。这些内容的引入不仅能够激发学生的学习兴趣，还能培养他们更全面、更深入的思维能力。

传统思政教育方法在过去的岁月中发挥了重要作用，但在新的时代背景下，需要对其进行深入的反思和改革。新的教学方法应注重学生的主体地位和实践性教学,将生态文明理念融入思政教育中,以适应生态文明建设的新要求。只有这样,才能培养出既具备扎实思政基础知识又具有生态文明意识的高素质人才,为社会的可持续发展贡献力量。

二、传统思政教育方法的优势与不足

传统的大学生思想政治教育方法在过去的岁月里,为培养一代又一代的社会主义建设者和接班人发挥了重要作用。然而随着时代的发展和教育理念的更新,这些方法也显现出了一些不足,下面将从传统思政教育方法的优势和不足两个方面进行探讨。

(一)传统思政教育方法的优势

传统的大学生思想政治教育方法具有显著的优势,这些优势为思政教育提供了稳固的基础,确保了教育的系统性和连贯性。一是传统方法注重知识的系统传授。教材经过精心编写,内容条理清晰、逻辑严密,有助于学生建立起完整的思想政治知识体系。这种系统性不仅使学生能够全面了解思政教育的核心内容,还为他们的未来发展奠定了坚实的理论基础。

二是传统方法在长期的教学实践中已经形成了相对稳定和可靠的教学模式,这种稳定性使教师和学生都能够在熟悉的教学模式中教学和学习,有利于提高教学效率和学习效果。同时经过时间的检验,这些方法被证明是行之有效的,能够帮助学生树立正确的世界观、人生观和价值观。

三是传统方法中教师的主导作用明显。教师作为知识的传授者和引导者,能够根据学生的实际情况灵活调整教学内容和方式,确保每位学生都能够得到适合自己的教育。这种灵活性使教育更加贴近学生的实际需求,提高了教育的针对性和实效性。

(二)传统思政教育方法的不足

传统的大学生思想政治教育方法虽然有其独特的优势,但也存在一些明显的不足。一是传统方法往往过于强调教师的单向传授,而忽视了学生的主体性和参与度。这种教学方式不仅限制了学生的主动性和创造性,也阻碍了他们对知识的深入理解和应用。

二是传统的教学方法相对单一,主要以讲授为主,缺乏多样性和互动性,长时间的单一教学方式容易让学生感到枯燥乏味,失去学习的兴趣和动力。这种教学方式也不利于培养学生的自主学习能力和批判性思维。

三是传统思政教育方法在内容上往往偏重于理论和概念的灌输,而与实际生活和社会现象的联系不够紧密。这导致学生难以将所学知识与现实相结合,缺乏实践经验和解决问题的能力。

四是随着时代的发展和社会需求的变化,传统教育方法未能及时融入新的教育理念和内容,如生态文明教育等,这使思政教育在某些方面与现实生活脱节,无法满足社会发展对全面发展人才的需求。

(三)传统思政教育应扬长避短

在大学生思想政治教育中,扬长避短是提升教育质量的关键。应针对传统思政教育方法的优势和不足,采取一系列措施来充分发挥其长处,同时弥补其短处。一是为了发扬传统方法的系统性优势,应该继续坚持使用精心编写的教材,并确保教学内容的连贯性和条理性,同时教师结合多媒体技术和互联网资源,使教学更加生动有趣,提高学生的学习兴趣。这样不仅能够保持传统方法的系统性,还能增加课堂的互动性和趣味性。二是为了弥补传统方法中忽视学生主体性的不足,教师采用小组讨论、角色扮演、案例分析等互动式教学方法,这些方法能够鼓励学生主动参与课堂,提高他们的学习积极性和思维能力。同时教师还应该注重培养学生的自主学习能力,通过布置研究项目、开展实践活动等方式,让学生在实践中学习和成长。三是针对传统方法教学单一的问题,教师应引入多样化的教学手段,如利用视频、音频等多媒体资源辅助教学,或者邀请专家学者举办讲座和分享,能够丰富课堂内容,提高教学效果。

传统的大学生思想政治教育方法在系统性和稳定性方面具有明显优势,为培养学生的思想政治素养奠定了基础,然而随着教育理念的更新和社会发展的需求,也应看到传统方法中存在的忽视学生主体性、教学方法单一以及缺乏生态文明教育等问题。为了提升思政教育的质量和效果,需要不断探索和改革教学方法,提升学生的参与度,丰富教学手段,并注重生态文明教育的融入。通过这样的努力,培养出既具有坚定政治立场又具备生态文明素养的新时代大学生。

三、生态文明对传统方法的挑战

随着生态文明理念的深入人心，其对大学生思想政治教育提出了新的要求和挑战，传统的思政教育方法，在面对这一全新的教育理念时，显现出了一定的不适应性。生态文明不仅是一个概念，更是一种全新的价值观和生活方式，它要求人们在处理与自然关系时持有更加和谐、可持续的态度。因此，探讨生态文明对传统思政教育方法的挑战，对于推动教育方法的改革与创新具有重要意义。

（一）生态文明要求思政教育要增强实践性和体验性

生态文明要求思政教育增强实践性和体验性，这一需求源于生态文明理念的特性和大学生思想政治教育的目标。一是生态文明理念强调的是人与自然的和谐共生，以及人类对自然环境的尊重和保护。这种理念的传递，如果仅仅停留在理论层面，很难让学生有深刻的理解和感悟，而通过实践活动，让学生亲身体验生态环境，了解环境保护的重要性，让他们能更加直观地认识到生态文明的内涵和价值。

二是思政教育的目标是培养具有社会责任感、环保意识和创新能力的新时代青年。实践性和体验性的增强，可以让学生在实际操作中学习如何保护环境，如何在日常生活中践行生态文明理念，从而提升他们的环保意识和行动力。这种教育方式远比传统的课堂讲授更加生动、有效，也更能激发学生的学习兴趣和积极性。

（二）生态文明要求思政教育注重跨学科融合

生态文明要求思政教育注重跨学科融合，这一需求反映了生态文明建设对综合性知识和多元思维的高度重视。在当今这个知识日新月异的时代，单一学科的知识已经无法满足解决复杂环境问题的需求。生态文明建设涉及生态学、环境科学、经济学、社会学、政治学等多个领域，需要综合运用这些学科的知识和方法。因此教育者在传授生态文明理念时，必须打破传统学科的界限，实现跨学科的深度融合。跨学科融合不仅有助于学生全面、深入地理解生态文明，更能培养他们的创新思维和解决问题的能力。通过引入多学科的知识，学生能学会从不同角度审视环境问题，提出更具创新性和实用性的解决方案。这种融合了多学科知识的思政教育，能够培养出既懂技术又懂政策，既了解环境又理解社会的复合型人才，从而更好地服务于生态文明建设。

为了实现跨学科融合，思政教育需要不断创新教学方式和内容，例如，开设跨学科课程，邀请不同学科的专家共同授课，组织学生进行跨学科的研究项目等。这些措施将有助于学生在多元的知识环境中成长，为未来的生态文明建设贡献智慧和力量。

（三）生态文明要求思政教育强化全球视野和国际合作

生态文明要求思政教育强化全球视野和国际合作，这一需求凸显了生态文明建设在全球范围内的紧迫性和共同责任。随着全球化的深入推进，环境问题已经超越国界，成为全球共同面临的挑战，气候变化、生物多样性保护、资源短缺等议题，需要全球各国携手应对。因此，思政教育在培养大学生的生态文明意识时，必须强化全球视野，引导学生认识到环境保护不仅是国家的责任，更是全人类的共同使命。强化全球视野意味着思政教育要关注全球性的环境问题，让学生了解不同国家和地区在生态文明建设方面的经验和做法。通过对比和借鉴，拓宽学生的思路，激发他们对全球环境治理的思考和参与热情，同时国际合作在解决全球环境问题中扮演着至关重要的角色。思政教育应鼓励学生参与国际交流与项目合作，如国际环保组织的实习、参与国际环境会议等。这些经历不仅能让学生接触到多元的文化并开阔视野，还能培养他们的国际责任感和跨文化交流能力。

生态文明对传统思政教育方法提出了多方面的挑战，包括增强实践性和体验性、注重跨学科融合以及强化全球视野和国际合作等。为了应对这些挑战，需要对传统方法进行改革与创新，探索更加符合生态文明教育理念的教学方法与手段。通过引入实践活动、跨学科融合以及国际合作等元素，让思政教育更加贴近生态文明建设的实际需求，培养出具有全球视野和综合素养的新时代大学生。

四、改革教学方法的紧迫性

在当今快速变化的社会环境中，大学生思想政治教育的传统教学方法正面临着前所未有的挑战。随着生态文明理念的兴起和全球化的加速，传统方法已难以适应新时代的需求。因此，改革教学方法不仅是对教育质量的提升，更是对大学生未来负责任的表现。改革教学方法的紧迫性不容忽视，它关乎教育的有效性、学生的全面发展以及社会的可持续进步。

（一）提升教育效果的迫切需要

在当今的高等教育领域，提升教育效果已成为一项迫切的任务，随着社会的快速发展和信息技术的不断进步，传统的教学方法已难以满足现代大学生的学习需求。特别是在思想政治教育方面，传统的灌输式教学往往让学生感到枯燥和脱离实际，导致教育效果不佳。

为了有效提升思政教育的效果，教学方法的改革显得至关重要。传统的教学方法往往侧重于教师的单向传授，而忽视了学生的参与和互动，在这种模式下，学生很难真正理解和内化所学的知识，更难以将其应用于实际生活中。因此需要引入更多元化、互动性更强的教学方法，如案例分析、小组讨论、角色扮演等，以激发学生的学习兴趣和积极性。

通过改革教学方法，创造一个更加开放、包容的学习环境，让学生在互动中探索知识，在参与中提升能力。这样的教学方式不仅能够提升学生的思政素养，还能培养他们的批判性思维、创新能力和团队合作精神。

（二）适应社会变革的必然要求

在当今社会，变革已成为常态，科技、经济、文化等各个领域都在以前所未有的速度发展，这种快速的社会变革对大学生思想政治教育提出了新的挑战和要求。传统的教学方法，侧重于知识的单向传授，已难以适应如今这种日新月异的社会形势环境。因此改革教学方法，使其更加贴合社会变革的趋势，成为思政教育适应当今时代的必然要求。

随着生态文明建设的深入推进，环境保护、可持续发展等理念日益深入人心，这要求思政教育不仅要传授理论知识，更要引导学生将这些理念转化为实际行动。引入与生态文明建设相关的实践项目，让学生亲身体验和参与，培养他们的环保意识和责任感。同时全球化进程的加速也要求思政教育具备更宽广的视野，培养学生的国际意识和跨文化交流能力，成为思政教育的新任务。通过引入国际化的教学内容和方式，如模拟联合国会议、国际文化交流等活动，帮助学生更好地适应全球化的趋势，提升他们的国际竞争力。

（三）促进学生全面发展的内在需要

在当今社会，大学生的全面发展已成为高等教育的核心目标。传统的教学方法往往偏重于知识的传授，而忽视了学生能力的培养、个性的发展和情感态度的塑造。因此改革教学方法，全面满足学生的发展需求，成为促进学生全面发展的内在需要。一是通过改革教学方法，更有效地培养学生的综合能力。除了专业知识，学生还需具备良好的沟通能力、团队协作能力、批判性思维等。采用项目式学习、情境教学等多元化的教学方法，让学生在实践中锻炼这些能力，从而为未来的职业生涯奠定坚实基础。二是教学方法的改革有助于学生的个性化发展。每个学生都有独特的兴趣和天赋，传统的教学方法往往难以顾及每个学生的差异。通过引入个性化的教学手段，如定制化的学习计划、兴趣导向的课程设计等，能更好地满足学生的个性化需求，促使他们的特长和兴趣得到充分发展。

改革教学方法的紧迫性体现在多个方面，它是提升思政教育效果的迫切需要，是适应社会变革的必然要求，也是促进学生全面发展的内在需要。因此，面对新时代的挑战和需求，必须对传统的教学方法进行深刻的反思和改革。通过引入多元化、互动性的教学手段，更新教学内容和方式，以及关注学生的个体差异和多元需求，推动思政教育的创新与发展，为培养出更多具有社会责任感、创新精神和实践能力的新时代青年贡献力量。这样的教学方法改革不仅关乎教育的质量和效果，更关乎整个社会的未来发展和进步。

第二节 创新思政教育方法的探索

一、引入生态文明理念的互动式教学法

随着生态文明理念的兴起，将生态文明理念融入大学生思想政治教育显得愈发重要。互动式教学法作为一种创新的教学手段，能够有效地促进学生对生态文明理念的理解和接受。通过引入生态文明理念的互动式教学法，不仅能激发学生的学习兴趣，还能培养他们的环保意识和责任感，从而更好地适应社会发展的需求。

（一）互动式教学法能够提升学生的学习兴趣和课堂参与度

互动式教学法以其独特的互动性和参与性，显著提升了学生的学习兴趣和课堂参与度。在传统的教学模式中，学生往往只是被动地接受知识，而在互动式教学法中，学生成为教学的主体，他们有机会主动表达观点、交流思想，这种转变极大地激发了学生的学习热情。

教师通过互动式教学，设计小组讨论、角色扮演、案例分析等丰富多样的教学活动，这些活动不仅让课堂变得更加生动有趣，还能让学生在参与过程中深入理解知识，增强学习体验。学生在互动中感受到学习的乐趣，自然会更加积极地投入学习。

（二）互动式教学法有助于培养学生的环保意识和责任感

互动式教学法在培养学生的环保意识和责任感方面发挥着重要作用。通过这一创新的教学方法，学生不仅能够更深入地理解环保的重要性，还能在实际行动中体现对环境的尊重和保护。在互动式教学中，教师结合生态文明的理念，设计具有针对性的教学活动，例如，通过组织学生进行环保主题的讨论，引导他们思考人类活动对环境的影响，以及每个人在环保中应承担的责任。这样的讨论不仅能增强学生的环保意识，还能激发他们的责任感，使他们意识到自己的行为对环境有着直接的影响。

此外，互动式教学法还通过实践活动来强化学生的环保意识和责任感。比如，教师组织学生参与垃圾分类、节能减排等环保项目，让他们亲身体验环保行动的重要性。在这些实践活动中，学生不仅能够学到环保知识，还能在行动中培养对环境的责任感，从而在日常生活中更加注重环保。更重要的是，互动式教学法能够帮助学生建立正确的生态观念，认识到人类与自然环境的和谐共生是可持续发展的基础。

（三）互动式教学法能够促进学生全面发展

互动式教学法作为一种创新的教学手段，在大学生思想政治教育中展现出显著的优势，尤其是它对学生全面发展有着积极推动作用。通过引入生态文明理念的互动式教学法，学生不仅能在知识层面获得提升，还能在能力、情感态度以及价值观等多个方面实现全面发展。一是从知识层面来看，互动式教学法通过讨论、案例分析等多样化的教学活动，帮助学生更深入地理解和掌握生态文明的相关知识。在这一过程中，学生需要主动思考和参与，这不仅加深了他们对知识的理解，还锻炼了思维能力和问题解决能力。二是在能力培养方面，互动式教学法为学生提供了大量实践机会，如通过模拟环保项目、制定解决方案等活动，学生在实际操作中提升了自己的团队协作能力、沟通能力和创新能力。这些能力对于他们未来的学术研究和职业发展都至关重要。三是互动式教学法有助于培养学生的情感态度和价值观。在引入生态文明理念的互动式教学中，教师通过引导学生关注环境问题、思考人类与自然的关系，来培养环保意识和社会责任感。同时通过与同学、老师的互动交流，学生还能学会尊重他人、接纳不同观点，形成开放、包容的态度。

引入生态文明理念的互动式教学法是一种创新且富有成效的思政教育方法，它通过激发学生的学习兴趣和参与度、培养环保意识和责任感以及促进他们的全面发展等方面的努力，为大学生思想政治教育注入了新的活力。高校在未来的教学实践中，应该积极探索和运用这种教学方法，以培养更多具备生态文明素养的新时代青年。

二、运用情景模拟与角色扮演

在大学生思政教育中，情景模拟与角色扮演作为两种富有创新性和互动性的教学方法，正逐渐受到教育者的重视。通过构建特定的情景，让学生身临其境地模拟和扮演不同角色，不仅能够激发学生的学习兴趣，还能有效提升他们对思政知识的理解与应用能力。这种方法旨在创造一种更加生动、真实的学习环境，帮助学生更好地理解和把握思政教育的核心要义。

（一）情景模拟与角色扮演能够增强学生对思政知识的理解和应用能力

情景模拟与角色扮演作为创新的教学方法，在大学生思想政治教育中特别是在增强学生对思政知识的理解和应用能力方面展现出了明显的效果。通过构建逼真的情景，学生可以置身于实际的社会环境中，情景模拟为学生提供了一个将理论知识转化为实践操作的平台。在这样的环境中，学生不再是被动地接受知识，而是需要主动地运用所学的思政知识去分析问题、解决问题。例如，教师可以设定一个关于社会道德抉择的情景，让学生在模拟中体验不同选择带来的后果，从而深刻理解道德规范的重要性。

角色扮演则让学生有机会站在不同的角度思考问题。扮演不同的角色，学生需要代入该角色的立场和情感，这不仅能增强他们的同理心，还能帮助他们更全面地理解社会现象和问题。在角色扮演中，学生会遇到与自己原有观念相冲突的情况，这种冲突会促使他们深刻反思，进而调整或完善自己的思想体系。

这两种教学方法的结合使用，使学生在模拟和扮演的过程中不断运用、检验和巩固所学的思政知识。他们不仅能在实践中深化对理论知识的理解，还能提升将这些知识应用于实际情境的能力。这种能力的提升，对于学生未来走向社会、参与社会实践具有重要意义。

（二）情景模拟与角色扮演有助于培养学生的团队协作和沟通能力

在大学生思想政治教育中，情景模拟与角色扮演不仅是创新的教学方法，更是培养学生团队协作能力和沟通能力的有效途径。情景模拟活动往往需要学生分组进行，每个小组内的成员需要共同协作完成任务。在这样的环境下，学生必须学会倾听他人的意见，表达自己的观点，协调不同的利益和目标，以确保团队的整体进步。通过情景模拟，学生逐渐认识到团队协作的重要性，并学会如何在团队中发挥自己的作用，为团队的成功做出贡献。

角色扮演则进一步强化了学生的沟通能力，在扮演不同角色的过程中，学生需要站在角色的角度去思考、去表达，这要求他们具备较高的语言表达能力和情绪传递能力。通过与团队成员的互动，学生逐渐学会如何更有效地传达自己的想法，同时学会了如何接收和理解他人发出的信号。

这两种教学方法都强调了学生之间的互动和合作，使学生在实践中锻炼了团队协作和沟通能力。他们学会了如何在团队中定位自己，如何与他人建立良好的沟通与合作关系，这对于他们未来的职业发展和社会生活都具有重要意义。

（三）情景模拟与角色扮演能够促进学生的情感投入和价值观塑造

情景模拟与角色扮演这两种教学方法，以其独特的互动性和参与性，极大地促进了学生的情感投入，并对他们的价值观塑造产生了深远影响。在情景模拟中，学生身临其境地参与模拟活动，能够更加直观地感受到各种社会情境下人们的情感和态度。这种直接的情感体验让学生更加容易地投入学习，对思政教育的内容产生浓厚的兴趣。角色扮演则要求学生代入不同的社会角色，从角色的视角出发去思考和行动。在这一过程中，学生不仅需要理解角色的情感和立场，还需要在模拟的情境中做出决策和行动，这种深入的参与让学生更加真切地体会到不同角色的责任和担当，从而引发他们内心深处的共鸣。更为重要的是，这两种教学方法在促进学生情感投入的同时，也对他们的价值观有着潜移默化的影响。通过模拟和扮演，学生能够更加清晰地认识到社会的多样性和复杂性，进而学会尊重和理解不同的观点和立场。

情景模拟与角色扮演作为两种富有创新性的思政教育方法，通过增强学生的理解和应用能力、培养团队协作和沟通能力、促进情感投入和价值观塑造等方面的努力，为大学生思想政治教育注入了新的活力。在未来的教学实践中应积极探索和运用这两种方法，结合具体的教学内容和目标，设计更多具有针对性和实效性的模拟活动。同时需要关注学生的个体差异和需求，确保每个学生都能在模拟活动中得到充分的发展和提升。

三、项目式学习与生态文明实践相结合

项目式学习是一种以学生为中心，以解决实际问题为导向的教学方法。在大学生思想政治教育中，将项目式学习与生态文明实践相结合，不仅能够提升学生的实践能力，还能深化他们对生态文明重要性的理解。这种结合旨在通过实际操作，让学生亲身体验生态文明建设的紧迫性，从而培养他们的环保意识和社会责任感。

（一）项目式学习能够提升学生的实践能力和问题解决能力

项目式学习作为一种以学生为中心的教学方式，近年来在教育领域备受推崇，它将学生置于真实的问题解决环境中，通过实际操作与实践，显著提升了学生的实践能力和解决问题的能力。在项目式学习中，学生不再是被动地接受知识，而是需要主动地探索、研究和解决问题，这种学习方式鼓励学生走出教室，将课堂所学的理论知识应用于实际情境中。例如，在生态文明建设的项目中，学生需要进行实地调研，收集和分析数据，最终提出解决方案，这一系列过程不仅

要求学生掌握扎实的专业知识，更需要他们具备将知识转化为实际行动的能力。

通过参与项目式学习，学生能够在实践中不断摸索、试错，从而积累宝贵的经验。这种经验不仅有助于他们更好地理解和掌握专业知识，更能提升他们的实践能力。同时面对项目中的各种挑战和问题，学生需要运用创新思维和批判性思维，寻找最佳的解决方案。这一过程无疑会锻炼学生解决问题的能力，使他们在未来遇到类似问题时能够迅速做出反应，找到有效的应对策略。

（二）生态文明实践能够深化学生对生态文明重要性的理解

生态文明实践是提升学生环保意识、深化对生态文明重要性理解的重要途径。通过亲身参与实践活动，学生能够直观地感受到人类活动对环境的影响，以及保护环境的紧迫性和必要性。这种实践不仅让学生将课堂上学到的抽象概念转化为具体行动，更使他们在心灵深处对生态文明有了全新的认识和感悟。

在实践中学生会目睹污染对环境的破坏，看到动植物栖息地的丧失，感受到气候变化给地球带来的威胁，这些直观的体验远比课堂上的文字描述更加震撼人心，会深深烙印在学生的记忆中，成为他们未来生活中的重要指引。通过实践，学生不仅能够体会生态文明建设的紧迫性，更能体会作为地球公民的责任和使命。

生态文明实践还能帮助学生将环保理念内化为自己的行为准则。当学生在实践中亲身体验到环保的重要性后，会在日常生活中更加注重节约资源、减少污染，形成良好的环保习惯。这种习惯的养成不仅对学生个人的成长有益，更能对周围的环境产生积极的影响，进而推动整个社会的生态文明建设。

（三）项目式学习与生态文明实践的结合有助于培养学生的社会责任感

项目式学习与生态文明实践的结合，不仅提升了学生的实践能力和对生态文明的理解，更在无形中培养了他们的社会责任感。这种学习方式让学生意识到，作为社会的一员，他们肩负着保护环境、促进社会和谐发展的重任。在项目式学习中，学生通常以团队的形式，围绕特定的生态文明主题展开实践，这样的学习过程，不仅要求学生关注环境问题，还促使他们思考如何通过自己的努力来改善现状。在团队合作中，每个学生都扮演着重要的角色，他们的行动直接影响到项目的进展和成果，这种责任感促使学生更加认真地对待每一次实践，努力为团队做出贡献。同时生态文明实践让学生深刻体会到人类活动对环境的影响，当他们看到自己的行为能够直接改善环境质量，或者对生态系统产生积极影响时，会油然而生一种成就感和自豪感。这种正面的反馈进一步强化了他们的社会责任感，使他们更加愿意为社会的可持续发展贡献力量。

四、利用信息技术提升思政教育效果

在信息化的今天，信息技术已成为推动教育变革的重要力量。大学生思想政治教育也应紧跟时代步伐，充分利用信息技术提升思政教育效果。

（一）信息技术丰富了思政教育的教学手段

随着科技的飞速发展，信息技术为思政教育注入了新的活力，丰富了教学手段。传统的思政教育往往局限于课堂讲授，形式较为单一，难以充分激发学生的学习兴趣。然而信息技术的引入彻底改变了这一状况，如今教师可以利用PPT、视频、音频等多媒体技术，将抽象的思政理论以更加直观、生动的方式呈现出来，这种多媒体教学方法不仅提升了课堂的趣味性，还能帮助学生更好地理解和掌握知识。

此外，网络教学资源也为思政教育提供了广阔的空间，教师可以通过在线教育系统等网络平台，为学生提供丰富的学习材料和互动机会。学生可以随时随地进行在线学习，与教师和同学进行实时交流，从而打破了时间和空间的限制，使思政教育更加灵活和便捷。

同时虚拟现实和增强现实等先进技术也在思政教育中展现出了巨大的潜力，这些技术能够为学生创造身临其境的学习体验，让他们在模拟的环境中感受历史的沧桑、社会的变迁，从而加深对思政知识的理解。

（二）信息技术增强了学生的学习兴趣和参与度

信息技术以其独特的魅力和互动性，显著增强了学生对思政课程的兴趣和参与度。传统的教学方式让学生感到枯燥，但信息技术的引入使学习过程更加生动有趣。例如，在线互动平台和讨论区的设置，鼓励学生随时发表自己的观点，与教师和同学进行实时交流，这种即时的反馈机制让学生感受到自己的声音被重视，从而更加积极地参与到课堂讨论中。

同时，动画、模拟实验、在线游戏等多媒体手段的运用，使思政教育材料变得更加生动有趣，吸引了学生的注意力，这种"寓教于乐"的方式，不仅提升了学生对思政知识的理解，还让他们在享受学习过程的同时更加主动地探索和思考。因此，信息技术的巧妙运用，成功地点燃了学生对思政课程的学习热情，提高了他们的课堂参与度，为思政教育注入了新的活力。这种教学方式的革新，对于培养学生的主动学习态度和批判性思维具有重要意义。

（三）信息技术使思政教育更加生动、有趣且富有成效

信息技术的融入，为思政教育带来了革命性的变化，使这一教育领域变得更加生动、有趣且教学效果显著提升。通过信息技术的辅助，原本抽象的思政理论转化为形象的图表、动画或视频，这种视觉化的展现方式让学生更直观地理解知识的内涵。比如，通过历史事件的动画重现，学生仿佛置身于那个时代，感受历史的波澜壮阔，这样的教学方式无疑比单纯的文字描述更具吸引力。同时信息技术还为思政教育提供了丰富的互动环节，在线测试、模拟实践、角色扮演等多样化的教学活动，让学生在参与中体验知识的乐趣，不仅增强了学习的趣味性，还加深了学生对思政知识的理解和记忆。更重要的是，信息技术使思政教育不再局限于课堂，而是延伸到学生的日常生活中，学生通过手机、计算机等终端设备，随时随地访问学习资源，进行自主学习和巩固。这种灵活的学习方式，极大地提高了学生的学习效率和思政教育的实效性。

利用信息技术提升思政教育效果是当代大学生思想政治教育的重要创新方向，信息技术不仅丰富了思政教育的教学手段，还增强了学生的学习兴趣和参与度，使思政教育更加生动、有趣且富有成效。在未来的教学实践中应继续探索信息技术的更多应用场景，不断优化和完善思政教育体系。同时要关注学生的个性化需求和学习特点，充分发挥信息技术的优势，为培养具有高度社会责任感和历史使命感的新时代青年贡献力量。

第三节　多元化教学方法在思政教育中的应用

一、多元化教学方法的意义

在当今高等教育领域，传统的单一教学方法已难以满足大学生的学习需求，特别是在思政教育这一关键领域，采用多元化教学方法显得尤为重要。多元化教学方法不仅能够激发学生的学习兴趣，还能提升他们的学习效果，培养出更具创造力和批判性思维的人才。因此，探究多元化教学方法在思政教育中的应用，对于提升教育质量、培养合格的社会主义建设者和接班人具有重要意义。

（一）多元化教学方法有助于激发学生的学习兴趣

多元化教学方法在思政教育中的应用，有效地激发了学生的学习兴趣。传统的教学方式往往以单一的课堂讲授为主，容易使学生感到枯燥乏味，缺乏学习动力。然而多元化教学方法通过引入小组讨论、案例分析、角色扮演等丰富多样的教学活动，使思政课堂变得生动有趣。

这些新颖的教学方法让学生成为课堂的主体，鼓励他们积极参与、主动思考。在小组讨论中，学生们围绕某一主题展开热烈讨论，各抒己见，相互启发。案例分析则让学生通过分析真实事件，将理论知识与实际应用相结合，增强了学习的实用性。角色扮演更是让学生身临其境地感受不同角色的思考与决策过程，加深了对思政知识的理解。[1]

（二）多元化教学方法有利于培养学生的创造力和批判性思维

多元化教学方法在思政教育中的实施，不仅使教学更加生动有趣，更重要的是有利于培养学生的创造力和批判性思维。在这些方法的引导下，学生不再是被动地接受知识，而是成为主动的探索者和思考者。

通过参与小组讨论、案例研究等活动，学生从不同角度审视问题，提出自己

---

[1] 席智芳，沈洪艳．生态文明观培育视野下的大学生思想政治教育创新探索[J]．环境工程，2022（8）:285.

的见解,这极大地提升了他们独立思考的能力。同时面对复杂的社会现象和思政议题,学生需要学会辨别是非、评判优劣,这一过程中学生的批判性思维也得到了有效锻炼。①

此外,多元化教学方法还为学生提供了广阔的创新空间,在解决实际问题的过程中,学生需要发挥创造力,找到新颖的解决方案。这种教学模式不仅让学生在学习过程中获得了知识、培养了技能,更培养了他们的创新意识和批判分析能力,为他们未来成为具有独立思考能力和创新精神的优秀人才奠定了坚实基础。

(三)多元化教学方法能够提升思政教育的实效性

多元化教学方法在思政教育中的运用,显著提升了教育的实效性。传统的思政教育往往侧重于理论传授,但多元化教学方法通过融入更多实践性和互动性的元素,使思政教育更加贴近学生的生活实际,增强了教育的感染力和说服力。

一是多元化教学方法通过引入案例分析、情景模拟等教学手段,学生能在具体情境中体验和感悟思政理论,这种情境化的学习方式让学生更容易理解和接受思政知识,同时能够更好地将这些知识应用到实际生活中去。比如,通过分析社会热点案例,学生能更直观地了解社会责任和道德规范的重要性,从而在日常生活中更加注重个人行为的社会影响。

二是多元化教学方法强调学生的参与和互动,这有助于提升学生的自我认知能力和社会认知能力。在小组讨论、角色扮演等活动中,学生需要与他人合作、交流和分享,这不仅锻炼了他们的沟通能力和团队协作精神,还让他们更加了解社会的多元性和复杂性。这种互动式的学习方式使思政教育不再是空洞的说教,而是成为学生自我成长和适应社会的重要过程。

多元化教学方法在思政教育中的应用具有重要意义,它不仅能够激发学生的学习兴趣,提高他们的学习效果,还能培养学生的创造力和批判性思维,进而提升思政教育的实效性。在未来的教学实践中应该积极探索和应用多元化教学方法,不断优化和完善思政教育体系。同时要关注学生的个性化需求和学习特点,充分发挥多元化教学的优势,为培养具有高度社会责任感和历史使命感的新时代青年贡献力量。

---

① 史程程.思想政治教育视域下大学生生态文明观教育策略研究[J].吉林教育,2023(5):32-34.

二、案例教学法的实施与效果

案例教学法是一种以案例为基础的教学方法，它通过具体、真实的案例来引导学生进行分析、讨论，以培养学生的分析、解决问题的能力。在大学生思想政治教育中，案例教学法的引入不仅丰富了教学手段，更提高了学生的学习兴趣和实践能力。下文将深入探讨案例教学法的实施方式及其在大学生思政教育中的效果。

（一）案例教学法的实施方式

案例教学法是一种以具体案例为基础的教学方法，它通过引导学生分析、讨论真实或模拟的案例，来培养学生的分析、解决问题的能力。以下是案例教学法的具体实施方式。

（1）选择恰当的案例。教师需要根据教学内容和目标，选择具有代表性、真实性和启发性的案例，案例应与学生的生活经验和认知水平相契合，以便更好地激发学生的兴趣。

（2）案例的展示与引入。教师可以通过多媒体、讲述、角色扮演等方式生动地展示案例，在展示案例前，教师应设计好导入语，明确案例与教学内容的关联，激发学生的好奇心。

（3）设置问题与引导讨论。教师需要根据案例内容设计一系列问题，引导学生进行深入分析，问题设置应由浅入深，从案例的表面现象逐步深入到其背后的原因、影响和解决方案。教师应鼓励学生自由地发表观点，引导他们展开讨论，促进思维的碰撞和交流。

（4）小组讨论与全班分享。学生可以分成小组进行讨论，每个成员都有机会发表自己的看法，小组讨论后，各小组可以选派代表在全班进行分享，展示本组的讨论成果。

（5）教师总结与点评。在学生讨论的基础上，教师需要对案例分析情况进行总结，明确案例中的关键点和教学要点。教师还应对学生的讨论进行点评，肯定他们的积极思考，同时指出讨论中的误区和存在的不足。

（6）案例的延伸与拓展。教师可以引导学生思考案例的延伸问题，或者提供相关的拓展材料，帮助学生进一步加深对案例的理解和应用。

（二）案例教学法在提升学生学习兴趣方面的效果

案例教学法在大学生思想政治教育中的应用显著提升了学生的学习兴趣。传统的教学方式往往侧重于理论知识的灌输，学生容易感到枯燥乏味，而案例教学法通过引入生动、具体的案例，让思政课堂变得更加生动有趣。

具体而言，案例教学法通过真实的案例情境，将学生带入实际问题的解决过程中，这种教学方式不仅能让学生有机会亲身参与分析、讨论，还能让他们在实际操作中感受到学习的乐趣和实用性。当学生面对真实、具有挑战性的案例时，他们的好奇心和探索欲被充分激发，从而更加主动地投入学习。此外，案例教学法还鼓励学生之间的交流与合作。在小组讨论和全班分享环节，学生有机会表达自己的观点，倾听他人的想法，这种互动与交流不仅增强了学生的沟通能力和团队协作精神，还让他们在学习过程中获得了成就感和归属感。

通过案例教学法，学生不再是被动的接受者，而是成为主动的学习者和探索者。他们在分析案例、解决问题的过程中，不仅加深了对思政知识的理解，还培养了独立思考和解决问题的能力。这种教学方式让学生感受到思政教育的实用性和趣味性，从而极大地提升了他们的学习兴趣。

（三）案例教学法在培养学生实践能力方面的效果

案例教学法在大学生思想政治教育中展现出了显著的效果，特别是在培养学生实践能力方面。通过引入真实案例，学生得以置身于具体情境中，从而在实践中锻炼解决问题的能力。案例教学法使学生能够将理论知识与实际操作相结合，在分析案例的过程中，学生不仅需要运用所学的思政理论知识，还需要结合实际情况，提出切实可行的解决方案。这种理论与实践相结合的学习方式，极大地提升了学生的实践能力。此外，案例教学法鼓励学生主动探索和尝试。在面对案例时学生需要独立思考，从不同角度审视问题，并寻找最佳解决方案。这一过程不仅培养了学生的创新思维，还提高了他们面对实际问题时的应变能力。通过案例教学法的实践，学生还学会了如何收集、整理和分析信息，这是现代社会中不可或缺的实践技能。在案例讨论中，学生需要综合运用各种信息来支持自己的观点，这锻炼了他们的信息处理能力和逻辑思维能力。最后案例教学法通过模拟真实情境，让学生在安全的环境中试错和学习，这种模拟实践的经历，使学生在未来面对真实社会问题时能够更加自信、从容地应对。

案例教学法在大学生思想政治教育中具有重要的应用价值，通过精心设计和实施，这种教学方法不仅激发了学生的学习兴趣，还培养了他们的实践能力和创新思维。在未来的思政教育中应进一步推广和应用案例教学法，不断优化和完善教学方案，以满足学生的学习需求和提高教育质量。同时教师也要不断地提升自己的专业素养和教学能力，以更好地引导学生进行分析、讨论和实践，培养出更多具有社会责任感和历史使命感的新时代青年。在实施案例教学法时，还需要注意与其他教学方法的结合使用，从而形成优势互补，共同促进学生的全面发展。此外，案例教学法也要求教育者具备较高的教学水平和组织能力，以便更好地引导学生、促进课堂互动，确保教学效果的最大化。

三、小组讨论与研讨会的组织

在生态文明视角下的大学生思想政治教育中，小组讨论与研讨会的组织是一种极为重要的教学方法。这种方法不仅能够提高学生的参与度，还能培养他们的团队协作能力、批判性思维以及解决问题的能力。下文将深入探讨小组讨论与研讨会的组织方式的确定及其在思政教育中的应用效果。

（一）小组讨论与研讨会的组织方式的确定

为了确保活动的顺利进行和达到预期效果，其组织方式须精心策划与安排。一是确定讨论或研讨的主题至关重要。教师应根据教学内容和目标，选择既具有探讨价值又能激发学生兴趣的主题，这不仅能保证讨论的深度，还能调动学生的积极性。[1]

二是小组的划分也是关键环节。教师应综合考虑学生的性格、兴趣、学术背景等因素，确保每个小组内的成员能够形成互补，从而丰富讨论的内容和视角。同时小组人数要适中，既要保证每个人都有发言的机会，又能形成充分的讨论氛围。

三是在讨论或研讨会进行过程中，教师的角色不容忽视。他们不仅是活动的组织者，更是引导者和促进者。教师需要设定明确的讨论规则，确保每个学生都能尊重他人，有序发言；同时教师还要密切观察每个小组的讨论情况，及时给予

---

[1] 陈根红. 思想政治教育视角下的大学生生态文明教育的价值与体现 [J]. 湖南工业职业技术学院学报，2023, 23 (3):66-70.

指导和帮助，确保讨论内容不偏离主题。

（二）小组讨论与研讨会在提高团队协作能力方面的作用

在大学生思想政治教育中，小组讨论与研讨会作为一种互动式学习方式，对于提高学生的团队协作能力具有显著的作用。一是小组讨论为学生提供了一个共同参与、互相合作的环境。在这样的环境中，每个学生都有机会发表自己的观点，同时要倾听和理解他人的想法。这种互动过程促进了学生之间的交流与沟通，使他们学会如何在团队中有效地表达自己的意见，同时接纳和尊重他人的观点。

二是通过小组讨论，学生能够学会如何在团队中分工合作。在讨论过程中，不同的学生会负责资料收集、观点整理、汇报演示等不同的任务。这种分工合作不仅提高了工作效率，还能让学生意识到每个人都有自己的长处和不足，从而更加珍视团队合作的力量。

三是研讨会的形式可以进一步强化学生的团队协作精神。在研讨过程中，学生需要围绕特定主题进行深入探讨，这要求他们不仅要有个人见解，还要学会在团队中寻求共识。通过不断的讨论与协商，学生能够培养出一种以团队利益为先的思维方式，这对于他们未来在工作和生活中的团队协作至关重要。

四是小组讨论与研讨会还能帮助学生建立起良好的人际关系。在讨论过程中，学生之间的互相了解，感情逐渐加深，彼此之间的信任感也会增强。

（三）小组讨论与研讨会在培养批判性思维和解决问题能力方面的效果

小组讨论与研讨会在大学生思想政治教育中，对于培养学生的批判性思维和解决问题能力展现出了显著的效果。在小组讨论中，学生被鼓励从不同角度审视问题，提出各自的观点，并对他人的看法进行合理的质疑和反思。这一过程极大地促进了学生批判性思维的发展，他们不再仅仅是接受现有知识，而是开始学会独立思考，对信息进行深入分析和评价。这种思维方式的培养，对于学生未来面对复杂社会问题时能够做出明智的判断和决策至关重要。同时通过研讨会的形式，学生们围绕特定主题展开深入探讨，这不仅要求他们具备扎实的知识基础，还需要在讨论中灵活运用所学知识解决实际问题。这种实践性的学习方式极大地提升了学生解决问题的能力，他们在研讨中学会了如何分析问题、提出假设、收集证据并验证结论，这一系列过程正是解决实际问题所必需的技能。此外，小组讨论与研讨会还为学生提供了一个安全的学习环境，在这里他们可以自由地表达自己的观点，接受来自同伴的反馈，不断调整和完善自己的思考。

小组讨论与研讨会的组织是生态文明视角下大学生思想政治教育中一种有效的教学方法，通过合理的组织和引导，这种方法能够提高学生的团队协作能力、批判性思维和解决问题的能力。在实施过程中还需要注意与其他教学方法相结合使用，以形成优势互补。此外，小组讨论与研讨会也要求教育者具备较高的教学水平和组织能力，以便更好地设计讨论主题、分组方式以及引导策略，确保教学效果的最优化。

四、在线学习与混合式教学模式

随着信息技术的迅猛发展，在线学习和混合式教学模式已成为高等教育领域的重要创新形式，在生态文明视角下的大学生思想政治教育中，这两种教学模式同样展现出了巨大的潜力和价值。它们不仅能够突破时间和空间的限制，提供更加灵活多样的学习方式，还能有效地促进学生自主学习和协作学习能力的培养。下文将深入探讨在线学习与混合式教学模式在思政教育中的应用及其带来的变革。

（一）在线学习在思政教育中的优势与实践

在线学习作为一种新兴的教育形式，其在思政教育中展现出了灵活性和便捷性的优势，并在实践中得到了广泛的应用。传统思政教育往往受限于固定的课堂时间和空间，而在线学习则打破了这些限制，学生可以根据自己的时间安排进行学习，无论在宿舍、图书馆还是家中，都能随时接收学习资源，进行自主学习。这种灵活性极大地提高了学习效率，也使学习更加个性化。

此外，在线学习资源丰富多样，为思政教育提供了更广阔的内容选择。通过网络平台，学生可以接触到来自不同领域、不同视角的思政观点，从而拓宽思维视野，增强对思政理论的深入理解和应用。

在实践方面许多高校已经将在线学习融入到思政课程中，例如，利用在线视频讲座、互动讨论区等功能，教师可以上传精心准备的课件和讲解视频，供学生随时随地学习。同时学生还可以通过在线测试、作业提交等方式巩固所学知识，并及时获得教师的反馈和指导。

（二）混合式教学模式在思政教育中的创新应用

混合式教学模式在思政教育中展现了显著的创新性，通过线上线下相结合的方式，有效提升了学习体验和教学效果。以下是混合式教学模式在思政教育中创新应用的几个方面。

（1）定制化学习路径。混合式教学模式允许教师根据学生的个体差异和学习需求，设计定制化的学习路径，例如，在思政课程中，教师根据学生的兴趣和专业背景，推荐不同的学习资源和案例，从而使学生学习更加投入和感兴趣。

（2）互动与参与度的提升。通过在线平台，学生参与到课程讨论、小组协作等活动中，这不仅提升了学生的参与度，还加强了师生之间以及生生之间的互动。例如，教师可以设置在线讨论话题，引导学生就思政相关议题进行深入探讨，激发学生的思辨能力和批判性思维。

（3）自主学习能力的培养。混合式教学模式鼓励学生进行自主学习，学生可以在线预习、复习课程内容，自主选择学习进度和学习方式。这种自主学习模式有助于培养学生的自我管理能力和终身学习习惯，对思政教育有着积极的长远影响。

（4）及时反馈与评估。在线学习平台可以提供及时的学习反馈和评估机制，通过在线测验、作业提交等功能，学生可以及时了解自己的学习进度和效果，教师也能根据学生的学习数据调整教学策略，实现更精准的教学。

（5）灵活的教学安排。混合式教学模式结合了线上线下的教学方式，使教学安排更加灵活，面授课程可以根据学生的时间安排进行调整，减少时间冲突，同时在线学习部分可以随时随地进行，充分利用了碎片时间。

（三）在线学习与混合式教学模式对思政教育生态的深远影响

在线学习与混合式教学模式的兴起，对思政教育生态产生了深远影响。这种影响不仅体现在教学方式上，更深入教育理念和教育环境的变革中。一是这两种教学模式极大地丰富了思政教育的资源和手段。传统的思政教育受限于教材和教师的讲授，而在线学习提供了海量的网络资源和多媒体教学内容，使思政教育的内容更加生动、具体。混合式教学模式则将这些线上资源与线下教学资源有机结合，为学生提供了更多元化的学习体验。

二是这两种教学模式促进了学生自主学习能力的提升。在线学习赋予学生更多自主选择的空间，学生可以根据自己的兴趣和需要进行学习，这种自主学习的方式有助于培养学生的独立思考能力和创新精神。混合式教学模式通过线上线下的结合，让学生在教师的引导下进行自主学习，进一步提升了学生的学习效果。

三是这些新型教学模式加强了师生互动，使教学更加贴近学生实际。在线平台上的讨论区、问答功能等，都为学生和教师提供了便捷的沟通渠道。混合式教学模式中的线下课堂，也为师生提供了面对面交流的机会。这种互动不仅有助于解决学生在学习过程中遇到的问题，还能增强师生之间的情感联系。

在线学习和混合式教学模式在生态文明视角下的大学生思想政治教育中展现出了显著的优势和潜力，它们不仅提供了更加灵活多样的学习方式，还能有效促进学生的自主学习和协作学习能力。在未来的思政教育中，应进一步探索和应用这些新型教学模式，不断优化和完善教学方案，以满足学生的学习需求和提高教育质量。同时需要关注这些教学模式带来的挑战和问题，如学生学习自律性的培养、在线学习资源的有效利用等，以确保其能够真正为思政教育的发展和创新贡献力量。

第四节 以学生为中心的互动式教学模式构建

一、以学生为中心的教学理念

在生态文明视角下，大学生思想政治教育需要与时俱进，积极探索新的教学方法，以学生为中心的教学理念，正是这一探索中的重要方向。下文将深入探讨以学生为中心的教学理念在大学生思想政治教育中的应用及其意义。

（一）以学生为中心的教学理念有助于提升学生的主体地位

以学生为中心的教学理念是现代教育改革的重要方向，它强调学生在学习过程中的主体地位，鼓励学生积极参与和主导自己的学习。在大学生思想政治教育中,这一理念的应用显著提升了学生的主体地位,使他们从被动的学习者转变为知识的主动探索者和实践者。

一是以学生为中心的教学理念鼓励学生主动思考和探索。在传统的以教师为中心的教学模式中,学生往往只是被动地接受知识。而现在,通过引导学生提出问题、分析问题并寻找解决方案,学生能够在思政课堂上主动思考,深入探讨生态文明等议题,从而更深刻地理解和掌握知识。

二是这一理念促进了学生之间的交流与合作。以学生为中心的课堂通常采用小组讨论、角色扮演等互动形式,这就要求学生之间进行深入的交流和协作。在这种环境中,学生不仅能够表达自己的观点,还能学会倾听他人的意见,从而培养他们的团队协作能力和沟通技巧。

三是以学生为中心的教学理念还有助于培养学生的自主学习能力。在这种模式下,教师需要引导学生学会如何独立获取信息、分析问题和解决问题。

(二)以学生为中心的教学理念能够促进学生的个性化发展

在大学生思想政治教育中,以学生为中心的教学理念不仅提升了学生的主体地位,更能够促进他们的个性发展。这一理念认识到每个学生都是独一无二的个体,具有各自的兴趣、特长和发展潜力。以学生为中心的教学理念重视并尊重学生的差异性。在传统的教学模式中,学生往往被要求适应统一的教学内容和进度,这在一定程度上限制了学生的个性化发展。而现在教师根据每个学生的特点、兴趣和需求,提供定制化的学习资源和指导,从而帮助学生发现和发展自己的潜能。

此外,以学生为中心的教学理念鼓励学生自主选择学习内容和方式,学生根据自己的兴趣和目标,选择适合自己的学习路径和资源,这有助于培养他们的自主学习能力和创新思维。同时,教师也会提供多样化的教学方法和手段,以满足不同学生的学习风格和需求。

(三)以学生为中心的教学理念有助于构建和谐的师生关系

在大学生思想政治教育中,以学生为中心的教学理念对构建和谐的师生关系起到了至关重要的作用。这一理念强调学生的主体性和参与性,使教师和学生之间的关系更加平等、互动和融洽。一是以学生为中心的教学理念拉近了师生之间的距离。在这种教学模式下，教师不再是高高在上的知识传授者，而是转变为学生学习过程中的引导者和支持者。教师会更加关注学生的需求和困惑，积极与他们进行沟通交流，从而建立起亲密而信任的关系。

二是以学生为中心的教学理念促进了师生之间的互动与合作。在课堂上教师鼓励学生提出问题、发表观点，自己也积极参与到学生的讨论中。这种互动不仅增强了学生的学习体验，也让教师更好地了解学生的学习情况和思想动态，从而能够更有针对性地给予指导和帮助。

三是以学生为中心的教学理念有助于培养师生之间的共同目标和价值观。在思政教育中，教师和学生共同探讨生态文明等社会议题，形成共同的责任感和使命感。

以学生为中心的教学理念是大学生思想政治教育中的重要创新方向，通过提升学生的主体地位、促进学生的个性化发展以及构建和谐的师生关系，这种教学理念能够有效提高思政课堂的教学效果和学生的学习质量。

二、互动式教学模式的设计与实施

在生态文明视角下，大学生思想政治教育需要创新教学方法，以适应新时代的教育需求。互动式教学模式作为一种以学生为中心的教学方法，强调学生的参与和互动，对于提高教学效果、培养学生的综合素质具有重要意义。下面将深入探讨互动式教学模式的设计与实施，以期为大学生思想政治教育提供新的思路和方法。

（一）互动式教学模式的设计原则

互动式教学模式的设计应遵循以下几个核心原则，以确保教学的有效性和学生的积极参与。一是要遵循学生中心原则。这意味着在整个教学设计过程中，应始终将学生的需求、兴趣和能力放在首位。教学内容、方法和节奏都应根据学生的实际情况进行调整，确保学生能够在互动中主动探索、积极学习，实现自我成长。

二是实践性原则也至关重要。互动式教学模式不应仅停留在理论层面，而应紧密结合实际，让学生在实践中学习和运用知识。通过模拟真实场景、解决实际问题等方式，增强学生的实践能力和解决问题的能力。

三是创新性原则也是设计互动式教学模式时需要考虑的。在教学过程中，教师应鼓励学生发散思维，勇于尝试新事物，培养学生的创新意识和创造力。同时教师自身也应不断创新教学方法和手段，以适应不断变化的教育环境和学生需求。

四是合作性原则也不容忽视。互动式教学模式强调学生之间、师生之间的合作与交流。通过小组合作、角色扮演等方式，促进学生之间的沟通与合作，共同解决问题，提高学生的团队协作能力。

（二）互动式教学模式的实施策略

互动式教学模式的实施需要精心策划和灵活调整，以下是一些关键的实施策略。一是情境创设是互动式教学的基石。教师通过讲述生动的故事、展示相关视频或图片，或者组织学生实地考察，来创设与教学内容相关的情境。这样做能够迅速吸引学生的注意力，激发他们的学习兴趣，为后续的互动教学奠定良好的基础。

二是问题引导是互动式教学的核心。教师应精心设计问题，这些问题既要紧扣教学内容，又要能引发学生的思考。教师通过提问引导学生逐步深入探究，发现问题的答案，并在这个过程中培养学生的分析能力和解决问题的能力。

三是小组合作是互动式教学的重要手段。教师根据学生的兴趣、能力等因素，将他们分成不同的小组，并给每个小组分配明确的任务。在小组合作中，学生可以相互讨论、交流意见，共同完成任务，这不仅能培养学生的团队协作能力，还能让他们在合作中互相学习、共同进步。

四是成果展示是互动式教学的亮点。每个小组完成任务后，可以进行成果展示，向全班同学分享他们的发现和收获。这不仅能增强学生的自信心和表达能力，还能让其他同学从中学到新的知识和方法。同时教师可以根据学生的展示情况，给予及时的反馈和指导，帮助他们更好地掌握知识。

（三）互动式教学模式的效果评估

互动式教学模式的效果评估是衡量该教学模式成功与否的关键环节，它涉及多个方面的考量。

（1）学习成绩的提升。通过对比学生在互动式教学模式下的成绩与传统模式下的成绩，可以直观地看到学生是否在学习成绩上有所提高。如在某项研究中，实施互动式教学模式后，学生的平均成绩提高了10%，这有力地证明了该模式对学生学习成绩具有积极影响。

（2）学生参与度和积极性的增强。观察学生在课堂上提问次数、回答问题的准确性等方面的表现，是评估学生参与度和积极性的有效方法。据一项调查显示，在互动式教学模式下，学生平均每节课上的提问次数增加了50%，且回答问题的准确率也有所上升。

（3）教师角色的转变与教学效果。在互动式教学模式中，教师从传统的知识传授者转变为引导者和协调者，评估时观察教师是否能够有效地引导学生思考、发现问题并解决问题，同时通过学生反馈和教学评价来衡量教师的教学效果。

（4）学生合作与创造能力的培养。互动式教学模式注重学生的合作与创造能力的培养，通过评估学生在小组讨论、角色扮演等活动中的表现，以及他们的创造性成果，可以判断该模式是否有效培养了学生这些方面的能力。

互动式教学模式是生态文明视角下大学生思想政治教育的重要教学方法之一，通过遵循以学生为中心、注重实践性和创新性的设计原则，实施情境创设、问题引导、小组合作和成果展示等策略，以及进行过程性和终结性相结合的效果评估，互动式教学模式能够有效提高学生的学习兴趣和主动性，培养学生的综合素质和创新能力。在未来的思政教育中，应进一步推广和应用互动式教学模式，不断优化和完善教学方法和手段，以适应新时代的教育需求，为生态文明建设培养出更多具有创新意识和实践能力的高素质人才。

三、学生参与感与归属感的提升

在大学生思想政治教育中，提升学生的参与感和归属感是至关重要的，这不仅关系到教育教学的质量，更影响着学生的全面发展。以学生为中心的互动式教学模式，通过其特有的教学方式，为学生提供了一个积极参与、深入探索的平台，进而有效提升了学生的参与感和归属感。下面将从三个方面探讨如何在这一模式下提升学生的参与感与归属感，以期为教育实践提供有益的参考。

（一）通过互动式教学提高学生参与度

在大学生思想政治教育中，通过互动式教学可以有效提高学生的参与度。互动式教学注重学生的主体性和主动性，鼓励学生积极参与教学活动，从而激发学生的学习兴趣和学习动力。一是互动式教学能够给予学生更多表达和交流的机会。在传统的教学模式中，学生往往只是被动地接受知识，而在互动式教学中，教师可以通过提问、讨论等方式，引导学生主动思考和表达自己的观点。这样学生不仅能够更深入地理解知识，还能够感受到自己在教学过程中的重要性，从而提高参与度。

二是互动式教学有助于营造积极的学习氛围。在互动式教学中，教师可以通过组织小组活动、角色扮演等形式多样的教学方式，让学生在轻松愉快的氛围中学习。这种教学方式不仅能够激发学生的学习兴趣，还能让学生在参与中感受到学习的乐趣，从而更加积极地投入学习。

三是互动式教学能够培养学生的自主学习能力。通过参与教学活动，学生需要主动思考和解决问题，这有助于培养学生的自主学习能力和问题解决能力，当学生能够自主学习和解决问题时，他们的学习参与度自然会提高。

（二）营造有归属感的课堂氛围

在大学生思想政治教育中，营造具有归属感的课堂氛围至关重要。一个让学生有归属感的课堂，不仅能够提升他们的学习积极性，还能培养他们的团队协作精神和自信心，要营造有归属感的课堂氛围，教师需要从细节入手，打造一个温馨、包容的学习环境。一是教师可以通过亲切的问候和关心的话语，让学生感受到课堂的温暖。每次上课前，教师简单询问学生的生活和学习情况，不仅能拉近师生之间的距离，还能让学生感受到被关注和被重视。

二是教师可以通过小组讨论、角色扮演等多样化的教学活动，促进学生之间的交流与合作。在这些活动中，每个学生都有机会发表自己的观点，贡献自己的力量，从而增强对课堂的归属感。

三是教师应尊重学生的个性和差异，鼓励每个学生展示自己的特长和才华。当学生在课堂上得到认可和赞赏时，他们会更加自信，更加愿意参与到课堂活动中来，归属感也会随之增强。

四是教师可以通过定期的课堂反馈和总结，让学生了解自己的学习进步和不足之处，同时感受到自己是课堂这个大家庭中的一员。这种反馈和总结可以是口头的，也可以是书面的，关键是要让学生感受到自己的成长和变化，从而增强他们对课堂的归属感。

（三）构建师生共同成长的教育环境

构建师生共同成长的教育环境，是提升大学生思想政治教育质量的关键环节。这种环境不仅有助于学生的全面发展，还能够促进教师的专业成长，实现教与学的双赢。一是要构建师生共同成长的教育环境，必须打破传统的师生界限，建立起一种平等、尊重、互助的新型师生关系。在这种关系中，教师不再是单纯的知识传授者，而是成为学生学习路上的引导者和伙伴，学生也不再是被动接受知识的容器，而是成为主动探索、积极思考的学习者。

二是教师应该关注学生的个体差异和多元化需求，为他们提供个性化的教学方案。通过了解学生的兴趣爱好、学习方式和职业规划，教师可以更好地指导学生，帮助他们在学术上取得进步，同时在人生规划、职业发展等方面给予他们建议和支持。

三是教育环境的构建还需要注重实践性和创新性。教师可以通过组织实践活动、开展创新项目等方式，让学生在实践中学习、在创新中成长。这种实践性和创新性的教学方式，不仅能够提升学生的实际操作能力，还能培养他们的创新思维和解决问题的能力。

以学生为中心的互动式教学模式在提升学生参与感和归属感方面具有明显的优势，通过互动式教学、营造有归属感的课堂氛围以及构建师生共同成长的教育环境，能有效地提高学生的学习兴趣和动力，培养他们的团队合作精神和自主学习能力。在未来的思想政治教育实践中，应继续探索和完善这一教学模式，为学生的全面发展和终身学习奠定坚实的基础。

四、教学模式创新与学生学习动力的关系

随着生态文明理念的不断深化，高等教育也逐渐认识到教学模式创新的重要性。以学生为中心的互动式教学模式，强调学生在学习过程中的主动性和参与感，这不仅有助于提高教学效果，还能够显著激发学生的学习动力。下面将从三

个方面探讨教学模式创新与学生学习动力的关系，以期为大学生思想政治教育提供新的视角和方法。

（一）互动式教学模式促进学生的主动学习

互动式教学模式的核心在于学生的主动参与和积极互动，这种模式打破了传统的"教师讲、学生听"的单向传授模式，通过小组讨论、案例分析、角色扮演等多种互动形式，使学生在课堂中扮演更为主动的角色。一是互动式教学模式能够增强学生的学习兴趣。当学生参与到教学过程中，他们不仅是知识的接受者，更是知识的探索者和创造者。例如，在思想政治课中，通过分组讨论社会热点问题，学生们可以在互动中分享各自的见解和观点，从而激发学生对学习的兴趣。

二是互动式教学模式能够提高学生的自主学习能力。在互动中，学生需要进行信息的收集、分析和整理，这一过程有助于培养他们的独立思考能力和解决问题的能力。例如，教师可以让学生在课前进行相关资料的收集，并在课堂上进行展示和讨论，这样不仅加深了学生对知识的理解，也提升了他们的研究能力。

三是互动式教学模式能够增强学生的学习责任感。在互动教学中，学生不仅要对自己的学习负责，还要对小组的学习成果负责，这种责任感的培养对于学生未来的职业发展也是非常有益的。例如，通过小组合作完成项目，学生需要协调各自的任务，彼此监督和支持，从而增强团队合作意识和责任感。

（二）多样化教学手段提升学生的学习体验

多样化的教学手段是互动式教学模式的重要组成部分，它不仅能够丰富课堂内容，还能满足不同学生的学习需求，从而提升他们的学习体验和动力。一是利用现代信息技术丰富教学手段。现代信息技术的发展为教学提供了丰富的资源和工具，如利用多媒体技术进行生动的知识展示，利用在线学习平台进行课外辅导和资源共享。这些技术手段不仅可以增加课堂的趣味性，还能帮助学生更好地掌握知识。例如，通过使用虚拟现实技术模拟历史场景，学生可以身临其境地感受历史事件的发生，从而加深对历史知识的理解。

二是结合实践教学提升学生的应用能力。实践教学是理论教学的重要补充，实践可以让学生更直观地理解和掌握知识。例如，组织学生参加社会调查、参观企业和参与公益活动等，不仅可以加深学生对社会现象的认识，还能培养他们的社会责任感和实践能力。例如，通过参与社区服务项目，学生可以将课堂上学到的理论知识应用于解决实际问题，从而增强学习的动力和成就感。

三是采用灵活的评价方式激励学生的学习动力。传统的评价方式往往注重结果，忽视过程，而互动式教学模式强调过程性评价，通过多种评价手段激励学生的学习积极性。例如，除了期末考试，还可以采用平时表现、作业、课堂参与等多方面的综合评价方式，这样可以全面反映学生的学习情况，激发他们的学习热情。例如，通过课堂参与度的评分，鼓励学生积极发言和参与课题讨论，从而提高学习的主动性。

（三）以学生为中心的教学模式促进师生互动

以学生为中心的教学模式强调师生之间的互动和沟通，这不仅有助于学生的全面发展，还能够提升教学效果和学生的学习动力。一是师生互动增强了教学的针对性和有效性。在互动中教师能更好地了解学生的需求和问题，从而有针对性地调整教学内容和方法。例如，通过课堂提问和反馈，教师可以及时发现学生在学习中的困难，并给予相应的指导和帮助，这样可以提高教学的针对性和有效性，增强学生的学习动力。

二是师生互动促进了学生的情感交流和心理发展。良好的师生关系是学生健康成长的重要因素，通过互动可以增进师生之间的理解和信任，营造良好的学习氛围。例如，通过课后交流、个别辅导等方式，教师可以与学生进行深入的沟通，了解他们的思想和情感，给予及时的心理疏导和支持，从而促进学生的心理健康发展。

三是师生互动激发了学生的创新思维和创造力。互动式教学模式注重学生的个性发展和创新能力培养，通过师生之间的交流和碰撞，激发学生的创造力和想象力。例如，通过开放式的讨论和项目合作，教师可以鼓励学生提出独特的见解和创新的解决方案，从而激发他们的学习热情和创造力。

教学模式的创新与学生学习动力之间存在着密切的联系，以学生为中心的互动式教学模式，通过激发学生的学习兴趣、提升自主学习能力以及促进全面发展，有效地提高了学生的学习动力。在生态文明视角下，这种教学模式不仅有助于提升大学生思想政治教育的效果，还能培养出更多具备社会责任感、环保意识和创新精神的高素质人才。因此，应该积极探索和推广这种教学模式，为大学生的全面发展和社会的可持续发展做出积极贡献。

第六章 生态文明与大学生思想政治教育的实践融合

第一节 校园生态文明建设活动

一、校园生态文明建设的意义

随着全球生态环境问题的日益凸显,生态文明建设已成为社会发展的重要议题。大学校园作为培养未来社会栋梁的摇篮,其生态文明建设不仅关乎校园环境,更深远地影响着大学生的生态意识和行为习惯。因此,探讨校园生态文明建设的意义,对于提升大学生思想政治教育的实效性和培养具有生态文明素养的人才具有重要意义。

(一)校园生态文明建设有助于提升大学生的生态环保意识

校园生态文明建设是提升大学生生态环保意识的重要途径。通过实施绿化校园、节能减排等项目,不仅美化了校园环境,还为大学生营造了一个绿色、和谐的学习氛围。在这样的环境下学习与生活,大学生能够直观地感受到自然之美和生态保护的重要性,同时校园内定期举办的生态文明教育活动,如环保讲座、绿色展览等,进一步加深了大学生对生态文明理念的理解与认同。[1]

大学生在参与校园生态文明建设的过程中,如参加植树活动、环保知识竞赛等,能够亲身实践并深刻体会到人类与自然环境的紧密联系。这样的实践活动不仅让大学生了解到环境保护的紧迫性,更激发了保护环境的自觉性和责任感,因此校园生态文明建设不仅有助于提升大学生的生态环保意识,还能促使他们将这

[1] 吴颋.生态文明视角下高校加强生态伦理教育的探索 [J].民族高等教育研究,2022,10(2):75-79.

种意识转化为实际行动,积极投身于生态保护事业中。通过这样的教育和实践活动,大学生将成为推动社会生态文明建设的重要力量。

(二)校园生态文明建设是大学生思想政治教育的重要实践平台

校园生态文明建设不仅关乎环境保护,更是大学生思想政治教育不可或缺的实践平台。传统的思想政治教育多侧重于理论教学,而校园生态文明建设则为学生提供了一个将理论知识转化为实际行动的机会。大学生通过参与绿化校园、节能减排等生态文明建设项目,能够将课堂上学到的环保理念和社会责任落到实处,这种"寓教于行"的教育方式更加生动和有效。

此外,校园生态文明建设活动还能促进大学生的团队协作能力和社会实践能力。在参与过程中,需要与团队成员沟通协作,解决实际问题,这不仅锻炼了学生的组织协调能力,也增强了他们的社会责任感。因此校园生态文明建设不仅是对大学生思想政治教育内容的丰富和补充,更是一种"寓教于乐"的实践教育方式,有助于大学生全面发展,将他们培养成为既有理论知识又有实践能力的复合型人才。大学生通过这样的平台,能够更深刻地理解生态文明的重要性,并将这种理念融入未来的学习和工作中。

(三)校园生态文明建设有助于培养大学生的社会责任感

校园生态文明建设是培养大学生社会责任感的有效途径。通过亲身参与生态文明活动,大学生能深刻感受到个体行为对社会和环境的影响。在植树造林、节能减排等实践活动中,他们了解到自身行为不仅关乎个人,更与整个社会的可持续发展紧密相连。这种亲身体验让大学生意识到,作为社会成员,每个人都有责任和义务保护环境,为社会的长远发展贡献力量。此外,生态文明建设活动还强调团队合作和集体行动,这促使大学生在实践中学会承担和履行社会责任,当他们看到自己的努力能够改善校园环境,甚至对周边社区产生积极影响时,这种成就感会进一步增强他们的社会责任感。大学生通过这种方式,不仅提升了环保意识,更重要的是,学会了如何在社会中扮演积极角色,如何通过自己的行动促进社会的和谐与进步。因此,校园生态文明建设不仅关乎环境,更是培育具有高度社会责任感的新一代青年的重要手段。

校园生态文明建设在提升大学生生态环保意识、提供思想政治教育实践平台以及培养社会责任感等方面具有重要意义。通过深化校园生态文明建设，不仅能够为大学生创造一个更加优美、健康的学习和生活环境，还能引导大学生树立正确的生态观和价值观，为社会的可持续发展贡献力量。因此，高校应积极推动校园生态文明建设，将其与大学生思想政治教育紧密结合，培养出既具有专业知识又具备生态文明素养的优秀人才。

二、绿色校园文化的培育与推广

在生态文明建设的时代背景下，绿色校园文化的培育与推广显得尤为重要。绿色校园文化不仅有助于提升大学生的环保意识，还能促进校园内外的和谐发展。通过构建绿色、环保、可持续的校园文化，引导大学生形成正确的生态价值观，进一步推动社会的生态文明建设。

（一）绿色校园文化的培育有助于大学生形成生态文明观念

绿色校园文化的培育，是塑造大学生生态文明观念的重要途径。大学生通过丰富多彩的绿色活动、课程与讲座，能够深刻认识到人类与自然环境的紧密联系，以及保护环境、维护生态平衡的紧迫性和重要性。在这样的文化氛围中，大学生会不自觉地受到熏陶，开始重新审视自身行为对环境的影响，并逐步树立起尊重自然、顺应自然、保护自然的生态文明观念。[1]

此外，绿色校园文化的培育还为大学生提供了一个实践生态文明理念的舞台。通过参与环保项目、志愿服务等活动，大学生能够将生态文明观念转化为实际行动，从而加深对生态文明的理解与认同。这种实践经历不仅能够让大学生切身体验到生态文明建设的意义，还能促使他们成为生态文明建设的积极倡导者和实践者。因此，绿色校园文化的培育对于大学生形成生态文明观念具有不可替代的作用。

（二）绿色校园文化的推广有助于营造和谐的校园环境

绿色校园文化的推广，对于营造和谐的校园环境起着至关重要的作用。通过倡导绿色环保理念，校园内的师生开始关注环境保护，积极采取节能减排、资

---

[1] 韩蕊.铸魂育人视角下高校学生思想政治教育与生态文明建设的衔接[J].环境工程，2023，41（2）:260.

源循环利用等措施，这不仅有助于减少校园的环境污染，还能为师生创造一个清新、舒适的学习和生活环境。

同时，绿色校园文化的推广也促进了师生之间的交流与互动。在共同参与环保活动的过程中，师生们增进了彼此的了解与信任，形成了更加和谐的人际关系。这种和谐的氛围不仅有利于师生的身心健康，也为学校的教学和科研工作提供了良好的环境支持。因此，绿色校园文化的推广不仅关乎环境保护，更是营造和谐校园环境的关键因素，通过持续推广绿色校园文化，师生共同构建充满生机与活力的和谐校园。

（三）绿色校园文化的培育与推广是大学生思想政治教育的重要组成部分

绿色校园文化的培育与推广在大学生思想政治教育中占据着举足轻重的地位，这主要体现在以下几方面。

（1）丰富思想政治教育内容。传统的思想政治教育主要集中在政治理论、道德修养等方面，而绿色校园文化的引入，为思想政治教育增添了新的内容，它使大学生更加关注环境保护、可持续发展等全球性问题，从而培养了他们的全球视野和责任感。

（2）提升大学生的环保意识。通过绿色校园文化的培育，大学生能够更加直观地了解环境保护的重要性，这种教育方式远比单纯的理论教学更加生动和有效，有助于提升大学生的环保意识和实践能力。

（3）促进大学生全面发展。参与绿色校园文化的相关活动，如环保志愿服务、绿色校园规划等活动，不仅锻炼了大学生的组织协调能力，还能培养他们的团队合作精神和创新意识，这些非智力因素的培养，对于大学生的全面发展具有重要意义。

（4）实现教育与社会的紧密结合。绿色校园文化的培育与推广，使大学生思想政治教育更加贴近社会现实，它让大学生在关注环境问题的同时也思考如何将这些理念应用到实际生活中，从而实现了教育与社会的紧密结合。

绿色校园文化的培育与推广对大学生的思想政治教育具有重要意义。通过形成生态文明观念、营造和谐的校园环境作为思想政治教育的重要组成部分，绿色校园文化在培养大学生的环保意识、责任感和实践能力方面发挥着重要作用。因此，高校应积极推动绿色校园文化的建设与发展，为培养具有生态文明素养的优秀人才贡献力量。同时，大学生应积极参与到绿色校园文化的相关活动中来，不断提升自身的环保意识和实践能力，为社会的可持续发展做出贡献。

三、节能环保活动的组织与实施

在生态文明建设的时代背景下，节能环保已经成为社会的共识。高校作为培养人才的重要基地，应当肩负起节能环保教育的重任。通过组织与实施节能环保活动，不仅增强了学生的环保意识，还能培养他们的实践能力，从而进一步推动大学生思想政治教育与生态文明建设的深度融合。

（一）节能环保活动有助于提升大学生的环保意识

节能环保活动对于提升大学生的环保意识具有重要作用。大学生通过亲身参与这些活动，能够直观感受到资源消耗和环境破坏带来的问题，从而深刻理解节能环保的紧迫性。这类活动往往通过展示节能技术、推广环保产品、组织垃圾分类等方式，让大学生了解到自己在日常生活中如何为环保贡献力量。

此外，节能环保活动还经常结合讲座、展览等形式，向大学生传递环保知识和理念，使他们在参与中学习如何更有效地节约能源、减少污染。这种"寓教于乐"的方式，不仅让大学生乐于接受，还能激发他们的主动性和创造性，进一步加深对环保的认识和理解。

（二）节能环保活动能够培养大学生的实践能力

节能环保活动为大学生提供了一个宝贵的实践平台，使他们能够将理论知识转化为实际操作，从而有效培养实践能力。在这类活动中，大学生通常需要亲自参与节能环保方案的制定、实施与评估，这不仅要求他们运用所学知识解决实际问题，还锻炼了他们的动手能力和创新思维。此外，节能环保活动还往往涉及团队协作，这要求大学生要学会与人沟通、协调，共同完成任务。通过这样的实践经历，大学生的团队协作能力也会得到显著提升，这些实践经验对于大学生未来的职业发展和社会参与都极具价值，使他们更加自信、从容地面对各种挑战。

（三）节能环保活动是大学生思想政治教育的有效载体

节能环保活动在大学生思想政治教育中扮演着重要角色。它不仅是环保教育的实践平台，更是思想政治教育的有效载体。以下是对这一观点的具体阐述。

（1）融合思想政治教育内容。节能环保活动巧妙地融入社会主义核心价值观的教育，例如通过倡导绿色、低碳的生活方式，培养大学生的节约意识和环保意识，这与社会主义核心价值观中的"文明""和谐"等理念高度契合。

（2）增强社会责任感。参与节能环保活动，如垃圾分类、节能减排等，能够让大学生深刻体会到作为社会成员的责任和义务，这种实践经历有助于增强他们的社会责任感和公民意识。

（3）促进全面发展。思想政治教育致力于培养德智体美劳全面发展的社会主义建设者和接班人，节能环保活动作为一种综合性实践，既锻炼了大学生的动手能力，又提高了他们的思想道德水平，有助于实现全面发展。

（4）创新教育方式。传统的思想政治教育往往以理论教学为主，而节能环保活动为思想政治教育提供了新颖的实践教学方式，这种"寓教于乐"的方式更容易被大学生接受，从而提高了教育效果。

节能环保活动的组织与实施，对于提升大学生的环保意识、培养实践能力和加强思想政治教育都具有重要意义。高校应当充分利用这一有效载体，积极开展丰富多样的节能环保活动，引导大学生亲身参与并体验生态文明建设的紧迫性和重要性。通过这些活动培养出更多具有环保意识、实践能力和社会责任感的高素质人才，为推动社会的可持续发展做出积极贡献。同时这些活动也是大学生思想政治教育与生态文明建设深度融合的生动体现，有助于提升大学生的综合素质和社会责任感。在未来的工作中，他们将成为推动生态文明建设的重要力量，为构建美丽中国贡献力量。

四、生态文明主题教育活动的开展

随着全球生态环境问题的日益凸显，生态文明教育已成为高等教育不可或缺的一部分。生态文明主题教育活动作为校园生态文明建设的重要组成部分，旨在通过丰富多彩的教育形式，增强大学生的生态文明意识，培养他们的环保责任感和行动力。这类活动不仅有助于提升大学生的综合素质，还能推动校园文化的绿

（一）生态文明主题教育活动能够深化大学生的生态文明认知

生态文明主题教育活动是深化大学生生态文明认知的有效途径。这类活动通过专题讲座、互动研讨、案例分析等多种形式，向大学生全面介绍了生态文明的理念、原则和实践路径。在活动中大学生可以系统地学习到生态文明建设的重要性、全球生态环境问题的现状以及人与自然和谐共生的必要性。[①]

大学生通过这些活动不仅能够了解生态文明的基本概念和内涵，还能对生态文明建设的紧迫性和长期性有更深刻的理解。此外，通过与专家学者的交流互动，大学生可以进一步拓宽视野，增强对生态文明多维度、深层次的认识。

（二）生态文明主题教育活动有助于培养大学生的环保责任感

生态文明主题教育活动对于培养大学生的环保责任感具有重要作用。这类活动通过向大学生展示生态环境恶化的现状及其对人类社会的深远影响，激发了大学生对环境问题的关注和担忧。活动中学生们常常通过实地考察、观看环保纪录片等方式，目睹环境破坏的严重后果，从而深刻认识到保护环境的重要性和紧迫性。

此外，这类活动还鼓励大学生从自身做起、从小事做起，积极参与到环保行动中去。比如，通过参与校园绿化、垃圾分类、节能减排等实践活动，大学生不仅学会了如何在实际生活中践行环保理念，还体会到了个人行动对环境改善的积极影响。

（三）生态文明主题教育活动能够提升大学生的实践能力和创新意识

生态文明主题教育活动在提升大学生的实践能力和创新意识方面发挥着重要作用。这类活动通常设计有实践环节，如环保项目策划、实地考察和环保科技创新等，为大学生提供了将理论知识转化为实践操作的机会。在实践中大学生们需要运用所学知识解决实际问题，这不仅锻炼了他们的动手能力，还提高了他们分

[①] Zhang Y. Analysis of the Communication Path of Ideological and Political Education for College Students Empowered by Smart Media [J]. Journal of Education, Teaching and Social Studies, 2024, 6（2）.

析问题、解决问题的能力。同时面对复杂的生态环境问题，鼓励大学生们从不同角度进行思考，提出创新性的解决方案，这无疑会激发他们的创新意识。此外，通过与同学们的合作与交流，大学生们还能学会团队协作，共同解决问题，进一步提升了他们的实践能力。

生态文明主题教育活动在大学生思想政治教育中发挥着重要作用。这类活动通过深化大学生的生态文明认知、培养环保责任感以及提升实践能力和创新意识，为培养具有生态文明素养的高素质人才奠定了坚实基础。高校应继续加强生态文明主题教育活动的开展，同时这些活动还能促进大学生对生态文明理念的认同和践行。通过这类活动期待更多的大学生成为生态文明建设的倡导者、实践者和创新者。

第二节 社会实践与生态体验教育

一、社会实践在思政教育中的作用

社会实践是大学生思想政治教育中不可或缺的一环，它不仅为学生提供了接触社会、了解国情的机会，更是思政教育的生动课堂。通过社会实践，大学生能够亲身体验社会现象，深化对理论知识的理解和应用，同时在实践中锤炼品质，提升社会责任感。在生态文明建设的背景下，社会实践尤其能够发挥其在思政教育中的独特作用。

（一）社会实践是思政教育的重要补充

社会实践对于思政教育而言，是一种极为重要的教学补充。传统的思政教育侧重于课堂内的理论教学，虽然其能够为学生提供系统的知识体系，但往往缺乏实际操作与实践的机会。社会实践正好弥补了这一不足，它让学生走出教室，亲身参与到社会活动中去，学生可以在社会实践中直观地感受到社会的运作方式，了解课堂知识与现实社会之间的联系。这种实践经历不仅能够帮助学生深化对思政理论的理解，还能让他们在实际操作中学会如何运用所学知识解决实际问题。

此外，社会实践还能提供丰富的情感体验，使学生在亲身体验中增强对社会责任和道德规范的认识。因此，社会实践作为思政教育的重要补充，不仅丰富了教学手段，还提高了思政教育的实效性和针对性，有助于培养出既具备理论知识又具备实践能力的高素质人才。

（二）社会实践有助于培养大学生的社会责任感和公民意识

社会实践对于培养大学生的社会责任感和公民意识具有重要作用。通过亲身参与社会实践活动，大学生能够深刻体验到自身行为对社会和环境的影响，从而更加明确自己的社会责任。大学生在实践中能够接触到各种社会问题，尤其是环境保护、资源利用等与生态文明建设相关的议题，这些问题往往涉及公共利益，需要集体努力和共同解决。

此外，社会实践还为大学生提供了了解和遵守社会规则、法律的机会，强化了他们的法制治观念和公民意识。大学生通过实践了解到，作为公民，他们不仅有权利，更有义务参与社会事务，维护公共利益。这种体验让大学生更加珍视自己的公民身份，并激发出积极履行社会责任的动力。因此，社会实践是培育大学生社会责任感和公民意识的有效途径。

（三）社会实践是提升大学生综合素质的有效途径

社会实践对于大学生来说，不仅是理论与实践相结合的桥梁，更是提升他们综合素质的重要平台。在社会实践中大学生需要面对真实的社会环境和复杂的问题情境，这要求他们不仅要能够运用所学知识，还要学会与人沟通、团队协作、解决问题以及创新思维。通过与不同背景的人交流互动，大学生的沟通能力和人际交往能力将得到提高；在团队中协作完成任务，培养了他们的团队合作精神和领导能力；面对实际问题时，需要灵活运用所学知识并寻求创新解决方案，锻炼了他们的创新能力和批判性思维。此外，社会实践还能增强大学生的心理素质和抗压能力，在实践中遇到的挑战和困难，需要他们以积极的心态去面对和解决，这有助于培养他们的耐心、毅力和自信心。

社会实践在大学生思政教育中发挥着举足轻重的作用，它不仅为思政教育提供了生动的实践平台，还是培养大学生社会责任感和公民意识的重要途径。通过社会实践的锻炼，大学生的综合素质得到了全面提升，同时为他们在未来生态文明建设中发挥积极作用奠定了坚实基础。因此，高校应继续加强社会实践在思政教育中的运用，不断创新实践形式和内容，以适应新时代生态文明建设的需求。同时高校还应积极引导大学生将社会实践与生态文明理念相结合，培养他们的环保意识和实践能力。

二、生态体验教育的实施路径

生态体验教育作为一种新型的教育方式，旨在通过亲身体验和实践活动，使大学生深入理解生态文明的核心理念，并转化为自觉行动。实施生态体验教育需要探索有效的路径，以确保教育目标的实现。下文将探讨生态体验教育的具体实施路径，以期为高校思想政治教育工作提供有益的参考。

（一）构建生态体验课程体系

构建生态体验课程体系是实施生态体验教育的核心环节。这一课程体系应以生态文明理念为引领，结合大学生的认知特点和学习需求，将理论与实践紧密结合。在课程设置上，应注重跨学科融合，涵盖生态学、环境科学、社会学等多个领域，使学生能够从多角度、全方位理解生态文明。同时课程体系中应包含实地考察、环境监测、生态保护项目设计等丰富的实践环节，让学生在亲身参与中感受生态文明的紧迫性和重要性。此外，还应引入案例分析、小组讨论等互动式教学方法，激发学生的学习兴趣，培养他们的批判性思维和解决问题的能力。

通过构建这样一套全面、系统的生态体验课程体系，不仅能提升大学生的生态文明素养，还能培养他们的创新思维和实践能力，为推动我国生态文明建设储备人才。

（二）开展生态实践活动

开展生态实践活动是生态体验教育的重要组成部分，旨在让学生通过亲身参与，深刻理解生态保护的重要性。高校组织学生参与各类生态环保项目，如植树造林、垃圾分类、环境清洁等，让学生在实践中亲身体验生态保护工作的艰辛与意义。通过这些活动，大学生能够直接面对环境问题，了解环境保护的紧迫性和实际操作的复杂性。同时，实践活动还能培养学生的团队协作精神，提升他们的社会责任感。此外，生态实践活动也是对课堂知识的有效补充，帮助学生将理论知识转化为实际操作能力。

为了让实践活动更具教育意义,高校还可邀请生态保护专家进行现场指导,让学生在实际操作中学习专业知识,提升实践能力。通过这些丰富多彩的生态实践活动,能够更有效地培养大学生的环保意识,引导他们成为生态文明建设的积极参与者。

(三)建立生态教育基地

建立生态教育基地是实施生态体验教育的关键举措,它为大学生提供了实地学习、实践和体验的平台。生态教育基地不仅是传授生态知识的场所,更是培养环保意识、锻炼实践能力的重要基地。

(1)场所选择与设施建设。选择具有代表性的自然生态环境区域,如自然保护区、湿地公园等,作为基地的所在地,同时建设必要的教学设施,如生态教育中心、实验室、观测站等,以支持各种教学活动的开展。

(2)实践教学与科研活动。基地应提供丰富的实践教学资源,包括动植物标本、环境监测设备等,以便学生进行实地观察和实验操作。此外,基地还可开展科研活动,鼓励学生参与生态保护相关的研究项目。

(3)专业指导与师资配备。聘请具有丰富经验和专业知识的导师,为学生提供专业的指导和建议,导师带领学生开展实践活动,解答疑难问题,并引导他们深入思考生态保护问题。

(4)合作与交流机会。生态教育基地还可以作为高校、科研机构、政府部门之间合作的桥梁,促进生态保护领域的交流与合作。

生态体验教育是提升大学生生态文明素养的重要途径,通过构建生态体验课程体系、开展生态实践活动和建立生态教育基地等实施路径,将生态文明理念有效地融入高校思想政治教育中。这些路径不仅有助于深化学生对生态文明的理解,还能培养他们的环保责任感和实践能力。未来高校应继续探索和创新生态体验教育的实施方式,为推动生态文明建设做出更大的贡献。同时还应意识到,生态体验教育的实施并非一蹴而就,而是需要长期坚持和不断完善。高校应加强与政府、社区、企业等各方的合作,共同为大学生提供更多、更优质的生态体验教育机会。只有这样,才能培养出真正具备生态文明素养的新时代大学生,为构建人与自然和谐共生的美好未来贡献力量。

三、社会实践与生态文明理念相结合

在生态文明建设的时代背景下,大学生思想政治教育需要紧跟时代步伐,将生态文明理念融入教育实践之中。社会实践作为大学生思想政治教育的重要环节,其与生态文明理念的结合显得尤为重要。通过社会实践大学生能够亲身体验生态环境,深刻理解生态文明的重要性,并将这种理念内化为自身的价值观和行为准则。下面将探讨社会实践与生态文明理念相结合的重要性、实施路径及其对大学生思想政治教育的深远影响。

(一)社会实践是生态文明理念教育的重要载体

社会实践在生态文明理念教育中扮演着举足轻重的角色,它是连接理论与实践的桥梁,为大学生提供了直观感受和学习生态文明的平台。通过参与社会实践,大学生能够走出课堂,深入自然与社会,亲身体验生态环境的现状与挑战。这种实地学习的经历,不仅使抽象的生态文明理念变得生动且具体,还增强了学生对这一理念的认同感。

例如,组织学生参观生态保护区或参与环保项目,能让他们亲眼见证生态保护的重要性,从而深刻理解生态文明建设的紧迫性。社会实践的这种沉浸式教育方式,比单纯的课堂教学更能触动学生的内心,激发他们的环保意识和责任感,因此,社会实践不仅是检验理论知识的舞台,更是培育生态文明理念的土壤,为大学生思想政治教育的创新发展提供了有力支撑。

(二)社会实践有助于深化大学生对生态文明理念的理解

社会实践对于大学生理解生态文明理念具有深化作用。通过亲身参与社会实践活动,大学生能够将课堂上学到的生态文明理论知识与实际操作相结合,从而在实践中加深对生态文明理念的理解。

在社会实践中,大学生会直面各种生态环境问题,需要运用所学知识进行分析和解决。这一过程不仅锻炼了学生的实践能力,还让他们更加深刻地认识到人类活动对自然环境的影响,以及保护环境的紧迫性。此外,社会实践还能让大学生了解到生态文明建设的复杂性和长期性,明白这需要全社会的共同努力和持续投入。

（三）社会实践是培育大学生生态文明行为习惯的有效途径

社会实践不仅是大学生理解和体验生态文明的重要方式，更是培育他们生态文明行为习惯的有效途径。通过亲身参与环保志愿服务、实地考察等社会实践活动，大学生能够直观地了解到环境保护的重要性，并学习到如何在日常生活中践行生态文明理念。在这些实践活动中大学生会接触到诸多与生态保护相关的实际操作，如垃圾分类、节能减排等，这些都将促使他们逐渐养成良好的生态文明行为习惯。习惯的力量是巨大的，一旦形成，将深刻影响大学生的日常生活方式，甚至会影响他们未来的职业选择和社会行为。

社会实践与生态文明理念的结合是大学生思想政治教育的重要创新，通过社会实践，大学生能够亲身感受生态环境，深刻理解生态文明的重要性，并将这种理念内化为自身的价值观和行为准则。这种教育方式不仅有助于提升大学生的生态文明素养，还能培养他们的环保责任感和实践能力。因此，高校应积极探索社会实践与生态文明理念相结合的新模式、新方法，为推动生态文明建设培养更多具有环保意识和社会责任感的高素质人才。同时，政府和社会各界也应加强对大学生生态文明教育的支持和引导，共同营造有利于生态文明建设的良好氛围。

四、通过社会实践培养生态文明行为习惯

在生态文明建设的时代背景下，培养大学生的生态文明行为显得尤为重要。社会实践作为一种有效的教育方式，能够让大学生在实际行动中体验和感悟生态文明的重要性，进而养成生态文明的行为习惯。

（一）社会实践能够增强大学生的生态文明意识

社会实践是大学生亲身体验和了解社会的重要方式，它能够让大学生走出象牙塔，直面生态环境现状，从而深刻感受到生态文明建设的紧迫性。通过社会实践，大学生可以直观地发现人类活动对环境的影响，无论是正面的环保成果还是负面的生态破坏，这些都会使他们的心灵受到触动。

在实践中，大学生会遇到水源污染、土壤退化等各种生态环境问题，这些问题会促使他们开始反思人类与自然的关系，以及自身在其中的角色和责任。这种反思过程，就是生态文明意识增强的过程，同时社会实践中的亲身体验，会让大

学生更加珍视自然资源,明白保护环境的必要性。

(二)社会实践是培育生态文明行为习惯的重要途径

社会实践对于培育大学生的生态文明行为习惯起着至关重要的作用。在实践中,大学生需要将生态文明理念转化为实际行动,这促使他们学习和遵循生态文明的行为准则。例如,参与环保活动时,大学生会接触到垃圾分类、节水节电等实际操作,这些行为不仅要求他们了解相关知识,更需要他们在日常生活中践行。

通过反复的实践和体验,大学生会逐渐养成这些生态文明行为习惯,习惯的力量在于其持续性和自发性,一旦形成良好的生态文明行为习惯,大学生就会在日常生活中自然而然地践行这些行为,而无须外界强制。

(三)社会实践有助于推广生态文明理念

社会实践不仅有助于大学生个人生态文明行为习惯的养成,更在推广生态文明理念方面发挥着重要作用。作为社会的新生力量,大学生的行为和态度对社会具有重要的影响。通过社会实践大学生能够将所学的生态文明理念和自身的实践体验相结合,形成有力的宣传和教育材料,在实践中的所见所闻,以及对生态文明重要性的深刻理解,都能成为向公众宣传生态文明的有力武器。此外,大学生通过社会实践与社区、学校、企业等各个层面的人群进行互动,能够将生态文明的理念传递给更广泛的社会群体。这种由大学生发起的生态文明宣传,不仅具有说服力,还能够激发更多人的环保意识和行动。

社会实践能够增强大学生的生态文明意识,培育他们的生态文明行为习惯,并有助于推广生态文明理念。因此,高校应积极探索和创新社会实践的模式和方法,为大学生提供更多、更优质的实践机会,培养他们的生态文明行为。同时政府和社会各界也应加强对大学生生态文明行为的支持和引导,共同推动生态文明建设的进程。此外还须意识到,培养生态文明行为并非一蹴而就的,而是需要长期坚持和不断努力,高校应将生态文明教育贯穿于大学生的整个学习过程中,通过多种形式的社会实践活动,不断强化他们的生态文明意识,促使他们养成持久的生态文明行为和习惯。

第三节　生态文明主题志愿服务活动

一、志愿服务活动的意义与价值

在生态文明建设的时代背景下，志愿服务活动作为一种实践教育方式，对于大学生思想政治教育具有重要意义。

（一）提升大学生的生态文明素养

生态文明主题志愿服务活动是提升大学生生态文明素养的有效途径。通过亲身参与这类活动，大学生能够直接接触到生态保护和环境治理的实际情况，从而深刻理解生态文明的重要性。在活动中，大学生不仅学习到环保知识，还能了解到生态文明建设的紧迫性和长期性。

此外，志愿服务活动为大学生提供了将理论知识与实践相结合的机会，在实践中检验所学，加深对生态文明理念的理解，进而提升自身的生态文明素养。这种素养的提升不仅体现在知识层面，更体现在大学生的行为习惯和价值观上，他们会更加注重环境保护，倡导绿色生活方式，积极参与生态文明建设和推广。

（二）培养大学生的社会责任感

生态文明主题志愿服务活动不仅是环保行动的一部分，更是培养大学生社会责任感的重要方式。通过亲身参与这类活动，大学生能够深刻认识到自身作为社会成员所应承担的责任和义务。在活动中，大学生会直面生态环境问题，亲身体验到环境保护的紧迫性，他们会意识到个人的行为和选择不仅影响自身，更将对社会和环境产生深远影响。这种认识能够激发大学生的社会责任感，促使他们更加积极地投身于环保事业。

同时志愿服务活动也为大学生提供了为社会做贡献的平台，通过自己的努力，为改善环境质量、提升公众环保意识做出贡献，这种实际行动进一步强化了他们的社会责任感。

(三)增强大学生的团队协作精神

生态文明主题志愿服务活动在培养大学生团队协作精神方面发挥着重要作用。这类活动通常需要多人协作，共同完成任务，从而为大学生提供了锻炼团队协作能力的绝佳机会。在活动中大学生需要与团队成员紧密合作，共同面对挑战，解决问题，这不仅要求他们具备良好的沟通能力，更需要他们学会倾听、理解和支持团队成员。通过不断的协作与磨合，大学生的团队协作精神将得到显著提升。此外，志愿服务活动的成功往往取决于团队的整体表现，而非个人英雄主义。这促使大学生更加珍视团队合作，明白每个成员的价值和贡献，他们在活动中学会了如何协调个人与团队的关系，如何在团队中发挥自己的专长，以及如何为了共同的目标而努力。

生态文明主题志愿服务活动在大学生思想政治教育中具有重要的地位和作用，大学生通过这类活动能够提升生态文明素养，培养社会责任感，增强团队协作精神。因此，高校应积极开展以生态文明为主题的志愿服务活动，为大学生提供更多的实践机会，推动他们全面发展。同时，政府和社会各界也应加强对这类活动的支持和引导，共同为培养具有生态文明素养和社会责任感的高素质人才贡献力量。此外，高校还应将生态文明主题志愿服务活动纳入思想政治教育体系，使其成为大学生思想政治教育的重要组成部分。通过这类活动培养出更多具有环保意识、社会责任感强、团队协作精神好的优秀人才，为推动我国生态文明建设做出积极贡献。

二、生态文明主题志愿服务活动的策划与组织

在推动生态文明建设的进程中，生态文明主题志愿服务活动扮演着主要的角色。对于高校而言，如何有效地策划与组织这类活动，使之既能够体现生态文明的理念，又能吸引大学生的积极参与，成为一个值得深入探讨的课题。下面将详细探讨生态文明主题志愿服务活动的策划与组织，以期为相关实践提供有益的指导。

(一)明确活动目标与主题

策划生态文明主题志愿服务活动的第一步，就是要明确活动的目标与主题。

活动目标是整个活动的指引，它决定了活动的方向和预期效果。在制定目标时要充分考虑活动的教育意义、社会影响力以及参与者的收获，确保活动能够切实提升大学生的生态文明意识，促进他们的环保行动。同时选择一个鲜明、有吸引力的主题也是至关重要的。主题应该紧扣生态文明建设的核心理念，既要能够引起大学生的兴趣，又要能够传达出环保的紧迫性和重要性。如"绿色校园行""环保青春行"等主题活动，既贴近大学生的生活，又能很好地体现生态文明的理念。

明确活动目标与主题，是确保整个志愿服务活动有序、有效开展的基础。只有目标与主题清晰，才能有针对性地设计活动环节，吸引更多的大学生参与其中，共同为生态文明建设贡献力量。通过明确的活动目标与主题，更好地引导大学生关注生态环境，培养他们的环保意识，进而推动整个社会的生态文明建设进程。

（二）创新活动形式与内容

在策划生态文明主题志愿服务活动时，创新活动形式与内容显得尤为重要。传统的活动形式和内容虽然经典，但久而久之会让参与者感到单调乏味，影响参与热情和活动效果，因此需要不断探索和尝试新的活动形式和内容。

活动形式的创新体现在多个方面，如引入竞赛元素，举办环保知识问答或垃圾分类速度比赛等，增加活动的互动性和趣味性，还可以结合现代科技手段，如利用虚拟现实技术进行环保教育体验，让参与者更加直观地了解生态环境问题。内容的创新则从拓展环保知识的广度和深度入手，如邀请环保专家举办讲座，或者组织参观环保设施，让大学生亲身感受环保工作的重要性。此外，还可以结合当地的环境特点和实际问题，设计具有针对性的活动内容，如开展特定区域的生态保护和恢复项目等。

（三）建立有效的组织机制

建立有效的组织机制是确保生态文明主题志愿服务活动顺利进行的关键因素。有效的组织机制应包括明确的分工、高效的协调和及时的反馈。一是要明确活动筹备组、执行组、宣传组等各小组的职责，确保每个环节都有专人负责，形成有力的执行团队。二是建立高效的协调机制，确保各组之间信息畅通，能够及时解决活动中出现的问题。三是活动结束后要进行及时的反馈和总结，评估活动效果，收集参与者的意见和建议，为下一次活动组织提供改进方向。通过建立这样的组织机制，能够确保生态文明主题志愿服务活动的有序进行，实现活动效果的最优化，同时有助于提升大学生的组织协调能力和团队协作精神。

生态文明主题志愿服务活动的策划与组织是一项系统性工程，需要明确活动目标与主题、创新活动形式与内容以及建立有效的组织机制，通过精心策划和组织这类活动，不仅能够提升大学生的生态文明素养和社会责任感，还能培养他们的团队协作精神和创新能力。因此，高校应高度重视生态文明主题志愿服务活动的策划与组织工作，为培养具有生态文明理念的高素质人才贡献力量。

三、志愿服务活动对生态文明意识的提升

在当前的生态文明建设中，提升公众的生态文明意识显得尤为重要。大学生作为未来的社会建设者和接班人，他们的生态文明意识将直接影响到我国生态文明建设的进程。志愿服务活动作为一种实践教育方式，被广泛应用于大学生思想政治教育中。下面将深入探讨志愿服务活动如何有效提升大学生的生态文明意识，以期为培养具有高度生态文明素养的大学生提供参考。

（一）志愿服务活动加深了大学生对生态文明重要性的理解

志愿服务活动为大学生提供了一个亲身体验和实践的平台，使他们能够走出课堂，直接参与到生态文明建设的实际工作中。通过这些活动，大学生深入社区、走进自然，目睹了环境问题对生态的破坏，感受到环境保护的紧迫性。他们在实践中了解到，每一个小小的环保行动都能对生态环境产生积极影响，这种直观而深刻的体验让大学生对生态文明的重要性有了更加深刻的理解。这种理解不仅停留在知识层面，更转化为他们内心深处的认同和责任感。因此说志愿服务活动有效地加深了大学生对生态文明重要性的理解，这种理解将成为他们未来投身环保事业、推动生态文明建设的强大动力。

（二）志愿服务活动促进了大学生生态文明行为的养成

志愿服务活动为大学生营造了一个实践生态文明理念的环境。在参与活动的过程中，大学生不仅学习了环保知识，更重要的是，通过垃圾分类、环境清洁、

植树造林等实际行动，亲身体验了保护环境的重要性。这些实践活动让大学生们深刻认识到，保护生态环境需要每个人的努力，从而激发了他们养成生态文明行为的自觉性。

随着时间的推移，这些实践活动中的小小行动会逐渐内化为大学生的日常习惯，使他们在生活中自然而然地践行生态文明。这种行为的养成不仅对大学生个人的成长具有重要意义，更为推动整个社会的生态文明建设奠定了坚实的基础。因此，志愿服务活动在促进大学生生态文明行为养成方面发挥了不可或缺的作用。

（三）志愿服务活动激发了大学生对生态文明建设的责任感

志愿服务活动以其独特的实践性和社会性，让大学生们有机会亲身参与到生态文明建设的实际工作中。通过志愿服务活动，大学生深入了解了生态环境问题的严重性和复杂性，也亲身体验了保护环境的紧迫性和重要性。这种深入骨髓的体验，让学生意识到，作为新时代的大学生，他们肩负着推动生态文明建设的重任。在志愿服务活动中，大学生不仅是在为环境保护贡献自己的力量，更是通过实际行动向社会传递环保的理念和价值观。他们的每一次努力，都在激发着更多人对生态文明建设的关注和参与。这种责任感和使命感，让大学生更加珍惜和重视自己的每一次环保行动，也让他们更加坚定地走上了推动生态文明建设的道路。

志愿服务活动作为大学生思想政治教育的重要实践方式，对于提升大学生的生态文明意识具有显著效果。通过亲身参与环保工作，大学生不仅加深了对生态文明重要性的理解，还促进了生态文明行为的养成，并激发了他们对生态文明建设的责任感。因此，高校应继续加强志愿服务活动的组织和开展，为培养具有高度生态文明素养的大学生提供有力支持。同时政府和社会各界也应积极关注和支持这类活动，共同推动我国生态文明建设的深入发展。

四、志愿服务与思政教育的相互促进

在当代大学生思想政治教育中，志愿服务活动不仅是一种社会实践方式，更是一种有效的教育手段。特别是在生态文明建设的背景下，生态文明主题的志愿服务活动既能够培养学生的社会责任感和环保意识，又能与思政教育相辅相成，共同推动学生的全面发展。下面将探讨志愿服务与思政教育的相互促进关系，分析二者如何在实践中相得益彰。

（一）志愿服务活动丰富了思政教育的内容与形式

志愿服务活动以其独特的实践性和社会参与性，为思政教育注入了新的活力和内容。传统的思政教育主要侧重于课堂讲授，内容相对抽象和理论化。而志愿服务活动，特别是以生态文明为主题的志愿服务，让学生有机会走出教室，亲身参与到环保实践中去。这样的活动不仅将理论知识与现实问题相结合，还使思政教育的内容更加生动和具体。

此外，志愿服务活动的多样性也为思政教育带来了形式上的创新，通过组织植树造林、环保宣传、垃圾分类等实践活动，思政教育不再局限于单一的讲授方式，而是变得更加互动和体验化。学生在实践中学习，不仅提升了对生态文明重要性的认识，还培养了他们的社会责任感和团队协作精神。

（二）思政教育为志愿服务活动提供了价值引领

思政教育在大学生教育中扮演着塑造正确价值观和世界观的重要角色，而这种价值观的塑造对于志愿服务活动来说至关重要。志愿服务活动虽然强调实践性，但并非简单的劳动或服务，它背后蕴含着深刻的社会责任和公民意识。

通过思政教育，大学生能够明确理解社会主义核心价值观，认识到其作为社会成员应承担的责任与义务，这种价值观的引领，使大学生在参与志愿服务活动时，不仅是在执行一项任务，更是在践行自己的社会责任和道德准则。思政教育通过传授正确的道德观念和社会责任，为志愿服务活动提供了坚实的价值基础。它引导大学生以更加积极、正面的态度投入志愿服务中，不仅提升了活动的质量和影响力，还促进了大学生自身的成长和进步，因此思政教育的价值引领是志愿服务活动不可或缺的精神支柱。

（三）志愿服务与思政教育共同促进学生全面发展

志愿服务与思政教育在大学生培养中相辅相成，共同促进他们的全面发展。志愿服务活动通过让学生亲身参与社会实践，特别是生态文明建设等主题活动，不仅锻炼了他们的组织协调能力、沟通能力和团队协作精神，还培养了他们的社会责任感和公民意识。这种实践经验使学生更加了解社会，增强了解决实际问题的能力；同时思政教育通过传授理论知识和正确的价值观，为学生提供了坚实的思想基础，它培养学生的思辨能力，引导他们形成独立思考和判断的能力，这对于志愿服务活动的深入参与和后续的个人发展都至关重要。志愿服务与思政教育的结合，让学生在理论与实践之间找到了平衡点，既提升了他们的实践能力，又巩固了理论知识。这种全面的教育模式有助于培养出既具备专业知识，又有社会责任感和实践能力的高素质人才，为学生的全面发展奠定了坚实的基础。

志愿服务与思政教育在大学生教育中具有相互促进的关系，志愿服务活动为思政教育提供了生动的实践平台，丰富了教育的内容和形式；而思政教育则为志愿服务活动提供了价值引领，确保了活动的正确方向。二者结合共同促进了学生的全面发展，提升了他们的综合素质和实践能力。

第四节　生态文明视角下的创新创业教育

一、创新创业教育与生态文明的关系

在当前的教育体系中，创新创业教育已逐渐成为高校教育的重要组成部分，与此同时随着生态文明建设的不断深入，如何将创新创业教育与生态文明理念相结合，成为当下教育面临的新课题。下面将探讨创新创业教育与生态文明之间的关系，分析二者之间的内在联系和相互影响，以期为高校教育改革提供新的思路。

（一）创新创业教育是推动生态文明建设的重要途径

在当今社会，创新创业教育正逐渐成为推动生态文明建设的一股不可忽视的力量，它鼓励学生发挥创新思维，勇于尝试，通过创业实践来解决社会问题。在这一过程中，生态文明建设自然成为他们关注和探索的重要领域。创新创业教育能够引导学生从商业角度出发，思考如何结合科技创新来推动环保、节能等生态文明建设的相关议题。这种教育方式不仅培养了学生的创新思维和创业技能，更激发了他们对生态环境保护的责任感和使命感。

在创新创业教育的推动下,越来越多的学生开始将创业的目光投向环保、清洁能源、可持续发展等领域。通过研发新技术、推出新产品或新服务,以实际行动参与到生态文明建设中,为保护环境、促进可持续发展贡献自己的力量。此外,创新创业教育还鼓励学生通过团队合作、市场调研等方式,深入了解社会需求和生态环境问题,从而提出更加切实可行的解决方案。这种以问题为导向的教育方式,不仅提升了学生的实践能力,也为生态文明建设注入了新的活力和创意。

(二)生态文明理念为创新创业教育提供了价值导向

生态文明理念强调人与自然的和谐共生及可持续发展的重要性,这一理念为创新创业教育提供了清晰的价值导向。具体表现在以下几方面。

(1)引领创业方向。生态文明理念鼓励创业者关注环保、节能、资源循环利用等领域,从而引导创新创业教育的方向,如××××回收站的案例就展示了如何将废塑料转化为有用的物资,不仅解决了环境问题,还为企业带来了新的商业机会。

(2)培养环保意识。在创新创业教育中融入生态文明理念,有助于培养学生的环保意识。这种意识不仅体现在创业项目的选择上,更贯穿于企业的日常运营和管理中,确保创业活动对环境的影响最小化。

(3)提升社会责任感。生态文明理念强调人类对自然的责任和义务,这促使创业者在追求经济效益的同时更加注重社会效益和环境效益,如沙漠人造林的案例中,创业者通过种植树木改善当地自然环境,体现了强烈的社会责任感。

(4)促进创新技术的研发。为了实现生态文明的目标,需要不断创新技术来解决环境问题,创新创业教育在生态文明理念的指导下,将更加注重培养学生在环保技术方面的创新能力。

(三)创新创业教育与生态文明相互促进,共同发展

创新创业教育与生态文明之间存在着紧密的相互促进关系,二者共同发展,形成了良性的循环。一方面创新创业教育通过培养学生的创新意识和创业能力,为生态文明建设注入新的活力。学生在创新创业的过程中,不仅关注商业模式的创新,还积极探索如何通过技术手段和商业模式来解决环境问题,推动生态文明

建设。这种以问题为导向的创新创业实践，直接促进了生态文明相关技术和理念的发展。另一方面生态文明建设的深入推进也为创新创业教育提供了更加广阔的实践平台和发展空间。随着社会对生态文明建设的重视程度不断提高，越来越多的资源和机会被投入到环保、清洁能源等领域，这为创新创业教育提供了更多的实践机会和创业方向。学生在这些领域中发挥自己的创新能力，通过创业实践来推动生态文明建设。

创新创业教育与生态文明之间存在着密切的联系并且相互影响。创新创业教育不仅有助于培养学生的创新意识和实践能力，更在潜移默化中引导学生关注并参与到生态文明建设中来；而生态文明理念则为创新创业教育提供了明确的价值导向和发展方向。二者之间的相互促进和共同发展，对于推动整个社会向更加绿色、可持续的方向迈进具有重要意义。

二、绿色创业理念的培育与实践

随着全球生态环境问题的日益严峻，绿色创业理念逐渐受到社会各界的关注。绿色创业不仅关注经济效益，更强调对环境的保护和可持续发展，在大学生思想政治教育中，培育和实践绿色创业理念显得尤为重要。通过引导大学生树立绿色创业理念，不仅能够培养他们的环保意识和社会责任感，还能为生态文明建设贡献力量。下面将从绿色创业理念的培育、实践以及其与生态文明建设的关联三个方面展开论述。

（一）绿色创业理念的培育是生态文明建设的重要一环

在生态文明建设的大背景下，绿色创业理念的培育显得尤为重要。这一理念的推广不仅关乎环境保护，更是对可持续发展战略的深入实践，绿色创业理念强调的是在创业过程中，将环境保护与经济发展相结合，实现双赢。

培育绿色创业理念，首先要从教育入手。高校作为人才培养的摇篮，应当在思想政治教育中融入绿色创业的内容，引导学生认识到创业不仅要追求经济效益，更要关注其对环境和社会的影响。学生通过课程设置、讲座、实践活动等多种形式能深刻理解绿色创业的内涵和重要性。

同时，社会各界应共同努力，营造有利于绿色创业理念培育的环境。政府应出台相关政策，鼓励和支持绿色创业项目，为创业者提供资金、技术等方面的帮助。企业和媒体也应积极宣传绿色创业理念，让更多的人了解和接受这一理念。绿色创业理念的培育，不仅有助于提升大学生的环保意识和社会责任感，更能为生态文明建设培养一批具有绿色思维的创业者。在未来的创业实践中，将更加注重环境保护，推动经济的绿色转型，为生态文明建设贡献力量。因此绿色创业理念的培育无疑是生态文明建设不可或缺的一环。

（二）绿色创业理念的实践是推动生态文明建设的重要途径

绿色创业理念的实践是将环保意识转化为实际行动的关键步骤，也是推动生态文明建设不可或缺的重要途径，只有通过实践，绿色创业理念才能真正落地生根，发挥出应有的价值。在实践中绿色创业者们积极探索将环保理念融入商业模式的创新方式，他们不仅关注产品的环保性能，更致力于在整个生产过程中降低能耗、减少废气排放，实现经济效益与环境保护的双赢。这种实践不仅直接推动了生态文明建设，还为传统行业树立了绿色转型的典范。

此外，绿色创业的实践还促进了环保技术的研发和应用，创业者们在实践中不断尝试新的环保技术，推动这些技术的成熟和普及。这不仅提高了资源利用效率，减少了污染排放，还为生态文明建设提供了强有力的技术支撑，更为重要的是绿色创业的实践培养了一批具有环保意识和社会责任感的创业者。这些创业者在实践中深刻体会到环保的重要性，并将这种意识传递给更多的人，这种力量的汇聚，为生态文明建设注入了强大的动力。

（三）绿色创业理念与生态文明建设的深度融合

绿色创业理念与生态文明建设的深度融合，是推动可持续发展的关键所在。这种融合体现在以下几方面。

（1）理念上的契合。绿色创业理念强调在创业活动中融入环保和可持续发展原则，与生态文明建设的核心理念高度契合，二者都致力于实现人与自然的和谐共生，促进经济、社会和环境的协调发展。

（2）实践中的互补。绿色创业是通过创新商业模式和技术手段，减少资源消耗和环境污染，直接支持生态文明建设，同时生态文明建设为绿色创业提供了广阔的市场机遇和政策支持，促进了绿色产业的发展。

（3）政策与市场的共同推动。政府在推动生态文明建设的过程中，出台了财政补贴、税收优惠等一系列扶持绿色创业的政策措施,这些政策不仅激励了更多创业者投身于绿色创业,也为生态文明建设注入了新的活力。

(4)社会认知的提升。随着生态文明建设的深入推进,社会公众对环保和可持续发展的认识也不断提高,这种社会氛围为绿色创业理念的传播和实践提供了有利的环境,推动了绿色消费市场的形成和发展。

绿色创业理念的培育与实践是生态文明建设的重要组成部分,思想政治教育、专业知识教育以及实践活动的有机结合,能有效地引导大学生树立绿色创业理念并付诸实践。这不仅有助于培养他们的环保意识和社会责任感,还能为生态文明建设贡献力量。未来应该继续深化对绿色创业理念的研究和实践探索,推动其与生态文明建设的深度融合,共同构建绿色、环保、可持续发展的美好未来。

三、生态文明领域创新创业项目的孵化

在当前生态文明建设的大背景下,大学生作为新时代的青年力量,肩负着推动社会绿色发展的重要使命。因此,鼓励和引导大学生在生态文明领域进行创新创业项目的孵化,不仅有助于培养他们的环保意识和社会责任感,还能为我国的生态文明建设注入新的活力和创新力量。下面将从三个方面探讨生态文明领域创新创业项目的孵化问题。

(一)生态文明领域创新创业项目的孵化需要政策引导与支持

生态文明领域创新创业项目的孵化,离不开政策的引导与支持。政策的制定和执行,在推动这类项目从构想到落地的过程中,起着至关重要的作用。

(1)资金扶持与税收优惠。政府在资金扶持方面通过设立风险投资基金、创新创业基金等方式,直接为生态文明领域的创新创业项目提供了资金支持,如某些地区政府设立的环保创新基金,专门用于支持环保技术和产品的研发与推广。此外,政府提供税收优惠,如减免企业所得税、增值税等,以降低创业初期的经营成本,鼓励更多的企业和个人投身于生态文明领域的创新创业。

(2)技术支持与转让政策。政府在技术支持方面推动高校、科研院所与企业之间的合作,促进先进环保技术的研发和应用,同时通过完善技术转让政策,使这些技术能够更顺畅地转化为实际产品和服务。例如,建立技术转移中心,提供技术咨询和评估服务,帮助创业者了解和掌握最新的环保技术。

（3）法律保障与知识产权保护。政府应加大对生态文明创新创业项目的法律保护力度，完善知识产权保护体系，通过严厉打击侵权盗版行为，保护创新创业者的合法权益，激发他们的创新热情和积极性。例如，加强知识产权的宣传教育，增强创业者的知识产权保护意识；建立快速维权机制，降低维权成本，提高维权效率等。

（二）高校应成为生态文明领域创新创业项目孵化的重要基地

高校作为知识的殿堂和创新的源泉，在生态文明领域创新创业项目的孵化中扮演着重要的角色。高校不仅拥有丰富的科研资源和人才储备，还具备优越的学术氛围和创新环境，这些都为生态文明领域的创新创业提供了得天独厚的条件。一是高校拥有众多专业的科研团队和先进的实验设备，这些资源为生态文明领域的科研创新提供了坚实的基础。通过整合校内外的科研力量，高校可以推动环保技术的研发和创新，为创新创业项目提供强大的技术支持。二是高校是培养未来创新创业人才的摇篮，通过开设生态文明相关课程，举办创新创业讲座和实践活动，激发学生的创新思维和环保意识，培养他们对生态文明领域创新创业的兴趣和热情。三是高校还应为学生提供实践机会，让他们在实际操作中积累经验和锻炼能力。四是高校在创新创业项目的孵化过程中，还能提供项目策划、市场调研、法律咨询等全方位的服务，高校可以设立专门的创新创业中心或孵化器，为创业者提供一站式服务，帮助他们解决在创业过程中遇到的各种问题。

（三）社会各方应共同参与推动生态文明领域创新创业项目的孵化

生态文明领域创新创业项目的成功孵化，不仅有赖于政府和高校的支持，更需要社会各方的共同参与和推动，社会各方的合力，将为这些项目提供更加广阔的成长空间和市场机会。企业应积极投身其中，与高校、科研机构等建立紧密的合作关系，企业提供实际需求和市场反馈，为创新创业项目的研发方向提供指导。同时，企业的资金和市场渠道也是项目孵化过程中不可或缺的资源，通过与高校合作，企业可以早期介入潜在项目，共同推动项目的成熟和市场化。此外，各类社会组织如环保组织、行业协会等，也应在生态文明创新创业项目的孵化中发挥积极作用。他们可以提供行业动态、政策解读等服务，帮助创业者更好地把握市场脉搏和政策走向，同时这些组织还能通过举办交流活动、创业大赛等形式，为项目提供更多的展示机会，吸引更多的关注和资源。媒体作为信息传播的重要渠道，也应加大对生态文明创新创业项目的报道力度，通过广泛的宣传和推广，提高公众对这类项目的认知度和接受度，为其创造良好的社会环境。

生态文明领域创新创业项目的孵化是推动生态文明建设的重要途径之一，政府、高校和社会各方应共同努力，为大学生提供政策引导、资源支持和宣传推广等方面的帮助。通过孵化生态文明领域的创新创业项目，培养更多具有环保意识和社会责任感的青年人才。同时这些项目的成功实施还为解决生态环境问题提供了切实可行的方案和技术支持，推动社会的绿色发展和可持续发展。

四、创新创业教育对生态文明建设的贡献

在当前全球生态环境日益恶化的背景下，生态文明建设显得尤为重要，作为未来社会的主力军，大学生在推动生态文明建设中扮演着重要的角色。而创新创业教育作为一种新型教育模式，不仅培养了大学生的创新思维和创业能力，更在潜移默化中引导他们对生态文明建设做出积极贡献。下面将从三个方面探讨创新创业教育对生态文明建设的贡献。

（一）创新创业教育培养了大学生的环保意识

创新创业教育在当代大学生教育中占据着重要的地位，其深远影响不仅体现在对学生创新思维和创业能力的培养上，更在于它无形中强化了大学生的环保意识。这种教育模式通过独特的课程设计与实践活动，让学生在亲身体验中深刻认识到生态环境保护的紧迫性和重要性。

在创新创业教育的课堂上，教师经常结合环保案例，引导学生思考人类活动与自然环境之间的关系。这种教学方式不仅让学生了解到环境问题的严重性，还激发了他们对环境保护的责任感和使命感。此外，通过组织垃圾分类、节能减排等各种环保主题的实践活动，创新创业教育让学生从实际行动中感受到环保的实际意义。

这些实践活动往往要求学生走出教室，深入社区、企业和大自然，进行实地考察和调研，在这个过程中学生目睹了环境污染的严重后果，也亲身体验了环保措施带来的积极变化。这种直观的感受让学生更加珍惜自然资源，更加关注环境问题，从而养成强烈的环保意识。

（二）创新创业教育推动了生态环保技术的创新与应用

创新创业教育在推动生态环保技术的创新与应用方面发挥了重要作用，主要体现在以下几方面。

（1）激发创新思维。创新创业教育鼓励学生跳出传统框架，勇于探索未知领域。在环保领域，这种创新思维催生了众多新颖且实用的技术解决方案。例如，学生通过创新创业课程，提出了利用物联网技术监测环境污染、开发高效节能设备等创新想法。

（2）促进技术研发。在创新创业教育的推动下，大学生积极参与到生态环保技术的研发中，结合课堂知识和实践经验，不断尝试改进或发明新的环保技术。一些高校还设立了专门的创新实验室或孵化器，为学生提供必要的资源和指导，从而加速了生态环保技术的研发进程。

（3）推动技术应用与转化。创新创业教育不仅关注技术的创新，还致力于将这些技术应用到实际环保工作中，通过与产业界的合作，学生有机会将他们的技术成果转化为实际的产品或服务。这种合作模式不仅加速了技术的商业化进程，还为社会带来了实实在在的环保效益。

（4）培养技术传播与推广的人才。接受创新创业教育的大学生，在毕业后往往成为推动环保技术创新与应用的重要力量，不仅具备专业的技术能力，还懂得如何将这些技术推向市场，让更多的人受益。

（三）创新创业教育促进了生态文明理念的传播与普及

创新创业教育作为一种前瞻性和实践性的教育模式，不仅在技术和能力培养上发挥了重要作用，更在无形中促进了生态文明理念的传播与普及。通过创新创业教育的实施，大学生深入了解了生态文明的核心价值和深远意义，在课程学习和项目实践中，亲身感受到了人与自然和谐共生的重要性，以及保护生态环境的紧迫性。这种深刻的体验使他们成为生态文明理念的坚定拥护者和积极传播者，大学生通过创新创业项目，将生态文明理念融入到产品设计、服务创新等各个环节中，以实际行动践行这一理念。他们的项目不仅注重经济效益，更强调对环境的保护和可持续发展，从而引导更多人关注和认同生态文明。此外，大学生还可利用社交媒体、公益活动等渠道，积极宣传生态文明理念，提高公众对生态环境保护的认知和参与度。他们的行动也将影响身边的人群，形成良好的社会示范效应，推动了生态文明理念的广泛传播。

创新创业教育对生态文明建设的贡献是多方面的，它不仅培养了大学生的环保意识，推动了生态环保技术的创新与应用，还促进了生态文明理念的传播与普及。这些贡献不仅体现了创新创业教育在生态文明建设中的重要地位，也体现了大学生在推动生态文明建设中的积极作用。未来应继续加强创新创业教育，培养更多具有环保意识、创新能力和社会责任感的大学生，共同推动生态文明建设向更高水平发展。同时，政府、高校和社会各界应加大对创新创业教育的支持力度，为其提供更好的发展环境和更多的资源保障。

第七章　生态文明视角下的大学生思政教育评价体系

第一节　传统思政教育评价体系概述

一、传统评价体系的构成与特点

随着生态文明建设的不断深入，大学生思想政治教育工作也面临着新的挑战与机遇，传统的大学生思政教育评价体系在新的时代背景下显得愈发陈旧，难以全面、客观地评价思政教育效果。因此需要重新审视传统评价体系，探索与生态文明建设相契合的新型评价模式。

（一）传统评价体系重知识轻实践

传统的大学生思政教育评价体系普遍偏重于对学生知识掌握程度的考核。在这种体系下，往往以考试成绩作为主要的衡量标准，课堂参与度、作业完成情况等也成为评价的重要指标。然而这种重知识评价的方式在很大程度上忽视了思政教育的实践环节。[1]

实践是检验真理的唯一标准，也是提升学生思政素养的重要途径。在生态文明建设的背景下，思政教育更应强调学生将理论知识转化为实际行动的能力。传统评价体系由于过于注重知识的考核，导致学生仅停留在书本知识的层面，而无法将这些知识真正应用到实际生活中去。此外，重知识的传统评价体系还会引发学生的应试心态，使他们过于关注分数而忽视了对思政知识的深入理解和实际运

---

[1] Pengcheng J. Research on the Group Characteristics and Ideological and Political Education Strategies of College Students Born After 2000 [J]. Education Reform and Development, 2024, 6 （4）:133-138.

用，这种心态不仅不利于学生全面发展，也与生态文明建设的理念背道而驰。

（二）传统评价体系缺乏生态文明视角

传统的大学生思政教育评价体系在构建时并未充分融入生态文明的理念，这导致其在评价过程中明显缺乏生态文明视角，在生态文明日益受到重视的今天，这一缺陷显得尤为突出。一是传统评价体系主要关注学生的思政理论知识掌握情况，却未将生态文明素养作为重要的评价指标。这使学生在思政教育中缺乏对生态文明重要性的认识，无法深刻理解人与自然和谐共生的必要性。

二是由于缺乏生态文明视角，传统评价体系未能有效引导学生形成绿色、低碳、循环的生活方式。这种生活方式的培养是生态文明建设的重要组成部分，但在传统评价体系中却鲜有体现。

三是传统评价体系在评价思政教育效果时，未能充分考虑学生对生态文明建设的贡献。这不仅忽略了思政教育在推动生态文明建设方面的潜力，也限制了学生在这方面的积极性和创造力。

（三）传统评价体系忽视学生个体差异

在传统的大学生思政教育评价体系中，一个显著的问题是它往往忽视了学生的个体差异，每个学生都是独一无二的，他们有着不同的成长背景、兴趣爱好和学习能力。然而传统的评价体系却往往采用"一刀切"的方式，对所有学生使用相同的评价标准和考核方法，这种忽视个体差异的评价方式会带来一系列问题。一是它无法准确反映每个学生的真实思政水平和潜力。有些学生在某些方面表现出色，但由于评价体系的局限性，他们的优点无法得到充分的认可和鼓励。二是忽视个体差异的评价体系会挫伤部分学生的学习积极性。那些在传统评价标准下表现不佳的学生，他们会感到沮丧和挫败，甚至对思政教育产生抵触情绪。三是忽视学生个体差异会导致教育资源的分配不公平。如果评价体系不能准确反映每个学生的需求和潜力，那么教育资源就无法得到最有效利用，从而造成资源浪费。

在生态文明视角下，传统的大学生思政教育评价体系存在诸多不足，为了适应新时代的需求，需要构建一种更加全面、客观且注重学生个体差异的评价体系。这就要求在评价过程中不仅要关注学生的知识掌握程度，还要注重其实践能力、生态文明素养以及个性特点等多方面的评价。在未来的思政教育工作中，应积极探索新型评价模式，不断完善评价体系，以适应生态文明建设的需求。

二、传统评价体系的优势与不足

作为长期以来教育实践的产物，传统的大学生思政教育评价体系必然存在其合理性与优势，然而随着时代的发展和生态文明理念的兴起，这一体系也暴露出不少不足。在审视传统评价体系时，既要看到其积极的一面，也要认清其局限性，从而为构建更加完善的思政教育评价体系提供借鉴。

（一）传统评价体系的优势

传统评价体系在长期的教育实践中得以形成和完善，其优势主要体现在以下几方面。

（1）客观性。传统评价体系通常基于明确的标准和规则，采用量化的评分机制，这在一定程度上确保了评价的客观性和公正性，评分标准和规则的统一性使评价过程较少受到主观因素的干扰。

（2）可操作性。传统评价体系具有明确的操作流程和评判准则，便于实施和操作，教师和教育机构可以依据这一评价体系对学生的学业成绩进行快速、有效的评估。

（3）可比性。由于采用统一的评价标准和量化指标，传统评价体系使不同学生之间的成绩具有可比性，这种可比性不仅有助于教育机构对教学质量进行监控，也为学生提供了公平的竞争环境。

（4）激励作用。传统评价体系往往与奖励和惩罚机制相结合，从而激励学生努力学习，争取更好的成绩，这种激励作用在一定程度上提高了学生的学习积极性。

（5）知识掌握程度的准确反映。传统评价体系注重对学生知识掌握程度的考核，通过考试、测验等方式，能够较为准确地反映学生在特定学科领域的知识水平。

（二）传统评价体系的不足

尽管传统评价体系具有一定的优势，但也存在明显的不足，主要体现在以下几个方面：一是传统评价体系过于注重知识的记忆和应试能力的考查，往往忽视了对学生实践能力和创新思维的培养。在这种体系下，学生只是机械地记忆知识点以应对考试，而缺乏将知识应用于实际情境的能力。二是传统评价体系通常采用单一的评价标准和方法，未能充分考虑学生的个体差异和多元化发展需求。每个学生都有独特的学习方式和兴趣点，但传统评价体系往往无法全面、准确地评价每个学生的个性和潜力。①

此外，传统评价体系还缺乏对学生情感态度和价值观的评价，在思政教育中，培养学生的正确价值观和情感态度同样重要，然而传统评价体系往往只关注学生的认知层面，忽视了情感态度的培养。

随着生态文明建设的推进，传统评价体系未能及时融入生态文明理念，缺乏对学生在生态环境保护方面的意识和行为的评价，这造成了与当前社会倡导的绿色发展理念的脱节。

（三）传统评价体系与生态文明建设的契合度不足

传统思政教育评价体系在与生态文明建设的契合度上存在显著不足，这主要表现在以下几方面：一是理论认知的覆盖不全面。传统评价体系主要集中在马克思主义理论、思想道德修养等方面，对于生态文明建设理论的覆盖相对较少，导致学生对生态文明理念系统认知不足。二是缺乏对实践教育的评估。生态文明建设不仅需要理论认知，更需要通过实际行动来增强学生的环境保护意识和生态文明素养。然而传统评价体系对学生在生态文明实践中的表现和成长关注不足，难以全面反映学生在实践中的实际表现和进步。三是评价指标体系相对单一。现有的评价体系多以学术成绩、课堂表现等量化指标为主，缺乏对学生生态文明行为、环保实践等方面的综合评价。这样的评价标准难以全面反映学生在生态文明素质上的全面发展水平和实际能力。四是缺乏动态性的评价方式。生态文明建设是一个长期的、动态的发展过程，学生的思想政治素质和生态文明意识也在不断变化和提升，传统评价体系多采用阶段性、静态性指标，难以实时跟踪和反映学生思想政治素质的动态变化，从而无法准确评估学生在生态文明建设中的成长和进步。

---

① Zhang Y. Analysis of the Labor Spirit in Ideological and Political Education of College Students and Its Value Paths [J]. International Journal of Social Science and Education Research, 2024, 7（6）.

传统的大学生思政教育评价体系既存在优势也存在不足，在生态文明建设的时代背景下，需要对传统评价体系进行深刻的审视和反思，充分发挥其优势并弥补其不足。

三、生态文明对传统评价体系的挑战

生态文明建设是中国现代化进程中的重要组成部分，也是全球可持续发展议程的核心内容之一，随着生态文明理念的深入人心，高校思想政治教育的评价体系面临新的挑战。传统评价体系在生态文明背景下显得力不从心，需要全面审视和改革，以适应新时代的要求。生态文明对传统评价体系的挑战主要体现在评价内容、评价方式和评价目标三个方面。

（一）评价内容的挑战

在生态文明背景下，对传统思想政治教育评价体系的内容提出了新的要求。传统评价体系主要关注学生的政治理论水平、道德品质和法律意识等方面，但在生态文明意识和环保行为的评价上有所欠缺。这种局限性使评价体系无法全面反映学生在生态文明建设中的素质和能力。为了适应新时代的要求，评价体系需要在内容上进行调整，纳入生态文明教育的相关指标。具体而言，评价体系应当包括以下几方面的内容：一是生态文明理念的认知。学生对生态文明理论的理解和掌握程度，是评价其生态文明素养的重要方面。二是环保行为的评估。学生在日常生活中的具体环保行为，如节能减排、垃圾分类和绿色出行等实际行动，是衡量其生态文明意识的重要标准。三是生态文明实践活动的参与情况。通过学生参与环保志愿服务、生态调研等活动的情况，评估其实际的生态文明实践能力。为了实现这些目标，在课程设置上增加了与生态文明相关的内容，开展专题讲座、讨论和实践活动。同时，设立生态文明专项评估指标，定期考核学生的生态文明知识和实践表现。

（二）评价方式的挑战

在生态文明背景下，传统思想政治教育评价体系的评价方式也面临着新的挑战。传统评价方式主要依赖纸笔测试、课堂表现评估等静态、单一的评估手段,难以全面反映学生在实际生活中的生态文明意识和行为。这种局限性使得评价体系难以适应新时代生态文明教育的要求。为了更好地评价学生的生态文明素养,评价方式需要从单一的知识评估转向综合素质评估,包括动态评估学生的实际行为和实践能力。具体而言,通过以下几种方式进行改进:一是利用信息技术手段,建立生态文明教育平台,实时记录和反馈学生的环保行为。例如,通过校园节能系统记录学生的用电情况;通过智能垃圾分类系统记录学生的垃圾分类行为;等等。这些技术手段能够提供动态、实时的数据,帮助教育者全面评估学生的日常环保行为。

二是开展生态文明实践活动,将学生的参与情况和表现纳入评价体系。通过组织环保志愿服务、生态调研、社区环保宣传等实践活动,观察和记录学生在实际环境中的表现,评价其生态文明实践能力和参与热情。这样能够更全面地反映学生在真实情景中的生态文明意识和行为。

三是采用多元化的评价手段,结合定量与定性评估。除了传统的笔试和测验,增加口头汇报、项目展示、实践报告等多种形式的评估,全面考查学生的知识掌握情况和实际应用能力。

(三)评价目标的挑战

在生态文明背景下,传统思想政治教育评价体系在评价目标上也面临新的挑战。传统评价体系的目标主要是检验学生对政治理论和道德规范的掌握情况,侧重于知识的传授和态度的培养。然而生态文明建设强调全面、协调、可持续发展,需要培养学生的综合素质和创新能力,这种需求对评价目标提出了新的要求。一是评价目标应从单一的知识考查转向多元化的发展考查。生态文明建设不仅要求学生具备扎实的理论基础,还需要具备解决实际问题的能力和创新精神。因此,评价体系应当关注学生的生态意识、环保行为、实践能力和创新能力,通过多元化的评价指标,引导学生全面发展。

二是评价目标应注重学生的综合素质提升。在生态文明背景下的思想政治教育不仅要关注学生的政治素养和道德品质,还要关注其科学文化素质、身心健康素质和生态文明素质。因此,评价体系应当涵盖学生的思想道德素质、学术能力、实践能力和生态文明素质等方面,全面评价学生的综合素质。

三是评价目标应体现生态文明教育的核心价值。生态文明教育强调人与自然和谐共生，培养学生的生态伦理观念和环境责任感。因此，评价体系应当注重学生在生态文明建设中的实际表现和成长，将其生态文明素养作为重要的评价目标之一。

生态文明对传统思政教育评价体系提出了全方位的挑战，主要体现在评价内容、评价方式和评价目标三个方面。传统评价体系需要在内容上增加生态文明相关的评估指标，确保学生对生态理念的深入理解和实际践行；在方式上采用动态评估手段，注重学生实际行为和实践能力的考查；在目标上实行多元化发展考查，关注学生全面素质的提升。通过这些改革措施，构建适应生态文明建设要求的大学生思政教育评价体系，推动高校思想政治教育的创新发展，培养符合新时代要求的高素质人才。这不仅是高校思想政治教育改革的必然要求，也是实现国家生态文明建设目标的重要举措。

四、构建新评价体系的必要性

随着生态文明建设逐渐成为国家发展的重要战略，高校思想政治教育也面临新的挑战和机遇。传统的思政教育评价体系在内容、方式和目标上已无法完全适应新时代的要求，因而构建一个符合生态文明视角的新评价体系势在必行。

（一）评价内容的更新

在生态文明背景下，评价内容的更新是构建新评价体系的必要前提。传统思政教育评价体系主要关注政治理论、道德品质和法律意识的考查，但在生态文明意识和环保行为的评价上有所不足。随着生态文明建设的重要性日益凸显，高校思政教育必须将生态文明理念融入评价内容中，全面反映学生在生态文明建设中的认知和实践能力。一是评价内容应当涵盖对生态文明理论的认知。学生对生态文明相关理论、环境保护法律法规和可持续发展策略的理解和掌握，是评价其生态文明素养的重要标准。通过增加这些内容的考核，帮助学生全面了解生态文明理念，增强他们的环境保护意识和责任感。

二是评价内容应当包括学生的环保行为。如日常生活中的节能减排、垃圾分类、绿色出行等具体行为，这是反映学生生态文明意识的重要指标。评价体系应当通过记录和反馈学生在这些方面的表现，全面评估他们的环保行为和实践效果，利用信息技术手段，如校园节能系统和智能垃圾分类系统，实时监测和记录学生的环保行为，形成动态、全面的评价数据。

三是评价内容应当关注学生的生态文明实践活动。组织学生参与环保志愿服务、生态调研、社区环保宣传等活动，帮助他们在实践中深刻理解和践行生态文明理念，通过记录和评价学生在这些活动中的表现，全面反映其实际的生态文明实践能力和参与热情。

（二）评价方式的改进

在生态文明背景下，评价方式的改进是构建新评价体系的重要保障。传统思政教育评价方式主要依赖于纸笔测试和课堂表现评估，这种静态、单一的评估手段难以全面反映学生在实际生活中的生态文明意识和行为。在新时代背景下，评价方式必须创新，采用动态、综合的评估手段，以全面衡量学生的生态文明素质。一是评价方式需要引入信息技术手段，利用生态文明教育平台和智能监测系统，实时记录和反馈学生的环保行为，提供动态、实时的评价信息，全面反映学生的日常环保行为。

二是评价方式应当注重学生的实践活动表现，通过组织和参与环保志愿服务、生态调研和社区环保宣传等生态文明实践活动，评价学生在实际环境中的表现和参与情况。这不仅能够考查学生的实践能力和生态文明素养，还能激发他们的参与热情和社会责任感，评价体系应当将这些实践活动纳入考评范围，通过观察和记录学生的实际表现，全面评估其在生态文明建设中的实践能力。

三是评价方式需要多元化，除了传统的笔试和测验，增加口头汇报、项目展示和实践报告等多种评估形式。通过这些多元化的评价手段，能够全面考查学生的知识掌握情况、实际应用能力和创新思维，如学生通过项目展示和实践报告，展示他们在生态文明教育中的学习成果和实践经验。

（三）评价目标的拓展

在生态文明背景下，评价目标的拓展是构建新评价体系的核心要求。传统评价体系主要侧重于政治理论和道德规范的掌握，忽视了学生全面发展的需求。生态文明建设强调全面、协调、可持续发展，需要培养学生的综合素质和创新能力，因此评价目标必须从单一的知识考查转向多元化的发展考查。一是评价目标应注重生态文明素养的培养。学生的生态文明意识、环保行为和可持续发展能力是新时代思政教育的重要内容。评价体系应将这些方面纳入目标，通过多元化的评价指标，全面反映学生在生态文明建设中的表现和进步。

二是评价目标应关注学生的综合素质提升。生态文明背景下的思想政治教育不仅要关注政治素养和道德品质，还要关注科学文化素质、身心健康素质和创新能力，评价体系应当涵盖这些方面，全面评估学生的综合素质，推动其在德、智、体、美、劳等方面全面发展。

三是评价目标应体现生态文明教育的核心价值。生态文明建设强调人与自然和谐共生，评价体系应当注重学生在实际生活中的生态文明行为和社会责任感，通过评价引导学生积极践行生态文明理念，培养其成为具备生态文明素养的新时代人才。

构建新评价体系的必要性体现在评价内容的更新、评价方式的改进和评价目标的拓展三个方面。评价内容的更新有助于全面反映学生在生态文明建设中的认知和实践能力；评价方式的改进能够动态地评估学生的实际行为和实践能力；评价目标的拓展则能够引导学生全面发展，培养适应新时代需求的高素质人才。通过构建一个符合生态文明视角的新评价体系，推动高校思想政治教育的改革和创新，不仅能够提升教育质量和实效性，也能为国家生态文明建设和可持续发展提供坚实的人才保障，这是新时代高校思想政治教育的重要使命和责任。

第二节　融入生态文明理念的思政教育评价原则

一、全面性原则与生态文明理念相结合

在当前生态文明建设的大背景下，大学生思想政治教育需要与生态文明理念深度融合，以全面性原则为基础，构建符合新时代需求的评价体系。下文将探讨全面性原则如何与生态文明理念相结合，从生态文明理论、生态行为和综合素质等方面展开讨论。

（一）生态文明理论的学习与传播

在生态文明视角下，对生态文明理论的学习和传播是大学生思想政治教育评

价体系的重要组成部分，生态文明理论强调人与自然的和谐发展，倡导环境保护和可持续发展，是适应当前社会发展需求的重要理论体系之一。评价体系应当通过以下方式推动生态文明理论的学习与传播：一是评价内容应包括对生态文明相关理论知识的学习和理解。学生应当掌握生态伦理、生态法律法规、生态经济等基础理论，深入理解生态文明建设对社会、经济和环境的重要意义。通过课堂教学、学习资料的发放以及讨论和思考，学生逐步形成对生态文明理论的深刻认识和理解。

二是评价体系应促进生态文明理论的传播与应用。学生不仅要在理论学习上有所涉猎，还须将理论知识应用到实际生活和社会实践中去。通过课外活动、研讨会和社会实践等形式，让学生有机会运用生态文明理论解决实际问题，提升其理论与实践结合的能力。

（二）生态行为的实践与评估

在生态文明视角下，大学生思想政治教育评价体系应关注学生生态行为的实践和评估，生态行为包括个体在日常生活中的环保行为、节能减排实践以及参与生态保护活动等。评价体系通过以下方式推动生态行为的实践与评估：一是评价内容应涵盖学生在校园和社会中的具体环保行为，如垃圾分类、节水节电、减少碳足迹等环保行为能够反映学生的环保意识和行动能力。通过观察学生的实际行为，记录和评估其环保行为的频率、持续性和效果，客观地评价其在生态行为实践方面的表现。

二是评价体系应鼓励和评估学生参与生态保护和环境改善的实际活动，如组织和参与环保志愿服务、生态调研、植树造林等社会实践活动，培养学生的社会责任感和环境意识。通过记录学生参与的项目以及其在项目中的角色和贡献，评价体系能够全面考查学生在生态行为实践中的积极参与程度和效果。

（三）综合素质的培养与考量

在生态文明视角下，大学生思想政治教育评价体系需注重学生综合素质的培养与考量。综合素质包括政治思想品质、科学文化素养、社会责任感和创新能力等多个方面，是适应社会发展需求的重要组成部分。一是评价体系应注重学生的政治思想品质。通过政治理论学习和思想教育活动，评估学生对党的理论和政策的理解与支持程度，培养他们坚定的政治信念和正确的世界观、人生观、价值观。

二是评价体系应关注学生的科学文化素养。这包括学术研究能力、科学方法的应用能力以及对科学技术的基本理解。通过课堂学习和科研实践，评估学生在科技创新和学术领域的表现，推动其科学素养和创新精神的养成。

三是评价体系应考虑学生的社会责任感和实际应用能力。大学生不仅要有理论知识，还应将其应用于解决社会和环境问题。通过社会实践、志愿服务和实习实践等活动，评估学生在实际工作和社会生活中的表现，培养其具备社会责任感和实践能力的综合素质。

全面性原则与生态文明理念相结合在思政教育评价体系中具有重要意义，通过学习生态文明理论、实践生态行为和培养综合素质，有效地推动大学生的思想政治教育与生态文明建设深度融合，为培养具有现代化素质的人才奠定坚实的基础。

二、客观性原则在生态文明评价中的应用

客观性原则在评价体系中的应用是确保评价公正、科学和客观的重要保证，特别是在生态文明视角下的大学生思想政治教育评价中，客观性原则不仅关乎个体评价的公正性，更关系到整体评价体系的可信度和有效性。下面将探讨客观性原则在生态文明评价中的具体应用及其意义。

（一）基于客观数据的生态行为评估

在生态文明视角下，评价大学生的生态行为需要依靠客观数据，这是确保评价公正性和科学性的关键。通过多种技术手段收集和分析客观数据，从而准确反映学生在日常生活中的环保行为和生态意识表现。一是校园节能系统实时记录和分析学生的用电情况，通过监测学生在宿舍和公共区域的用电量、能源消耗等数据，评估其节能意识和节能行为的实际效果。这种方式不仅能够量化学生的节能行为，还能为学校提供有效的节能管理参考。

二是智能垃圾分类系统自动识别和记录学生的垃圾分类行为，通过分析学生参与垃圾分类的频率、准确率和分类结果，评估其环保意识和实际行动。这种基于客观数据的评估方式不仅减少了评价中的主观因素，还能够鼓励学生积极参与

到校园环保活动中来。

三是生态文明教育平台和移动应用程序也可以用于收集和分析学生参与生态保护活动的数据，如学生参与环保志愿服务的时间、项目参与情况和服务效果等。通过这些平台进行记录和统计，为评价学生的社会责任感和环保行为提供客观依据。

（二）多维度的生态文明素养评价

生态文明素养评价应当从多个维度全面考量学生在生态文明建设中的表现和成长。一是评价体系通过学生对生态文明理论的理解和掌握情况来衡量其学术素养和知识水平。学生对生态伦理、生态法律法规等基础理论的掌握程度，反映了其在理论层面上的生态文明素养。

二是评价应涵盖学生的实际生态行为和环保实践。这包括学生在日常生活中的环保行为、参与环保志愿服务的情况、垃圾分类、节约资源等具体行动。通过评估这些实际行为，客观地反映学生的环保意识和行动能力。

三是评价体系还应考虑学生在社会实践和研究项目中的表现。例如，学生参与的生态调研、生态保护项目和创新研究，能够体现其在实际工作中的创新能力、团队合作精神以及解决生态问题的能力。

（三）公正的评价标准和程序设计

为确保生态文明视角下大学生思政教育评价的公正性和科学性，评价体系必须设计公正的评价标准和程序。一是评价标准应基于权威的生态文明理论和国家政策，明确界定学生在生态文明建设中应具备的知识、能力和态度。这些标准不仅要具备科学性和客观性，还须与时俱进，紧密结合解决当前社会生态问题的需求。二是评价程序应具备透明、公开和可操作性。评价过程中的每一个环节，包括数据收集、分析、结果呈现和反馈，都应当有明确的操作流程和规范。三是评价结果应及时向学生和相关教育管理部门公布，确保评价过程的公开透明，避免信息不对称和偏差。四是评价体系的设计应考虑多元化和差异化，不同学生在生态文明素养方面的起点和发展速度不同。评价应充分考虑到个体差异，采用多维度、多角度的评价方法，如综合考虑学术成绩、实践成果、社会责任感等因素，全面客观地评估学生在思政教育中的综合表现。

客观性原则在生态文明视角下的大学生思想政治教育评价体系中具有重要意义。通过基于客观数据的生态行为评估、多维度的生态文明素养评价以及公正的评价标准和程序设计，能够有效地提升评价体系的科学性和公信力，推动大学生思政教育与生态文明建设深度融合，培养出具有高度社会责任感和生态意识的新时代人才。

三、发展性原则与生态文明建设的协同

在生态文明视角下，发展性原则在思政教育评价中的应用，强调评价体系应与生态文明建设相协同、相互促进。下文将探讨发展性原则在大学生思政教育评价中的具体应用，以及其对推动生态文明建设的重要意义。

（一）学生生态意识的发展与提升

学生生态意识的发展与提升是生态文明视角下思政教育评价体系中重要的一环。生态意识是指个体对环境保护和可持续发展问题的认知、态度和行为，是构建生态文明社会的基础和前提。评价体系一是应通过课程设置和教育活动，引导学生深入了解生态环境问题的严重性及其对人类社会的重要影响。例如，开设生态文明理论课程和环境科学实践课程，通过案例分析、讨论和实地考察等方式，激发学生对生态问题的关注和思考，提升其对生态系统、生物多样性和资源利用的认知能力。

二是评价体系应鼓励学生参与生态保护和环保实践活动。通过组织生态志愿服务、推广节能减排技术、参与垃圾分类和环境清理等活动，让学生亲身体验生态保护的实际意义和效果。这些实践活动不仅增强了学生的环保意识，还培养了他们的团队合作精神和社会责任感。

三是评价体系应结合学生的实际行动和影响力来评估其生态意识的发展。通过参与环保活动的频率、提出环保倡议的能力以及影响社区的能力等定量和定性的指标，全面评估学生在生态意识培养方面的成效和贡献。这种评估体系不仅关注个体行为，还应关注其对周围环境和社会的积极影响，从而形成全面而深入的评价体系。

（二）生态文明理论的学术深化与实践结合

生态文明理论的学术深化与实践结合是推动大学生思想政治教育与生态文明建设深度融合的重要路径之一，评价体系应通过多种途径促进学生对生态文明理论的深入学习和实践应用。一是评价体系设立生态文明理论课程，系统介绍生态伦理、可持续发展理论、生态系统服务等相关理论知识。通过理论课程，引导学生深入思考生态文明建设的基本原则和路径，培养其对生态问题的理性认知和学术素养。

二是评价体系应结合实践教育，如组织生态调研、参与环保项目和生态保护实践等活动。学生通过实地调研和实践项目，将学到的理论知识应用到实际问题中，增强其对生态文明理论的实际理解和运用能力。这种理论与实践相结合的方式，不仅能够提升学生的学术水平，还能培养其解决实际环境问题的能力和责任感。

三是评价体系应通过科研项目和学术竞赛等平台，鼓励学生深入探索生态文明理论的前沿问题和实际应用。例如，开展生态创新项目、参与环保技术研发等活动，激发学生的创新精神和学术探索欲望，推动生态文明理论的学术深化和实践应用。

（三）创新精神的培养与推广

创新精神的培养与推广是生态文明视角下大学生思想政治教育评价体系的关键要素之一。生态文明建设需要不断探索新的解决方案，评价体系应当激励和引导学生在思想政治教育中展现出更多的创新能力和成果。一是评价体系应通过创新教育课程，培养学生的创新意识和能力。这包括开设创新思维、生态技术创新等课程，鼓励学生在课堂内外提出新的环保理念和实践方法。通过理论学习和案例分析，学生能够掌握创新的基本方法和技巧，激发他们对生态问题的创造性思考。二是评价体系应提供多种实践平台，支持学生进行创新实验和项目研究。如设立生态创新实验室、组织创新创业大赛和环保创意比赛等活动，让学生在实践中检验和发展自己的创新想法。通过这些实践活动，学生不仅能够提升自己的创新能力，还能为生态文明建设提供实际的创新解决方案。三是评价体系应建立完善的激励机制，奖励在生态创新方面表现突出的学生。通过奖学金、荣誉称号、项目资助等多种形式，激励更多学生积极参与到生态创新中来，推广其创新成果。评价体系通过表彰和奖励机制能够营造出浓厚的创新氛围，促进学生在生态文明领域不断探索和进步。

发展性原则在生态文明视角下的大学生思想政治教育评价体系中，通过促进生态意识的发展、深化生态文明理论的学术研究与实践结合，以及培养创新精神，不仅能够推动学生个体的全面发展，还能为生态文明建设培养出更多具有责任感和创新能力的新时代人才。这些论点共同构成了评价体系中发展性原则的实际应用路径和深刻意义。

四、可操作性原则在评价过程中的体现

可操作性原则是确保生态文明视角下大学生思想政治教育评价体系得以顺利实施的重要保障，只有具备高度的可操作性，评价体系才能在实际应用中发挥其应有的作用。下面将探讨可操作性原则在评价过程中的具体体现，通过实际的操作步骤和案例分析，展示评价体系在实际应用中的有效性和实践性。

（一）评价指标的具体化和可量化

评价指标的具体化和可量化是确保生态文明视角下大学生思想政治教育评价体系可操作性的关键环节。具体化和可量化的指标不仅使评价过程更加透明和公正，还能为教育工作者提供明确的指导，确保评价结果的科学性和客观性。一是评价指标需要具体化，这意味着每个评价维度都应有明确的定义和操作步骤。例如，在评估学生的生态行为时，具体划分为节水、节电、垃圾分类、绿色出行等具体行为。这些行为通过观察和记录的方式进行评估，确保每个指标都有清晰的操作指南。

二是评价指标要实现可量化，这要求每个具体行为都能够通过数据进行量化和分析。例如，节水行为通过记录学生日常用水量的变化进行量化；节电行为通过宿舍和教室的用电量数据进行评估；垃圾分类通过统计正确分类的次数和准确率来衡量；绿色出行通过学生使用公共交通、骑行或步行的频率和距离来量化。

（二）评价方法的多样化和灵活性

可操作性原则还要求评价方法的多样化和灵活性，以适应不同情境和学生个体差异。在生态文明视角下，思政教育评价不仅要考虑学生对知识的掌握情况，

还要关注他们的实际行为和综合素质发展。因此评价方法应当多样化,既包括传统的笔试和口试,也涵盖行为观察、社会实践、项目报告等多种形式。行为观察是评价学生环保行为的直接方法。通过记录学生在校园和社会中的环保实践,如垃圾分类、节能减排和参与环保活动等方面的具体表现,评估其生态意识和实际行动。社会实践和项目报告则是评价学生综合素质和创新能力的重要途径。学生通过参与生态调研、环保项目设计和实施,将理论知识应用于实际问题,展现其解决问题的能力和创新思维。这些多样化的评价方法不仅能够全面考查学生的生态文明素养,还能够增强评价体系的灵活性和适应性。

评价体系的可操作性原则通过具体化、可量化的评价指标和多样化、灵活性的评价方法得以体现,这不仅提高了评价过程的科学性和客观性,也使评价体系在实际操作中具有较强的可行性和实效性。在生态文明视角下,大学生思想政治教育评价体系应不断优化和完善其操作流程,为培养具有高度社会责任感和生态文明意识的新时代人才提供坚实的保障。评价体系通过这些措施能够在推动生态文明教育与思政教育深度融合中发挥重要作用,促进学生的全面发展。

第三节 生态文明视角下的思政教育评价方法

一、定量评价与定性评价相结合

随着生态文明建设的不断深入,大学生思想政治教育工作也面临着新的要求和挑战。在生态文明视角下,如何科学、全面地评价大学生的思政教育效果,成了一个亟待解决的问题。定量评价与定性评价作为两种常用的评价方法,各有优势与局限,将它们结合使用,能够更全面、更准确地反映大学生的思政教育效果。

(一)定量评价在思政教育评价中的应用

定量评价在思政教育评价中的应用主要体现在以下几方面。

(1)成绩量化分析。定量评价将学生的考试成绩、课堂参与度等具体指标量化为数字,便于教师直观地了解学生的知识掌握情况。例如,通过分数统计迅速识别学生在思政课程学习中的薄弱环节，从而进行有针对性的辅导。

（2）问卷调查与数据分析。通过发放调查问卷，收集学生对思政课程内容、教学方法等方面的反馈信息，并利用统计软件进行数据分析。这种方式能够体现出学生对思政教育的满意度、认知程度和学习成效，为教学改进提供数据支持。

（3）标准化测验。定量评价还包括使用标准化测验来评估学生的思政知识水平和能力，这些测验通常具有统一的评分标准和难度等级，能够客观地比较不同学生或不同班级之间的表现情况。

（4）追踪学习效果。通过定期的定量评价，追踪学生在思政教育过程中的学习效果变化，例如，对比不同时间点的测验成绩，分析学生对思政知识的掌握情况，以及教学策略是否有效。

（二）定性评价在思政教育评价中的重要性

定性评价在思政教育评价中的重要性不容忽视，它侧重于对思政教育过程中的主观感受、态度、价值观等方面的深入分析和理解，能够揭示出定量评价难以触及的深层次信息。一是定性评价关注学生的内在体验和感受，在思政教育中，学生的情感、态度和价值观的培养同样重要。定性评价通过深入访谈、观察、案例分析等方式，能够了解学生的真实感受，评估思政教育对学生内在世界的影响，从而更全面地评价思政教育的效果。

二是定性评价能够挖掘思政教育中的潜在问题。在定量评价中一些潜在的问题可能被忽视或遗漏，而定性评价则能够深入到学生的内心世界，发现他们对思政教育的疑虑、困惑或不满，为教师提供宝贵的反馈，帮助教师及时调整教学策略，改进教学方法。

三是定性评价还具有人文关怀的特点。它关注学生的个体差异和多样性，尊重每个学生的独特体验和感受。定性评价通过与学生建立亲密的联系和沟通，能够让学生感受到被关注和被尊重，从而增强他们对思政教育的认同感和归属感。

（三）定量评价与定性评价的结合优势

定量评价与定性评价相结合在思政教育评价中展现出显著的优势，这种结合不仅能够综合利用两者的特点，还能够互为补充，提高评价的准确性和全面性。

一是定量评价提供了客观、具体的数据支持，使评价结果更具说服力和可比较性。通过量化指标和数据分析，清晰地展示学生在思政教育中的知识掌握程度、行为表现等方面的具体信息，为教学改进提供明确的方向。然而定量评价往往难以完全揭示学生的主观感受和内在体验，此时定性评价的作用就凸显出来。定性评价通过深入访谈、观察、案例分析等方式，能够捕捉到学生的真实感受、态度和价值观，从而揭示出定量评价无法触及的深层次信息。将定量评价与定性评价相结合，充分利用两者的优势，形成更加全面、准确的评价结果。这种结合不仅提高了评价的准确性和可信度，还使评价结果更具人文关怀和深度，从而更好地服务于思政教育的改进和发展。

在生态文明视角下，大学生思政教育评价需要采用定量评价与定性评价相结合的方法。通过设计科学合理的评价指标体系、采用多种评价方法和技术手段、注重评价结果的反馈和应用等措施，可以全面、准确地反映大学生的思政教育效果，为推动大学生思政教育的改进和发展提供有力支持。

二、过程评价与结果评价的平衡

在生态文明视角下审视大学生思政教育评价体系时，不得不面对一个关键问题：如何在关注结果的同时充分重视教育过程的价值。思政教育不仅是传授知识的过程，更是塑造学生品格、培养学生社会责任感的重要途径。因此，实现过程评价与结果评价的平衡，对于提升思政教育的质量至关重要。

（一）过程评价的重要性

在大学生思政教育中，过程评价的重要性不容忽视。与传统的结果导向评价相比，过程评价更加关注学生在学习过程中的体验、参与和成长，它强调对思政教育活动本身的审视，而非仅仅聚焦于最终的成果或成绩。一是过程评价能够真实反映学生的学习状态和学习质量，通过对学生参与课堂讨论、完成实践活动、团队合作等方面的观察和分析，教育者能够更全面地了解学生的学习情况，发现他们的优点和不足，从而为他们提供更有针对性的指导和帮助。

二是过程评价有助于促进学生的全面发展。思政教育不仅是传授知识，更是培养学生综合素质和能力的过程，过程评价能够关注学生在情感态度、价值观、社会责任感等方面的变化，促进他们全面、健康地成长。通过过程评价，学生可以更加深入地理解思政教育的意义和价值，增强学习的主动性和积极性。

三是过程评价还有助于提升教学质量，通过对教学过程的评估，教育者可以及时发现教学中的问题和不足，调整教学策略和方法，提高教学效果。同时，过程评价还能够促进教育者之间的交流和合作，共同推动思政教育的改进和发展。

（二）结果评价的必要性

在大学生思政教育评价体系中，结果评价的必要性同样不容忽视。结果评价作为教育评价的重要组成部分，旨在量化评估学生的学习成果，为教育者和学生提供明确的信息反馈。一是结果评价是评估思政教育质量的重要手段。通过对学生思政课程考试成绩、实践报告、论文等成果的评估，直观地了解学生对思政知识的掌握程度、理解和应用能力。这不仅有助于教育者了解教学效果，还为学生提供了自我评估的依据，激励他们更加努力地学习。

二是结果评价是检验思政教育目标是否达成的重要依据。思政教育的目标是培养学生的道德品质、政治素养和社会责任感等综合素质，通过结果评价检验学生是否真正达到了这些目标，为教育者调整教学策略和方法提供了有力支持。

三是结果评价还具有导向作用。一个科学、合理的结果评价体系可以为学生提供明确的学习方向，引导他们关注学习的重点和难点。同时，结果评价还能够为学生提供一个展示自己才能和成果的平台，增强他们的自信心和成就感。

（三）过程评价与结果评价的平衡策略

在大学生思政教育评价体系中，过程评价与结果评价各有其不可或缺的价值，要实现两者的平衡，需要采取一系列有效的策略。一是应明确评价的目的和重点，评价不仅是为了给学生一个分数或等级，更是为了促进学生的学习和发展。因此，在评价过程中，既要关注学生的学习成果，也要重视学生在学习过程中的表现，教育者应制定具体的评价标准，确保过程评价与结果评价都能得到充分考虑。二是应灵活运用多种评价方法和手段。过程评价注重观察、记录和分析学生在学习过程中的行为表现，采用课堂观察、学生自评、互评等方式；而结果评价则侧重于对学生学习成果的量化评估，通过考试、作业、实践报告等形式进行。教育者应根据实际情况灵活运用这些评价方法和手段，确保评价结果的全面性和准确性。三是应注重评价结果的反馈和应用。评价结果的反馈是评价过程中不可或缺的一环,它有助于教育者了解学生的学习情况,为改进教学提供依据,同时有助于学生了解自己的学习成果和不足,为调整学习策略提供指导。

在生态文明视角下审视大学生思政教育评价体系时,实现过程评价与结果评价的平衡至关重要。过程评价能够关注学生在学习过程中的表现和问题,有助于教师及时调整教学策略。结果评价则能够量化评估学生的学习成果,为教育者提供一个明确的评价标准。通过制定科学合理的评价标准、采用多种评价方法和手段、注重评价结果的反馈和应用等策略,提升思政教育的质量和效果。

三、自我评价与他人评价的融合

在生态文明视角下,大学生思想政治教育不仅关乎知识的传授,更涉及生态价值观的培养与实践,在这一过程中,评价方法的科学性和全面性显得尤为重要。自我评价与他人评价作为两种主要的评价方式,在思政教育评价中各具特点,相互补充,通过探讨二者的融合之道,构建一个更加立体、多维度的评价体系,从而更好地促进大学生的全面发展,特别是在生态文明方面的素养提升。

(一)自我评价在思政教育中的价值

自我评价在大学生思想政治教育中扮演着至关重要的角色。它不仅是学生自我认知、自我反思和自我提升的过程,更是培养学生独立思考和自主学习能力的关键环节。在思政教育中学生通过自我评价,能够更深入地理解所学的生态文明理念,并将其与自身行为、价值观相联系,形成更为牢固的生态意识。一是自我评价有助于学生深入了解自己的学习状态。通过反思自己的学习过程、方法和效果,学生能够清晰地认识到自己在思政学习中的优势和不足,从而有针对性地进行调整和改进。这种自我认知的提升,有助于学生在后续的学习中更加主动、高效地掌握知识。

二是自我评价能够培养学生的自我管理能力。在思政教育中学生需要自觉践行生态文明理念,并将其融入日常生活和学习中。通过自我评价,学生能够不断检视自己的行为是否符合生态文明的要求,及时调整不良生活习惯,培养自律、自强的品质。

三是自我评价还能增强学生的自信心和责任感。当学生通过自我评价发现自己的进步和成就时,会产生强烈的自我认同感和成就感,从而更加自信地面对学习和生活中的挑战。同时自我评价也让学生意识到自己在生态文明建设中的责任和使命，激发他们为保护环境、建设美好家园而努力奋斗的热情。

（二）他人评价在思政教育中的作用

在大学生思政教育中，他人评价发挥着不可或缺的作用。相比于自我评价，他人评价能够提供一个更为客观、全面的视角，帮助学生认识到自身在生态文明理念学习与实践中的盲点和不足。一是他人评价能够给予学生更为准确的反馈。由于评价者通常具有丰富的经验和专业知识，他们能够从不同的角度和层面审视学生的学习情况，提供有针对性的建议和指导。这种反馈有助于学生更加清晰地认识到自己的问题，从而进行有针对性的改进。

二是他人评价能够激励学生之间的良性竞争。在思政教育的过程中，同学互评是一种常见的他人评价方式，通过互评学生可以看到其他同学的长处和优点，同时会发现自己在某些方面的不足。这种比较和竞争能够激发学生的进取心，促使他们更加努力地学习，不断提升自己的生态文明素养。

三是他人评价还能够增强学生的社会责任感和使命感。当外部评价者对学生的生态文明行为给予肯定或提出期望时，学生会感受到来自社会的关注和期待，促使他们更加积极地投身到生态文明建设的实践中去。

（三）自我评价与他人评价的融合策略

在大学生思想政治教育中，自我评价与他人评价的融合是一种有效的评价策略，它能够更全面地反映学生的学习成效和成长轨迹。为了实现二者的有效融合，可以采取以下策略：一是营造开放、包容的评价环境。教育者应鼓励学生积极参与自我评价，同时要引导他们接受和尊重他人的评价。在这种环境中，学生不仅能够自主反思，还能从他人的评价中汲取有益的建议和反馈。二是设计多元化的评价任务。评价任务应包含自我评价和他人评价两个环节，让学生既能够在完成任务的过程中自我反思，又能够接受他人的观察和评价。例如，可以设计小组讨论、社会实践等活动，让学生在互动中展现自己的能力和素养，同时接受同伴和教师的评价。三是加强评价与反馈的互动性。教育者应及时收集和分析学生的自我评价和他人评价数据，为学生提供个性化的反馈和指导。同时要鼓励学生之间进行相互评价和反馈，让他们在交流中互相学习、共同进步。这种互动性的反馈机制能够帮助学生更好地认识自己、提升自我，同时能促进他们之间的合作与交流。

在生态文明视角下的大学生思政教育中，自我评价与他人评价的融合是提升教育效果的关键。自我评价能够激发学生的主动性和自我反思能力，而他人评价则提供了更为客观全面的视角。通过实施有效的融合策略，可以构建一个科学、全面的评价体系，不仅有助于提升学生的生态文明素养，还能促进他们的全面发展。这种评价方式的革新，对于培养具有高度生态文明意识的新时代大学生具有重要意义。

四、创新评价方法在思政教育中的应用

随着生态文明建设的不断推进，传统的大学生思政教育评价方法已难以满足新时代的需求，为了更好地适应生态文明建设的需要，创新评价方法在思政教育中的应用显得尤为重要。下面将探讨几种创新评价方法在思政教育中的应用，以期为提高思政教育的实效性提供有益参考。

（一）案例分析法在思政教育中的应用

案例分析法作为一种有效的教育评价手段，在大学生思政教育中扮演着重要角色，它通过将真实或虚构的案例引入课堂，让学生在分析、讨论中深化对生态文明理念的理解。案例分析法能够帮助学生将抽象的理论知识与具体的实践情境相结合，使学习过程更加生动、直观。通过案例的呈现，学生可以更清晰地认识到生态文明在现实生活中的应用价值，进而激发他们的环保意识和社会责任感。此外，案例分析法还能培养学生的批判性思维和解决问题的能力，让他们在面对复杂问题时能够独立思考、有效应对。

（二）项目式评价在思政教育中的应用

项目式评价为大学生思政教育提供了一种创新且实用的评价手段，它通过设定与生态文明紧密相关的项目任务，让学生在实践中探索、学习和成长。在项目式评价中，学生不仅需要掌握理论知识，更需要将所学知识应用于解决实际问题。这种评价方式鼓励学生自主思考、团队合作，通过完成项目来展现自己的学习成果和创新能力。同时项目式评价还能帮助学生深入了解生态文明建设的现实

意义，增强他们的社会责任感和实践能力。在项目的实施过程中，学生将不断面临挑战和困难，在克服这些困难的过程中，他们的综合素质将得到有效提升。

（三）综合评价法在思政教育中的应用

在思政教育领域，综合评价法的应用极大地丰富了教育评价的手段和维度，这种方法结合了多种评价方式，如自我评价、同伴评价、教师评价等，从多个角度全面评估学生的学习成果和个人成长。在生态文明视角下，综合评价法能够更全面地反映学生对生态文明理念的理解、态度和行为，它不仅关注学生对理论知识的掌握，更重视学生在实践中所展现的生态文明素养。通过综合评价，教师能够更准确地了解学生的学习状况，提供个性化的指导和支持，学生也能通过综合评价更好地认识自己，正确认识自己的优势和不足，进而制订更为科学的学习计划。

创新评价方法在思政教育中的应用具有重要意义，案例分析法、项目式评价和综合评价法等创新评价方法能够帮助学生更深入地理解生态文明理念，提高他们的实践能力和创新能力。同时这些评价方法还能激发学生的学习兴趣和积极性，促使他们更加主动地参与学习过程。因此，教育者应积极探索和实践这些创新评价方法，为大学生思政教育的评价改革提供有益的思路和方法。

第四节 思政教育评价体系的实施与改进

一、评价体系的实施步骤与注意事项

随着生态文明理念的深入人心，大学生思想政治教育评价体系也需要与时俱进，纳入生态文明视角，确保评价过程既能全面反映学生的思政教育成效，又能促进学生生态文明意识的培育。下面将详细阐述思政教育评价体系的实施步骤与注意事项，以期为教育实践提供指导。

（一）明确评价目标与标准

在构建和实施大学生思政教育评价体系时，首要任务是明确评价目标与标

准，这些目标与标准不仅要体现思政教育的基本要求，更应紧密结合生态文明视角，确保评价工作能够全面、准确地反映学生的思政教育成效和生态文明素养。一是评价目标应明确反映学生对生态文明理念的理解程度。这包括学生对生态文明基本概念、原则和价值观的掌握，以及他们如何将这些理念融入日常生活和学习中。通过评价，可以了解学生对生态文明理念的认知深度和广度，从而为他们提供有针对性的教育和指导。

二是评价目标应关注学生对生态文明的态度。态度是行为的先导，学生对生态文明的态度将直接影响他们的行为选择，因此需要评价学生对生态文明的认同感和责任感，以及他们是否愿意为生态文明建设贡献力量。通过评价可以及时发现并纠正学生存在的消极态度和行为，促进他们形成积极、正面的生态文明观念。

三是评价目标应聚焦于学生的生态文明行为。行为是评价学生思政教育成效和生态文明素养的最终标准。需要评价学生在日常生活中是否践行了生态文明理念，如节约用水、减少废弃物排放、保护动植物等。通过评价可以了解学生在生态文明行为方面的表现，为他们提供具体的指导和建议，帮助他们不断提升生态文明素养。

（二）选择适当的评价方法

在大学生思政教育评价体系中，选择适当的评价方法至关重要，这不仅是确保评价结果准确、客观的关键，也是推动学生积极参与、深化理解生态文明理念的重要手段。一是要根据评价目标和学生的实际情况，选择能够全面反映学生思政教育成效和生态文明素养的评价方法。例如，可以采用案例分析法，通过引导学生分析生态文明相关的实际案例，考查他们的理论运用能力和问题解决能力；或者运用项目式评价，让学生参与生态文明相关的实践活动，评估他们的实践能力和创新能力。

二是评价方法的选择应注重学生的主体性和参与性，鼓励学生自我评价和同伴评价。通过自我反思和同伴交流，学生更深入地了解自己的优势和不足，从而制订有针对性的改进计划。同时教师评价也是不可或缺的一环，教师通过观察学生的课堂表现、作业质量等方式，为学生提供个性化的指导和建议。

三是要注意评价方法的灵活性和多样性。不同的评价方法各有优缺点，应结合实际情况灵活运用，同时要不断探索新的评价方法，以适应时代的发展和学生的需求。

（三）加强评价与反馈的互动

在大学生思政教育评价体系中，加强评价与反馈的互动至关重要，评价不仅是单向的评判，更是一个双向互动的过程。一方面教师需要及时、准确地给予学生评价，包括他们的理解深度、实践能力和创新表现等；另一方面学生也应积极参与评价，通过自我评价和同伴评价，了解自身在思政教育中的表现。加强评价与反馈的互动，能够帮助学生更清晰地认识自己，明确自己的优点和不足，从而有针对性地改进和提高。同时能促进师生之间的沟通和交流，增强教育教学的针对性和实效性。

思政教育评价体系的实施与改进是一个系统工程，需要明确评价目标与标准、选择适当的评价方法、加强评价与反馈的互动等多个环节的协同配合。在实施过程中，教师应注重学生的主体地位，关注学生的全面发展，确保评价工作的针对性和有效性。同时评价体系的实施也需要不断完善和改进，以适应生态文明建设的需要和学生成长的需求。通过实施与改进思政教育评价体系，能够更好地促进大学生生态文明意识的培育和实践能力的提升。

二、评价结果的反馈与运用策略

在生态文明视角下的大学生思政教育评价体系中，评价结果的反馈与运用策略是一个不可或缺的环节。通过收集和分析评价结果，教育者可以获取学生思政教育成效的准确信息，进而为改进教学内容、优化教育方法提供数据支持。同时对学生而言，评价结果的反馈也是他们认识自我、提升自我、实现自我价值的重要途径。因此探讨评价结果的反馈与运用策略对于提高思政教育实效性具有重要意义。

（一）构建多维度的反馈机制

在构建生态文明视角下的大学生思政教育评价体系时，建立多维度的反馈机制至关重要。这一机制旨在从多个角度全面、客观地评估学生的思政教育成效，确保评价结果的准确性和公正性。一是学生自评是反馈机制的重要组成部分。学生通过对自身在思政教育中的表现进行反思和评价，更加清晰地认识自己的优点和不足，进而有针对性地进行改进和提升。

二是教师评价在反馈机制中起着关键作用。教师能够凭借丰富的教育经验和专业知识，对学生的思政教育成效进行全面、深入的评估，并为学生提供具体的指导和建议。此外，同伴评价也是反馈机制中不可忽视的一环，同学之间的相互评价有助于发现彼此在学习过程中的闪光点和不足，促进共同进步。

三是社会评价作为反馈机制的外延，能够为学生提供更广阔的评价视野。通过参与社会实践、志愿服务等活动，学生可以获得来自社会的信息反馈，了解自己在社会中的表现和影响，从而更好地调整自己的学习和成长方向。

（二）注重反馈的及时性与针对性

在思政教育评价体系中，确保反馈的及时性与针对性是提高评价实效性的重要手段。一是及时性，是指评价结果应在合理的时间范围内迅速反馈给学生和教师。及时反馈可以让学生迅速了解自己在思政教育中的表现，从而及时调整学习策略。对于教师而言，及时获取学生反馈能够使他们迅速改进教学方法和内容，保证教学质量。

二是针对性，是反馈的另一个关键要素。其意味着反馈内容应具体、明确，能够直接指向学生的优点和不足。针对性的反馈有助于学生明确自己的改进方向，提升自我认知和自我调节能力。对于教师而言，针对性的反馈可以帮助他们了解学生的学习需求和困难，从而提供更加个性化的教学支持。

（三）强化反馈结果的运用

在思政教育评价体系中，强化反馈结果的运用是提升教育质量和效果的关键环节。反馈结果不仅是对学生学习效果的评估，更是推动教育改进和优化的重要依据。一是教育者应深入分析反馈结果，识别出学生在思政教育中的薄弱环节和需要改进的地方。针对这些问题，教育者可以调整教学策略，优化教学内容，更好地满足学生的学习需求。二是教育者应利用反馈结果激励学生积极参与思政教育。通过肯定学生的进步和成绩，激发学生的自信心和学习动力；同时针对学生的不足提出具体的改进建议，帮助学生明确努力方向。

三是教育者还应将反馈结果作为改进教育质量的依据。通过对比不同时间段的反馈结果，教育者可以评估教育方法和策略的有效性，及时调整和改进教学方法，更好地适应学生的需求和变化。

在生态文明视角下的大学生思政教育评价体系中，评价结果的反馈与运用是提升教育实效性的关键环节。通过构建多维度的反馈机制、注重反馈的及时性与针对性以及强化反馈结果的运用等策略，更好地发挥评价工作的作用，推动大学生思政教育向更高水平发展。同时这些策略也有助于培养学生的生态文明意识和社会责任感，为构建美丽中国贡献青春力量。

三、评价体系的持续改进与优化方向

随着生态文明建设的不断深入，大学生思想政治教育也面临着新的挑战和机遇，为确保思政教育评价体系能够适应时代发展的需要，必须对其进行持续的改进与优化。这不仅有助于提高评价体系的科学性和有效性，还能够更好地服务于大学生的全面发展。

（一）评价体系与生态文明理念的深度融合

在生态文明视角下，大学生思政教育评价体系与生态文明理念的深度融合是至关重要的，这种融合不仅体现了对生态文明理念的重视，也反映了思政教育在新时代背景下的创新与发展。一是评价体系应将生态文明理念作为核心指导思想。在设定评价目标、制定评价标准以及选择评价方法时，都应充分考虑生态文明理念的要求，确保评价体系与生态文明理念相契合。通过评价引导学生深入理解生态文明理念，增强环保意识和社会责任感。

二是评价体系应关注学生在生态文明实践中的表现。除了传统的理论考试，还应增加参与环保活动、志愿服务等实践考核的比重。通过实践考核，了解学生在生态文明实践中的态度、能力和成效，从而更全面地评价学生的思政教育成果。

三是评价体系还应注重培养学生的创新能力。在生态文明建设中，创新是推动发展的重要动力。因此，评价体系应鼓励学生发挥创新精神，提出新的想法和解决方案，通过评价学生的创新能力，激发他们的创造潜能，为生态文明建设贡献青春力量。

（二）评价体系的动态调整与适应性

在大学生思政教育评价体系中，保持其动态调整与适应性是确保评价体系紧跟时代步伐、满足教育需求的重要措施。一是社会发展和生态文明建设的新要求不断涌现，大学生思政教育的内容和形式也需要随之调整。评价体系作为衡量思政教育成效的标尺，必须能够灵活应对这些变化，及时反映新的教育目标和要求，因此评价体系的动态调整是不可或缺的。

二是大学生群体的特点和需求也在不断变化。不同年级、不同专业的学生在思政教育上的需求和表现存在差异，评价体系需要能够针对不同群体进行个性化的评估。通过动态调整评价指标和权重，评价体系可以更好地满足不同群体的需求，提高评价的针对性和有效性。

三是教育资源的丰富性和多样性为评价体系的动态调整提供了有力支持。随着信息技术的快速发展和教育资源的不断整合，学生可以获取更多元化、更高质量的教育资源。这些资源不仅可以丰富思政教育的内容，还可以为评价体系的动态调整提供数据支持，利用这些资源能够更加精准地评估学生的思政教育成效，为教育决策提供科学依据。

（三）评价体系与教育资源的有效整合

在大学生思政教育评价体系中，实现与教育资源的有效整合，是提升教育效果和评价准确性的关键。一是评价体系应充分利用线上线下的教育资源数字化、教学平台、实践基地等，为学生提供丰富多样的学习机会。这些资源不仅有助于拓宽学生的知识视野，还能为评价体系提供更为全面、真实的数据支持。二是评价体系应关注教育资源的整合与优化，通过整合各类资源，实现资源共享和优势互补，为学生提供更加优质、高效的学习体验。同时这有助于提升评价体系的科学性和有效性，确保评价结果能够真实反映学生的思政教育成果。

在生态文明视角下的大学生思政教育评价体系中，持续改进与优化是确保其科学性和有效性的关键。通过深入融合生态文明理念、保持动态调整与适应性以及有效整合教育资源等措施，使评价体系更加符合时代发展的需要和大学生的实际需求。同时这些措施也有助于提高思政教育的质量和效果，为培养具有生态文明素养的优秀人才提供有力支持。

四、提升评价体系有效性的措施与建议

在生态文明视角下，大学生思政教育评价体系的有效性直接关系到思政教育目标的实现和大学生全面素质的培养。为了确保评价体系的科学性、合理性和实效性，需要不断探索和完善评价体系，提出一系列提升评价体系有效性的措施与建议。

（一）加强评价体系的系统性和规范性

在生态文明视角下，加强大学生思政教育评价体系的系统性和规范性是提升其有效性的基础。一是系统性要求评价体系要全面考虑思政教育的各个方面，包括理论学习、实践活动、道德素质等多个维度，确保评价内容的全面性和完整性。二是规范性要求评价体系在构建和实施过程中要遵循一定的标准和规范，明确评价目标、评价标准、评价方法等方面，确保评价过程的公正性和客观性。为了实现这一目标，应采取以下措施：完善评价体系的框架和结构，明确各评价环节的逻辑关系和内在联系；制定详细的评价标准，确保评价内容的具体化和可操作化；增强评价方法的科学性和多样性，采用多种评价手段相结合的方式，全面反映学生的思政教育成效。

（二）强化评价体系的反馈与激励作用

在大学生思政教育评价体系中，强化反馈与激励作用是提升评价有效性的关键。一是反馈机制能够确保评价结果的及时传达，使学生和教师能够及时了解自己在思政教育中的表现，明确改进的方向。这不仅能够促进学生个人的成长，还能够推动整个思政教育体系的不断完善。二是激励作用能够激发学生的积极性和创造力。通过设立奖励机制，对在思政教育中表现优秀的学生和教师给予表彰和奖励，激发他们进一步投身思政教育的热情。这种正向激励不仅能够提升学生的学习动力，还能够促进教师教学方法的改进和创新。

提升评价体系的有效性是确保大学生思政教育质量和效果的关键，通过加强评价体系的系统性和规范性、强化评价体系的反馈与激励作用等措施与建议，使评价体系更加科学、合理、有效。这将有助于更好地了解大学生的思政教育成效，为大学生的全面发展提供有力支持，同时这些措施与建议也有助于推动大学生思政教育的创新与发展，为培养具有生态文明素养的优秀人才奠定坚实的基础。

第八章 生态文明视角下大学生思想政治教育面临的挑战与对策

第一节 生态文明视角下思政教育面临的挑战

一、教育资源与环境限制的挑战

随着生态文明理念的深入人心，大学生思想政治教育面临着前所未有的机遇与挑战。如何在保证教育质量的同时融入生态文明理念，培养具备社会责任感和环境意识的新时代大学生，成为当前思政教育的重要课题。

（一）教育资源的不均衡性

在生态文明视角下审视大学生思政教育，不得不面对的一个核心挑战便是教育资源的不均衡性，这种不均衡性主要体现在地域、学校层次、专业方向等多个维度。一是地域间的教育资源差异尤为显著。经济发达地区的高校往往能够吸引更多的资金、人才和先进的教育技术，而欠发达地区的高校则面临资源匮乏的困境。这种差异直接影响了思政教育的质量和效果，使不同地区的大学生在思政教育上的发展机会存在显著差异。

二是学校各层次间的教育资源不均衡也不容忽视。高水平大学往往拥有更多的教育资源和更优秀的师资力量，能够为学生提供更为丰富和深入的思政教育，而一些普通院校由于资源有限，难以为学生提供同样高质量的教育。这种差异不仅影响了学生的思政教育体验，也会对他们的全面发展产生负面影响。

三是专业方向之间的教育资源分配也存在不均衡现象。一些热门专业或重点学科更容易获得教育资源的支持，而一些冷门专业或边缘学科则面临资源短缺的困境，这种差异同样直接影响了思政教育在不同专业之间的均衡发展。

（二）教育环境的多变性

当前，大学生思政教育正面临着教育环境多变性的挑战，这种多变性源于社会、经济、文化等多个方面的快速发展和深刻变革。一是社会的快速变化使大学生思政教育需要不断适应新的社会需求和价值观念。随着信息技术的飞速发展，信息传播的速度和范围不断扩大，大学生面临着更为复杂和多元的信息环境，这要求思政教育必须具备更高的敏感性和适应性，从而引导大学生正确理解和应对社会变化。

二是经济全球化的趋势使大学生思政教育面临着更加复杂和多元的国际环境。不同文化、不同思想的交流碰撞，使大学生的思想观念和价值观念更加多样化。在这种背景下，思政教育需要更加注重培养学生的国际视野和跨文化交流能力，以帮助他们更好地适应全球化的挑战。

三是教育技术的快速发展也为大学生思政教育带来了新的变革。互联网、大数据、人工智能等技术的应用，使教育方式和手段更加多样化和个性化。然而这也要求思政教育必须不断更新教育技术和手段，提高教育的针对性和实效性，以更好地满足学生的需求。

（三）环保意识的提升与教育内容的更新

随着生态文明理念的深入人心，大学生的环保意识也在不断提升，他们更加关注环境问题，对环保知识、环保政策以及个人在环保中的责任有了更深入的了解和认识。这种环保意识的提升，对思政教育的内容提出了新的要求，为了适应大学生环保意识的提升，思政教育内容必须不断更新。一方面需要增加环保知识的内容，让学生了解环境保护的重要性以及原则和方法，培养环保素养；另一方面要将环保理念融入思政教育的各个环节，使学生在学习思政知识的同时增强对环保的认同感和责任感。此外，教育内容的更新还需要关注现实问题，引导学生关注社会热点、参与环保实践，提高他们的环保行动能力和社会责任感。只有这样，思政教育才能紧跟时代步伐，为培养具备环保意识和行动能力的新时代大学生贡献力量。

教育资源的不均衡性是生态文明视角下大学生思政教育面临的重要挑战之

一，需要通过政策引导、资金投入和教育创新等多种方式，努力缩小这种差异，为所有大学生提供公平、优质、均衡的思政教育资源。

二、教育内容与方法的更新需求

在生态文明建设的时代背景下，大学生思想政治教育面临着新的机遇与挑战，其中，教育内容与方法的更新需求尤为突出。随着社会的快速发展和科技的不断进步，传统的思政教育内容与方法已难以完全满足新时代大学生的需求，因此必须不断探索和更新教育内容与方法，以适应时代发展的需要。

（一）教育内容的与时俱进

在生态文明视角下，大学生思想政治教育的内容必须与时俱进，以体现当代社会对环境保护和可持续发展的高度关注。一是教育内容应涵盖环境科学知识，使学生了解生态环境的基本规律和保护措施，培养他们的环境意识。[①]二是教育内容应强调生态道德和伦理，引导学生树立正确的生态价值观和道德观，促进人与自然和谐共生。此外，随着全球气候变化、资源短缺等问题的日益严重，教育内容还应关注这些现实问题，帮助学生理解并应对这些全球性问题。通过引入国际环保政策、跨国合作案例等内容，可以拓宽学生的国际视野，培养他们参与全球环境治理的能力。

（二）教育方法的创新与实践

随着时代的进步和教育理念的更新，大学生思政教育的方法也要不断创新与实践。一是传统的单向灌输式教学方法已难以满足学生的需求，需引入小组讨论、案例分析、角色扮演等互动性和参与性的教学方法，以激发学生的学习兴趣和主动性。二是现代教育技术的应用也为教育方法创新提供了可能，利用互联网、大数据、虚拟现实等技术手段，打造线上线下相结合的教学模式，为学生提供更加生动、直观的学习体验。同时这些技术还能帮助收集学生的学习数据，进行个性化教学，提高教学效果。三是实践教育也是教育方法创新的重要方向。通过组织学生参与环保实践活动、社会调查、志愿服务等，让学生在实践中学习、

---

① Chen J. Impacts of Internet literacy and Internet contact on the communication effect of university students' ideological and political education in China[J]. Acta psychologica, 2024, 247: 104321.

体验和感悟，提高他们的环保行动能力和社会责任感。

面对教育内容与方法的更新需求，必须不断探索和创新，通过与时俱进的教育内容、创新与实践的教育方法，更好地满足新时代大学生的需求，增强他们的环保意识和行动能力，为生态文明建设贡献力量。同时需要不断反思和总结教育过程中的经验和教训，不断完善教育体系和方法，以适应时代发展的需要。

三、学生参与度与兴趣激发的难题

在生态文明视角下，大学生思想政治教育不仅要传递环保理念和知识，更需激发学生的参与热情，培养其环保行动能力。然而在实际教学过程中不难发现，学生的参与度普遍不高，兴趣激发存在诸多困难，这些问题不仅影响了思政教育的效果，也制约了生态文明理念的深入传播和实践。

（一）传统教育模式的局限性

在生态文明视角下的大学生思政教育中，传统教育模式往往显得力不从心。传统模式通常以教师为主导，通过课堂讲授的方式向学生灌输知识，这种方式在信息传递上虽然高效，但忽视了学生的主体性和参与性，在生态文明教育方面，这种局限性尤为突出。一是传统教育模式难以有效激发学生的兴趣，使学生主动思考并参与到环保实践中去；二是传统教育模式缺乏对学生个体差异的考虑，无法根据学生的兴趣和需求提供个性化的教学内容；三是传统教育模式往往局限于课堂内，缺乏与现实生活和社会实践的紧密联系，导致学生难以将所学知识与实际问题相结合。

（二）实践教育的不足

实践教育在大学生思政教育中扮演着至关重要的角色，然而在实际操作中，实践教育却存在着诸多不足。一是实践教育的机会和资源相对有限，很多高校由于资金、场地条件等限制，难以提供足够的实践机会，导致学生缺乏亲身体验和实际操作的机会。二是实践教育的内容与形式往往较为单一，缺乏多样性和创新性，难以满足不同学生的需求和兴趣。三是实践教育在组织和实施上也存在时间安排、安全保障等问题，使实践教育的开展受到一定限制。四是实践教育的评估机制尚不完善，难以准确评估实践教育的效果和价值，从而影响了实践教育的质量和发展。

通过对传统教育模式的局限性以及实践教育不足的分析，不难发现要想提高思政教育的效果和深度，必须进行改革和创新。这不仅需要教育者更新教育理念，也需要学校和社会提供更多元化、更丰富的教育资源。在生态文明日益受到重视的今天，思政教育更应该关注学生的参与度和兴趣激发，培养学生的环保意识和行动能力。只有这样才能培养出既具有环保意识又具备实践能力的新时代大学生，为生态文明建设贡献力量。

四、社会环境与家庭影响的复杂性

在生态文明视角下审视大学生思想政治教育，不得不面对复杂而多元的社会环境和家庭影响。这两者不仅直接塑造着大学生的思想观念和行为习惯，还在无形中影响着思政教育的开展和效果。因此，深入剖析社会环境与家庭影响的复杂性，对于提升思政教育的针对性和实效性具有重要意义。

（一）社会环境的多变性

在当今快速变化的社会环境中，大学生思想政治教育面临着前所未有的挑战。社会环境的多变性不仅体现在科技的日新月异，更体现在社会结构、价值观念、文化风尚等多个方面的深刻变革。一是科技的迅猛发展极大地改变了人们的生活方式和思维方式。互联网、人工智能、大数据等技术的广泛应用，使信息获取、传播和交流变得异常迅捷。然而这种变化也带来了信息爆炸和信息碎片化的问题，使大学生在海量信息面前难以分辨真伪、辨别是非。同时社交媒体的普及也加剧了大学生之间的思想碰撞和价值冲突，使思政教育面临更加复杂和多元的挑战。[1]

二是社会结构的变革也对思政教育提出了新的要求。随着经济全球化和市场经济的深入发展，社会阶层分化加剧，利益诉求多元化，这些变化导致大学生的思想观念和价值观念呈现出更加复杂和多元的趋势，对思政教育的针对性和实效性提出了更高的要求。

---

[1] Zhenjie L, Honghao Z. Spatial-temporal evolution and trend prediction of ecological civilization construction efficiency from the perspective of audit [J]. Humanities and Social Sciences Communications, 2024, 11（1）.

三是文化风尚的变迁也对思政教育产生了深远的影响。在全球化背景下，不同文化之间的交流和碰撞日益频繁，文化多元性和文化冲突成为时代的重要特征。这种变化使大学生在接触和认同各种文化时面临更加复杂的选择和困惑，对思政教育在传承和弘扬中华优秀传统文化、引导大学生树立正确的文化观念等方面提出了更高的要求。

（二）家庭教育的差异性

在生态文明视角下，大学生思想政治教育不可避免地受到家庭教育的影响，家庭教育的差异性成了一个重要的考量因素。家庭教育作为大学生成长的最初土壤，其影响深远且复杂。一是家庭背景的差异直接影响了家庭教育的理念和方法。不同家庭的经济状况、文化层次、社会地位等因素都会对家庭教育产生显著影响。比如，一些富裕家庭更注重培养孩子的创新精神和实践能力，而一些贫困家庭则更注重孩子的生存技能和道德品质的培养。这种差异性导致了大学生在思想观念、行为习惯、价值取向等方面的多样性。

二是家庭教育的差异性还体现在父母的教育方式和教育态度上。一些父母采取民主、开放的教育方式，尊重孩子的个性和选择，鼓励他们独立思考和自主决策。而另一些父母则采取权威、严格的教育方式，强调孩子服从和遵守规则。这种不同的教育方式会对大学生的性格形成、心理发展、人际交往等方面产生重要影响。

三是家庭教育的差异性还受到地域、民族、文化等因素的影响。不同地域、民族、文化背景下的家庭教育有着不同的传统和特色，这些传统和特色会对大学生的思想观念、行为习惯、价值取向等方面产生深刻影响。比如，一些地区更注重家族观念和集体意识，而另一些地区则更注重个人主义和自由精神。

（三）社会与家庭教育的互动性

在生态文明视角下，大学生思想政治教育不仅受到社会环境的影响，也深受家庭教育的熏陶，更重要的是社会与家庭教育之间存在着密切的互动性，这种互动性对于大学生的成长和思政教育具有深远的影响。一是社会环境的变化会影响家庭教育的方向和内容。随着社会的不断发展，新的价值观念、道德规范、生活方式等不断涌现，这些变化会通过各种渠道传递到家庭中，影响家庭教育的选择和实施。例如，环保意识的普及会促使家庭更加注重培养孩子的绿色生活方式和环保意识。二是家庭教育的成果也会在社会环境中得到体现和检验。家庭是孩子成长的第一课堂，家庭教育的质量直接影响孩子的性格形成、行为习惯、价值观念等。这些影响会在孩子进入社会后得到体现，他们的行为举止、道德水准、社会责任感等都会成为评价家庭教育成果的指标。三是社会与家庭教育的互动性还体现在相互补充和相互促进上。社会教育为家庭教育提供了广阔的空间和丰富的资源，如图书馆、博物馆、科技馆等公共设施，以及各类社会实践活动，都是家庭教育可以充分利用的资源。同时，家庭教育也为社会教育提供了坚实的基础和有力的支持，家庭教育的成果为社会教育提供了有益的借鉴和参考。

社会环境与家庭影响的复杂性是生态文明视角下思政教育面临的挑战之一。为了应对这一挑战，需要深入剖析社会环境和家庭教育的特点和规律，探索有效的教育策略和方法。具体而言，应该关注社会环境的多变性，不断更新教育内容和方法；了解家庭教育的差异性，有针对性地开展思政教育；关注社会与家庭教育的互动性，探索有效的教育途径和渠道，只有这样才能更好地发挥思政教育在大学生成长中的引领作用，为生态文明建设贡献力量。

第二节 生态文明视角下思政教育应对挑战的策略与方法

一、优化教育资源配置与利用

在生态文明视角下审视大学生思想政治教育，不难发现教育资源的配置与利用是影响教育质量和效果的关键因素。面对社会环境的不断变化、家庭教育的差异以及社会与家庭教育的互动所带来的挑战，优化教育资源配置与利用成为一项紧迫而重要的任务。通过合理配置和高效利用教育资源，为大学生思政教育提供坚实的基础和有力的支持。

（一）教育资源的多元化配置

教育资源的多元化配置是提升大学生思想政治教育质量和效果的重要策略。

在生态文明视角下，这一策略尤为关键，因为它能够帮助学生全面了解和深刻理解生态文明的内涵，从而树立正确的生态价值观念。一是丰富教育内容是实现多元化配置的基础。在思想政治教育中，应增加与生态文明相关的教学内容，如生态道德、生态伦理、可持续发展理念等。通过系统讲授生态文明的基本理论、发展历程以及面临的挑战，使学生全面掌握生态文明的知识体系，增强他们对生态问题的关注和理解。二是拓展教育形式是多元化配置的有效途径。思想政治教育不应局限于传统的课堂教学，还应包括实践活动、专题讲座、社团活动等多种教学形式。通过组织生态环保实践活动、参观生态文明建设示范基地、邀请生态领域专家进行专题讲座等方式，使学生在多样化的教育场景中接受思想政治教育。这种多样化的教育形式不仅能够增加教育的吸引力，还能增强学生的参与感和实际体验，从而增强教育效果。三是利用现代科技是实现教育资源多元化配置的关键手段。当前，互联网、人工智能、大数据等现代科技迅猛发展，为思想政治教育提供了丰富的技术支持。利用这些科技手段构建线上线下相结合的教育平台，通过网络课程、虚拟现实教学、智能教学系统等，为学生提供更加便捷、个性化的学习资源。例如，建立在线学习平台，提供丰富的生态文明课程资源，使学生能够随时随地进行学习；利用大数据分析学生的学习行为和效果，进行个性化教学推荐，提高学习效率和效果。此外，现代科技还可以用于制作生动形象的教学课件和视频，使教育内容更加直观易懂，增强学生的学习兴趣和理解能力。

（二）教育资源的共享与协作

教育资源的共享与协作是优化大学生思想政治教育的重要策略，尤其在生态文明视角下显得尤为关键。通过共享与协作，不仅能提高教育资源的利用效率，还能提升思想政治教育的整体质量和效果。在校内资源共享方面，高校各学院之间应建立教育资源共享机制，如通过联合举办生态文明专题讲座和研讨会，共享优质教师资源和教育平台等措施，推动不同学科间的交流与合作。通过这样的资源共享，充分发挥各学院的专业优势，形成教育合力，提升思想政治教育的深度和广度。校际合作是教育资源共享与协作的重要方式之一。高校之间建立紧密的协作关系，共享优质教育资源，如通过联合举办大型教育活动、共享教育研究成果、开展学生交流等形式，促进资源的互补和共享。尤其在生态文明教育方面，不同高校结合各自的研究特色和优势，共同开发生态文明课程和教材，开展跨校区的联合教学和研究项目。这不仅能丰富教育内容，还能提高教学质量和效果。此外，学生交流和合作项目，能开阔学生的视野，增强他们对生态文明的理解和认同。

校企合作也是实现教育资源共享与协作的重要途径。企业在生态文明建设方面积累了丰富的实践经验和资源，高校通过与企业的合作，将这些宝贵的资源和经验引入思想政治教育中。例如，邀请企业的专家和管理者到校进行专题讲座，分享企业在生态文明建设中的成功经验和案例；建立校企合作的实践基地和实习项目，让学生在实际工作中体验和理解生态文明的重要性。此外，通过与企业的合作，为学生提供更多的实践机会和就业渠道，增强他们的社会责任感和实践能力。在教育资源共享与协作过程中，还应注重国际合作。生态文明是全球共同关注的话题，通过国际合作，借鉴和学习其他国家在生态文明教育方面的先进经验和做法，例如，开展国际学术交流与合作，邀请国外专家学者举办讲座和交流；参与国际生态文明教育项目和会议，了解全球最新的研究成果和发展动态。通过这样的国际合作，不仅能提升高校的教育水平，还能开阔学生的全球视野和提升国际竞争力。与此同时，为了确保教育资源共享与协作的有效实施，高校应建立健全管理机制和激励机制。例如，设立专门的教育资源共享与协作办公室，负责统筹和协调校内外资源的整合与利用。建立有效的评估与反馈机制，定期评估共享与协作的效果，及时调整和优化策略，给予在资源共享与协作方面表现突出的单位和个人奖励，激发全员参与的积极性和主动性。

（三）教育资源的高效利用

教育资源的高效利用是提升大学生思想政治教育质量和效果的重要途径，特别是在生态文明视角下，通过科学管理和优化配置，实现资源的最大化利用尤为重要。首先，精细化管理是教育资源高效利用的基础。高校应建立科学的资源管理体系，通过大数据分析和智能化管理手段，对教育资源进行精细化配置。例如，利用大数据分析学生的学习需求和效果，根据分析结果调整教育资源的投放和配置，确保资源能够精准匹配学生的学习需求。同时通过建立完善的教育资源数据库，方便师生随时查阅和使用各种教育资源，提高资源的利用效率。

其次，建立有效的评估与反馈机制是实现教育资源高效利用的重要保障。高校应定期对教育资源的使用情况和教育效果进行评估，通过学生反馈、教学效果测试等多种方式，了解资源的利用效果和存在的问题。根据评估结果，及时调整教育资源的配置和使用策略，确保资源的高效利用，如通过问卷调查、座谈会等形式，广泛听取学生和教师的意见和建议，了解他们在资源使用过程中的实际需求和遇到的问题，从而优化资源配置，提高教育效果。[①]

再次，激励机制也是教育资源高效利用的重要手段，高校应建立激励机制，对在资源利用和教育成效方面表现突出的单位和个人给予奖励，激发全员参与资源优化配置的积极性和主动性。例如，设立教育资源利用奖，对那些在资源开发、管理和利用方面表现突出的教师和学生进行表彰和奖励；鼓励教师积极参与教育资源的开发和创新，通过提供科研经费、提升职称等方式，激发他们的创新热情和积极性。通过这样的激励机制，形成全员参与、共同推进教育资源高效利用的良好氛围。

最后，促进资源共享与协作也是提高教育资源利用效率的重要措施。高校内部应加强各学院之间的资源共享，通过建立资源共享平台，打破学院之间的壁垒，实现教育资源的互通有无。例如，开放各学院的课程资源、图书馆资源、实验室资源等，使全校师生都能共享优质教育资源，避免资源的重复建设和浪费。同时校际合作和校企合作也是促进资源高效利用的重要途径。通过与其他高校和企业建立合作关系，共享优质教育资源和实践资源，有效提高资源利用效率，提升教育质量和效果。

优化教育资源配置与利用是应对生态文明视角下大学生思想政治教育挑战的重要策略之一。通过实现教育资源的多元化配置、加强教育资源的共享与协作以及推动教育资源的高效利用等措施，为大学生思政教育提供坚实的基础和有力的支持。同时需要不断探索和创新教育资源配置与利用的方式和方法，以适应时代的发展和大学生成长的需求。

二、创新教育内容与教学方法

在生态文明日益受到重视的当下，大学生思想政治教育面临着前所未有的挑战，有效应对这些挑战，不仅需要优化教育资源的配置与利用，还需要在教育内

[①] Chen X, Di Q, Liang C . Heading towards carbon neutrality: how do marine carbon sinks serve as important handle for promoting marine ecological civilization construction? [J]. Environmental science and pollution research international, 2024, 31（8）：11453-11471.

容与教学方法上进行创新。通过引入新的教育理念、设计富有时代特色的教学内容以及采用多元化的教学方法，能更好地满足大学生的成长需求，提升思想政治教育的实效性和吸引力。

（一）引入新的教育理念

随着生态文明理念的深入人心，需要将这一理念融入大学生思想政治教育中，要明确生态文明教育的重要性，将其纳入思想政治教育的教学目标和课程体系中。通过引入新的教育理念，帮助学生树立正确的生态价值观，培养他们的环保意识和责任感，在具体实施时可以结合当前的环境问题和社会热点，设计富有时代特色的教学内容。例如，开设"生态文明与可持续发展"课程，让学生深入了解生态文明的内涵、原则和实践途径；组织"环保行动周"等活动，让学生在实践中体验环保的重要性，增强他们的环保意识和行动能力。

（二）采用多元化的教学方法

传统的灌输式教学方法已经无法满足大学生的成长需求，为了提高教学效果，需要采用多元化的教学方法。一是运用多媒体教学、在线课程等现代教育技术，使教学内容更加生动、直观、易于理解。同时还可以利用网络资源，为学生提供更加丰富、多样的学习材料，激发他们的学习兴趣和积极性。二是采用案例教学、小组讨论等互动式教学方法，通过引导学生参与案例分析、小组讨论等活动，帮助学生更好地理解教学内容，提高他们的思维能力和表达能力。同时这种互动式教学方法还增强了学生的团队合作意识和沟通能力。三是还可以尝试采用实践教学的方法，组织学生参与社会实践、志愿服务等活动，让学生亲身体验社会现实和环境问题，培养他们的实践能力和社会责任感。

三、提升学生参与度与兴趣的措施

在生态文明视角下，大学生思想政治教育面临着诸多挑战，其中如何提升学生的参与度与兴趣是亟待解决的问题。学生的参与度和兴趣直接影响到思政教育的效果，因此需要采取一系列措施来激发学生的积极性，使他们更加主动地参与到思政教育中来。

（一）增加学生的实践体验

增加学生的实践体验是提升其参与度和兴趣的重要途径。在生态文明教育中，通过丰富的实践活动，让学生在实践中学习、体验和思考，能够更好地理解和认同生态文明的理念。一是组织生态环保实践活动是提高学生实践体验的有效方式。高校应定期组织学生参与环保志愿服务，如植树造林、河流清洁、环保宣传等活动，让学生亲身参与生态保护工作中，增强他们的环保意识和行动力。同时鼓励学生参与社会调查和实地考察，走访生态文明建设先进地区，了解当地的生态保护措施和成效，提升他们的实际观察和思考能力。二是建立校外实践基地和社会实践平台，为学生提供更多的实践机会。高校与政府部门、环保组织、企业合作，建设生态文明实践基地和社会实践项目。例如，与环保企业合作，设立实习岗位和实践基地，让学生在实际工作中体验生态文明建设的具体过程；与地方政府合作，开展生态文明调研和社会服务项目，让学生深入社区、农村，了解和参与当地的生态环境保护工作。这些实践活动不仅能提高学生的实践能力，还能让他们在实践中感受到生态文明建设的紧迫性和重要性，激发他们的责任感和使命感。三是开展专题讲座和培训班，邀请生态文明领域的专家、学者和实践者，向学生介绍生态文明建设的前沿知识和成功经验，通过专家的讲解和互动，激发学生对生态文明问题的兴趣和思考。另外，可以邀请知名生态学家、环保企业家等进行讲座和座谈，分享他们在生态文明建设中的实践经验和研究成果，让学生了解最新的生态文明理论和实践动态。四是还可以组织学生参加国内外的生态文明论坛和研讨会，拓宽他们的视野，增强他们的全球生态意识和国际竞争力。

（二）满足学生的多元化需求

满足学生的多元化需求是提高其参与度和兴趣的另一重要措施。在生态文明教育中，应关注学生的兴趣和特长，提供多样化的学习和参与方式，激发他们的主动性和创造力。一是发展多样化的课程体系和活动形式，满足学生的个性化需求。高校开设生态文明相关的选修课程，如生态伦理学、环境法学等，吸引学生主动选择学习；同时鼓励各类社团和学生组织开展与生态文明相关的活动，如环保摄影比赛、绿色创意设计大赛、生态环保宣讲团等，让学生在参与中体验和学习生态文明知识，培养他们的创新精神和实践能力。二是建立信息化平台和社交网络，提供丰富的学习资源和广阔互动空间。利用互联网和现代信息技术，建设生态文明教育的在线学习平台，提供在线课程、电子书籍、专题讲座和互动讨论等服务，方便学生随时随地获取相关知识和信息。同时利用社交媒体和移动应用，建立生态文明教育的微信群、QQ群和论坛，促进学生之间的交流与合作，鼓励他们分享学习心得和实践经验，形成良好的学习氛围和互动模式。三是开展国际交流与合作，拓宽学生的视野和思维。高校可以与国外高校和国际组织合作，开展生态文明教育的国际交流项目，如学生交换、暑期学校、联合研究等，邀请国外专家学者来校讲学和指导研究，组织学生赴国外进行短期考察和实习，让学生了解全球生态文明建设的进展和挑战，拓宽他们的国际视野和增强他们的全球责任感。

提升学生参与度与兴趣是大学生思想政治教育面临的重要挑战之一，应对这一挑战，需要采取一系列措施来激发学生的积极性。通过创新教学模式，增加学生的实践体验，让学生在实践中学习和思考；丰富教学内容，满足学生的多元化需求，让学生在学习中感受到思政教育的魅力和价值。这些措施的实施不仅能够提升学生的参与度和兴趣，还可以提高思政教育的效果和质量，为培养具有生态文明理念的高素质人才奠定坚实的基础。

四、加强学校、家庭与社会的协同育人机制

在生态文明视角下，大学生思想政治教育面临的挑战日益复杂，这要求教育者必须从多维度、多角度寻求解决之道，学校、家庭与社会作为大学生成长的重要环境，其协同育人机制对于提升思政教育的效果至关重要。因此，加强学校、家庭与社会的协同育人机制，成为应对挑战的重要策略之一。

（一）明确协同育人目标，形成教育合力

在加强学校、家庭与社会的协同育人机制时，首先要明确协同育人的目标，这一目标应该以培养学生的生态文明素养为核心，通过学校、家庭、社会三方共同的努力，使学生树立正确的生态文明观，养成良好的生态文明习惯。为了实现这一目标，需要建立有效的沟通机制，学校应主动与家庭、社会进行沟通，了解学生在家庭和社会环境中的表现和需求，以便更好地制定教育方案。同时家庭和

社会也应积极参与学校的教育活动，了解学校的教育理念和教育目标，形成教育合力。

在具体实践中可以通过以下措施加强协同育人机制：一是开展家长学校、家庭教育讲座等活动，提升家长的教育素养和协同育人意识。二是建立学校、家庭、社会三方共同参与的志愿者服务体系，让学生在实践中体验生态文明的实践意义。三是加强学校与社区、企业的合作，共同开展生态文明教育实践活动，形成教育合力。

（二）构建协同育人平台，丰富教育资源

在加强学校、家庭与社会的协同育人机制时，构建协同育人平台是重要的一环。这一平台应该是一个开放、共享、互动的教育资源平台，能够汇聚学校、家庭、社会三方的教育资源，为学生提供更加全面、丰富的教育内容。构建这一平台，需要充分利用现代科技手段，如建立在线教育平台，将学校、家庭、社会三方的教育资源整合在一起，供学生随时随地学习。同时利用社交媒体、网络论坛等渠道，加强学校、家庭、社会三方之间的交流互动，营造教育资源共享的良好氛围。在具体实践中可以通过以下措施构建协同育人平台：一是建立在线教育平台，提供与生态文明相关的课程、讲座、案例等资源。二是开展线上互动活动，如线上讨论、线上问答等，鼓励学生积极参与。三是建立教育资源库，将学校、家庭、社会三方的优秀教育资源进行整合和分享，为学生提供更加丰富的学习内容。

第三节 教育政策与制度支持的需求

一、完善生态文明教育政策体系

随着生态文明建设的深入推进，大学生作为未来社会建设的中坚力量，其生态文明素养的培养显得尤为重要。然而当前大学生思想政治教育在生态文明教育方面还存在诸多不足，其中教育政策与制度支持的缺失是制约其发展的重要因素之一。因此完善生态文明教育政策体系，为大学生思想政治教育提供有力支持，

是当前亟待解决的问题。

（一）确立生态文明教育的政策导向

完善生态文明教育政策体系的首要任务是确立明确的政策导向。政策导向应体现国家对生态文明教育的重视和支持，明确生态文明教育在大学生思想政治教育中的地位和作用。一是政策制定者应充分认识到生态文明教育的重要性，将其纳入国家教育发展规划，明确教育目标和任务。同时应制定具体的政策措施，如增加生态文明教育的经费投入、优化课程设置、加强师资队伍建设等，确保生态文明教育全面实施。具体来说，增加经费投入是保障生态文明教育顺利进行的物质基础，优化课程设置则要求将生态文明教育纳入必修课程，确保每个大学生都能接受系统的生态文明教育。同时师资队伍建设也尤为关键，政策应注重引进和培养一批具有生态文明专业背景和教育能力的教师，通过培训和进修提高他们的教学水平。

二是政策导向应强调生态文明教育的实践性和创新性。通过政策引导，鼓励学校、企业和社会各界共同参与生态文明教育实践活动，推动教育模式的创新和发展。例如，政府通过设立专项基金支持高校与企业合作，开发生态文明实践课程和项目，鼓励学生参与实习、科研和社会服务活动，将课堂所学与实际操作结合起来，增强学生的实践能力和创新精神。同时应鼓励高校探索多样化的教育模式，如线上线下相结合的混合教学模式、项目导向的学习方法等，以适应不同学生的需求和兴趣，提高教育的灵活性和实效性。同时应加强对生态文明教育成果的评估和反馈，及时发现问题并进行改进，建立健全评估机制是保证政策实施效果的重要环节。评估机制应包括对教学内容、教学方法、教师表现以及学生学习效果等方面的全面考核。通过定期评估，了解生态文明教育的实施情况和存在的问题，为政策的调整和优化提供依据。此外，应建立反馈机制，广泛听取师生、企业和社会各界的意见和建议，及时解决在实施过程中遇到的困难，确保政策能够持续有效地发挥作用。

三是政策还应关注生态文明教育的宣传和推广。通过媒体、网络和各类社会活动，提高全社会对生态文明教育的认识和支持。例如，政府组织全国性的生态文明教育宣传周或专题活动，邀请专家学者举办讲座和讨论，通过电视、网络等多种渠道进行广泛宣传，营造良好的社会氛围。同时应鼓励各类社会组织和公益团体积极参与生态文明教育活动，通过丰富多彩的社会实践和公益活动，提升公众的生态文明意识，形成全民参与、共建共享的生态文明教育格局。

（二）建立健全生态文明教育政策保障机制

完善生态文明教育政策体系需要健全的保障机制。保障机制应涵盖政策执行、监督评估、奖惩激励等方面，以确保政策的落地和有效实施。一是应建立政策执行机制，明确各级政府和学校的责任和任务，确保政策得以有效执行。各级政府和教育部门应制定详细的实施方案和工作计划，明确目标、任务和时间节点，确保政策实施的系统性和规范性。同时应加强对政策执行情况的监督和检查，通过设立专门的监督机构或委托第三方机构，对各级政府和学校的政策执行情况进行定期检查，发现问题及时进行整改，确保政策落地生根。二是应建立监督评估机制，对生态文明教育的实施情况进行定期评估和总结。监督评估机制应包括多层次、多角度的评估体系，如教育内容、教学方法、教师素质、学生反馈等方面的评估。通过科学、客观的评估手段，全面了解生态文明教育的实施效果和存在的问题，为政策的调整和改进提供依据。例如，通过问卷调查、访谈、实地考察等方式，收集各方面的意见和建议，形成综合评估报告。三是应加强对评估结果的宣传和推广。通过媒体、网络等渠道，及时公布评估结果，提高社会对生态文明教育的关注度和认可度，形成全社会共同参与、支持生态文明教育的良好氛围。四是应建立奖惩激励机制。对在生态文明教育中表现突出的学校、教师和学生进行表彰和奖励，激发他们参与生态文明教育的积极性和创造性。具体措施包括：设立生态文明教育奖项，对在教育教学、科研实践、社会服务等方面表现突出的个人和集体进行奖励；提供专项经费，支持优秀教师和学生开展生态文明研究和实践活动；对优秀的生态文明教育项目和活动进行推广和资助，同时对违反政策规定、教育效果不佳的单位和个人进行问责和惩罚，形成有效的约束和激励机制。例如，对那些在生态文明教育中投入不足、效果不佳的学校和教师进行通报批评，责令整改，对严重违反政策规定的行为进行严肃处理，确保政策的严肃性和权威性。五是保障机制还应包括教育资源的优化配置和合理利用，应确保生态文明教育经费的专款专用，提高经费使用效率。

完善生态文明教育政策体系是加强大学生生态文明教育的重要保障，通过确立明确的政策导向和建立健全保障机制，为大学生思想政治教育提供有力的支持，促进生态文明教育的深入发展。同时需要政府、学校和社会各界的共同努力和协作，形成全社会共同关心、支持生态文明教育的良好氛围。

二、建立激励机制与保障措施

在生态文明视角下，大学生思想政治教育工作不仅面临着教育内容、方法上的挑战，更需要在政策与制度层面得到有力支持。推动大学生生态文明教育的深入发展，需要建立一系列激励机制与保障措施，以激发教育工作者和学生的积极性，确保生态文明教育的有效实施。

（一）设立专门的生态文明教育奖励机制

为了激发教育工作者在生态文明教育方面的创新性和积极性，应设立专门的生态文明教育奖励机制。这一机制应涵盖教学成果奖、科研创新奖、实践活动奖等多个方面，以表彰在生态文明教育中做出突出贡献的师生。一是设立生态文明教育奖励机制，必须明确奖励标准和评审程序，确保奖励的公正性和权威性。评审标准应包括教学效果、科研创新、社会影响等多个维度，通过综合考量参评者在生态文明教育中的实际表现，确保评审过程公开透明。同时应设立专业评审委员会，邀请教育专家、生态学者和社会代表共同参与评审工作，增加评审的公信力和权威性。为了提高奖励的影响力，还应加大对获奖者的宣传力度，通过校园媒体、社会媒体等多种渠道宣传获奖者的先进事迹和成果，树立榜样，激发更多师生参与生态文明教育的热情和动力。

二是奖励机制应注重实效性和导向性。通过奖励机制，引导教育工作者关注生态文明教育的热点和难点问题，推动生态文明教育在理论研究和实践应用方面的创新。具体而言，奖励机制应鼓励教师在课程设计和教学方法上进行创新，探索适合当代大学生特点的生态文明教育模式。例如，设立教学创新奖，奖励那些在课程内容、教学方法、教学工具等方面进行创新，并取得显著成效的教师。通过这样的激励措施，促进教师不断提升教学水平，提高生态文明教育的实际效果。

三是奖励机制还应注重科研创新，鼓励教师和学生在生态文明理论研究方面进行探索。如设立科研创新奖，奖励那些在生态保护技术、可持续发展政策、生态伦理学等生态文明领域取得重要科研成果的师生。通过这样的激励措施，促进高校科研力量向生态文明领域倾斜，推动生态文明教育的理论创新和发展。同时应注重实践活动的奖励，鼓励师生积极参与生态文明实践活动，提升他们的实践能力和社会责任感。例如，设立实践活动奖，奖励那些在生态文明宣传、环保志愿服务、生态调研等活动中表现突出的师生，通过表彰和奖励，激发更多师生参与生态文明实践的热情。

为了确保奖励机制的长效运行，还应建立完善的保障措施。例如，设立专项奖励基金，确保奖励经费的充足和稳定。定期对奖励机制进行评估和改进，根据实际情况调整奖励标准和评审程序，确保奖励机制的科学性和合理性。建立获奖者的后续支持机制，为获奖者提供更多的发展机会和资源支持，推动他们在生态文明教育领域取得更大的成就。

（二）强化生态文明教育的师资培训和保障

教师是大学生生态文明教育的重要力量，其素质和能力直接影响教育的效果，因此需要强化生态文明教育的师资培训和保障。一是应加大对生态文明教育师资培训的投入，提高培训的质量和效果。生态文明教育的师资培训应当涵盖生态文明理论知识、教学方法、实践案例等多个方面，帮助教师全面理解和掌握生态文明的核心理念和实施路径。为此组织专家讲座、学术研讨会、实地考察等活动，邀请国内外生态文明教育领域的专家学者进行深入授课和交流，引导教师更新教育理念，提升其生态文明教育的专业水平和教学能力。此外，还应鼓励教师参与生态文明教育实践项目，通过实际操作提升教学效果和创新能力，促进理论与实践的有机结合。

二是应建立生态文明教育师资的保障机制，以确保教师在教学过程中有足够的支持和资源。这包括通过设立生态文明教育基金，专项资助生态文明教育课程的开发与实施；提供生态实验室、模拟场景等先进的教学设备和资源，为教师的教学实践提供必要的支持。

三是应完善对教师的考核和评价机制，将生态文明教育成果纳为教师绩效考核的重要内容之一。通过定期评估和反馈，及时发现和解决教学中存在的问题，激励教师在生态文明教育领域的持续投入和改进。强化生态文明教育的师资培训和保障，不仅能够提升教师的教学水平和教育质量，还能推动生态文明教育在高校的全面实施和发展。通过为教师提供全面的培训和必要的支持，能够有效地促进教育内容的更新和教学方法的创新，使生态文明教育在理论和实践层面都能够取得显著成效。这不仅符合当前社会对于生态环境保护和可持续发展的需求，也为大学生思想政治教育的全面提升奠定了坚实的基础。

（三）构建多元化的生态文明教育评价体系

评价是教育的重要环节，也是推动教育发展的重要手段，全面评估大学生生态文明教育的效果，需要构建多元化的生态文明教育评价体系。一是应建立科学、合理的评价标准和指标体系。这些标准和指标应涵盖知识掌握、能力提升、实践表现等多个方面，以全面反映学生在生态文明教育方面的成果。二是应采用多元化的评价方法。除了传统的考试和测验，还可以采用作品展示、社会实践、小组讨论等多种方式进行评价，以便全面地了解学生的生态文明素养和综合能力。三是应加强对评价结果的运用。通过评价结果的分析和反馈，了解学生在生态文明教育方面的优势和不足，为今后的教育改进提供依据。四是应加强对评价结果的宣传和推广，提高社会对生态文明教育的关注度和认可度。

建立激励机制与保障措施是加强大学生生态文明教育的重要环节，通过设立专门的生态文明教育奖励机制、强化师资培训和保障、构建多元化的评价体系等措施，可以激发教育工作者和学生的积极性，确保生态文明教育的有效实施。同时这些措施能够促进生态文明教育的创新和发展，为培养具有生态文明素养的高素质人才提供有力支持。

三、构建教师培训体系和评价体系

在生态文明视角下，大学生思想政治教育工作的有效推进，离不开具备高度生态文明意识、专业素养和创新能力的教师队伍。然而当前高校教师队伍在生态文明教育方面普遍缺乏系统培训和专业发展支持，在一定程度上制约了生态文明教育的深入开展。因此构建教师培训体系和评价体系，将成为提升生态文明教育质量的关键所在。

（一）建立系统的生态文明教育师资培训体系

建立系统的生态文明教育师资培训体系是推动大学生思想政治教育的关键举措，生态文明教育师资培训体系的建设不仅是为了赋予教师更深刻的生态意识，

第八章 生态文明视角下大学生思想政治教育面临的挑战与对策

更是为了引导他们在教学实践中有效传递生态文明理念，培养学生的环境责任感和可持续发展意识。这一体系的构建需要多方面的支持与措施：一是师资培训的内容应当涵盖生态文明的核心概念及其在不同学科领域中的具体应用。教师需要理解生态系统的复杂性、生物多样性的重要性以及人类活动对环境的影响等基础知识。此外还应包括生态伦理、环境保护法律法规、可持续发展理论等内容，以帮助教师全面把握生态文明的内涵和实质。

二是师资培训的方式应当多样化与灵活化。应结合线上线下教学、研讨会、实地考察等形式，使教师在参与互动的过程中能够更深入地理解和掌握生态文明教育的精髓。这种多元化的培训方式不仅能够满足不同教师的学习需求，还能够激发其对生态文明教育的兴趣与热情，从而提升其教学质量和影响力。

三是师资培训体系的建设需要注重跨学科和跨部门的合作与协同。生态文明教育不是单一学科的教育内容，而是多学科交叉的综合性课题。因此师资培训体系的建设应当能够促进不同学科教师之间的沟通与合作，推动跨学科的生态文明教育课程设计与实施，形成全面、系统的教育方案。

四是师资培训体系的评估与反馈机制同样至关重要。建立有效的评估体系，能够及时了解教师参与培训的学习效果和教学成效，为进一步优化培训方案提供科学依据。同时通过教师反馈和持续改进，确保师资培训体系能够与时俱进，不断适应生态文明教育理念的发展和教学实践的需求。

（二）构建教师生态文明素养评价体系

构建教师生态文明素养评价体系是推动生态文明教育深入发展的重要举措。这一评价体系旨在全面衡量教师在生态文明教育方面的素养水平与实际表现，为其在思想政治教育中的角色发挥提供科学依据与指导。在构建教师生态文明素养评价体系时，须考虑以下几个关键要素：一是评价体系应包括多维度的指标。这些指标应涵盖教师在知识与理论方面的掌握程度，如对生态系统功能、环境资源管理、生态伦理等核心概念的深刻理解；在教学实践中的应用能力，如能否有效地将生态文明理念融入课程设计与教学实施中，并能激发学生的环保意识与责任感；在学术研究与社会服务中的贡献，如是否参与相关科研项目、开展环境教育推广活动等，以综合考查教师在不同领域内的全面表现。

二是评价体系需要具备科学性与客观性。评价指标应当明确、具体，并能够通过量化或定性方法来获取相关数据，以确保评价结果的客观性和准确性。科学的评价体系能够为教师提供清晰的发展方向和改进建议，同时为学校管理者和决策者提供决策依据，促进生态文明教育政策的落实和效果的持续。

三是评价体系应当注重动态性与持续性。生态文明教育是一个不断发展和演进的领域，因此评价体系应具备动态调整的机制，能够随着时代和实际需求的变化而灵活更新。同时，评价过程应该是一个持续性的循环，包括定期的评估、反馈和改进，以确保教师在生态文明素养方面的提升与持续进步。

四是评价体系的实施需要广泛的参与和共识。在构建评价体系的过程中，应广泛征求学校教职员工、学生、家长和社会各界的意见和建议，确保评价标准的科学性和适用性。此外应注重与相关部门和专家机构的合作，借助外部资源和专业力量，共同推动评价体系的建设和实施。

建立系统的师资培训体系与构建科学的评价体系，是当前推进生态文明教育的关键路径之一，其为共同推动大学生思想政治教育朝着更加生态化、可持续化的方向发展贡献了力量。

四、推动跨学科合作与教育创新平台建设

在生态文明视角下，大学生思想政治教育面临着多方面的挑战，其中之一便是如何有效地将生态文明理念融入传统思想政治教育体系之中。为此不仅需要加强政策与制度的支持，更需要推动跨学科合作，搭建教育创新平台，以实现教育内容的创新和教育方法的多样化。

（一）加强跨学科合作

在生态文明视角下，大学生思想政治教育面临着前所未有的挑战和机遇，为了有效应对这些挑战并抓住机遇，加强跨学科合作显得尤为重要。跨学科合作不仅能够促进知识的融合与创新，还能为大学生思想政治教育提供更为全面、深入的视角和方法。一是加强跨学科合作有助于打破学科壁垒，实现知识的交流与共享。在生态文明教育中，环境科学、生态学、社会学、政治学等多个学科都有其独特的理论体系和研究方法。通过跨学科合作，不同学科的教师可以共同研究、探讨生态文明教育的相关问题，分享彼此的研究成果和经验，从而丰富教育内容，提升教育质量。

二是跨学科合作能够推动教育方法的创新。传统的大学生思想政治教育往往以课堂教学为主，形式单一、内容枯燥，而跨学科合作可以引入其他学科的研究方法和教学手段，如实地考察、案例分析、社会调查等，使教育形式更加多样化、生动化。这不仅能够激发学生的学习兴趣和积极性，还能提高他们的实践能力和综合素质。三是加强跨学科合作有助于培养具有综合素质的人才。在生态文明建设中，需要一批具备跨学科知识背景和综合素质的人才来推动相关工作的开展。通过跨学科合作，大学生可以接触到不同学科的知识和方法，有利于培养他们的跨学科思维和综合素质，这将为他们未来的职业发展和社会适应能力奠定坚实的基础。

（二）搭建教育创新平台

随着生态文明理念的深入人心，大学生思想政治教育亟须与时俱进，搭建教育创新平台成为推动教育改革、培养新时代人才的重要举措。一是教育创新平台能够汇聚多方资源，形成教育合力。搭建平台，可以吸引政府、企业、社会组织等多方参与，共同为大学生思想政治教育提供资源支持。这不仅可以丰富教育内容，还可以为大学生提供更多的实践机会，使他们在实践中深化对生态文明理念的理解。

二是教育创新平台能够促进教育模式的创新。传统的教育模式往往只注重知识传授，而忽视了学生的实践能力和创新思维的培养。通过搭建平台，可以引入新的教育理念和教育技术，如在线教育、混合式教学等，打破传统课堂的局限，为学生提供更加灵活、多样的学习体验。

三是教育创新平台还能够加强师生互动，提高教育质量。在平台上教师可以发布课程信息、分享教学资源、与学生进行在线交流等方式，能及时了解学生的学习情况和需求，从而调整教学策略，提高教学效果。同时学生也可以在平台上展示自己的学习成果，与教师和其他同学进行互动，增强学习的主动性和积极性。

四是搭建教育创新平台需要注重可持续性发展。平台的建设和运营需要投入大量的人力、物力和财力，因此需要建立长效机制，确保平台的持续发展和稳定运行。同时还需要加强平台的宣传推广，吸引更多的师生参与，形成浓厚的创新氛围。

(三）优化教育资源配置

在推进生态文明视角下的大学生思想政治教育过程中，优化教育资源配置显得尤为重要。合理配置教育资源不仅有助于提升教育质量，还能够促进教育公平，为广大学生提供更加优质的学习环境和条件。一是优化教育资源配置能够确保教育经费的有效使用。政府和教育部门应加大对生态文明教育的投入，并健全经费分配机制，确保资金能够真正用于改善教学设施、提升教师待遇、支持科研项目等方面。同时，高校也应积极争取各类教育资源，拓宽经费来源，为生态文明教育提供稳定的经费保障。二是优化教育资源配置能够促进教学资源的共享。高校之间可以建立教学资源共享平台，实现教材、课件、教学设备等资源的互通有无。这不仅可以避免资源的浪费和重复建设，还能提高资源的使用效率，让更多的学生受益。三是优化教育资源配置还需要关注教师资源的合理配置。高校应加强对教师的培训和管理，提高教师的专业素养和教学能力，同时还应建立合理的激励机制，鼓励教师积极参与生态文明教育的研究和实践，为教育创新贡献智慧和力量。

推动跨学科合作和教育创新平台建设是提升生态文明教育质量的重要举措，通过加强跨学科合作、搭建教育创新平台、优化教育资源配置等措施，可以将生态文明理念有效地融入传统思想政治教育体系之中，实现教育内容的创新和教育方法的多样化。这不仅有助于提高学生的生态文明素养和实践能力，也为我国生态文明建设的持续推进提供了有力的人才保障。同时，这些措施还能促进不同学科之间的交流和融合，推动高等教育的综合发展。

第四节　持续改进与质量监控机制

一、建立定期评估与反馈机制

在生态文明视角下，大学生思想政治教育工作不仅要关注内容的创新和教育方法的多样性，更要注重教育的质量和效果。为了确保生态文明教育能够持续、有效地推进，需要建立一套完善的持续改进与质量监控机制，而这一机制的核心在于建立定期评估与反馈机制,通过定期评估发现问题,通过反馈机制及时调整和改进教育工作。

(一)明确评估目标与指标体系

在构建生态文明视角下的大学生思想政治教育持续改进与质量监控机制时,首要任务是确立明确、具体的评估目标与指标体系。评估目标的明确性直接关系到评估工作的导向性和针对性,而指标体系的合理性则决定了评估结果的客观性和有效性。评估目标应紧密围绕生态文明教育的核心内容和目标来设定,包括学生对生态文明理念的理解程度、生态文明实践能力的培养情况、生态文明素养的提升水平等。这些目标应当既符合国家对生态文明教育的总体要求,又符合高校自身的教育特点和实际情况。

在明确评估目标的基础上,需要建立一套科学、合理的指标体系。指标体系应全面反映生态文明教育的各个方面,包括教学内容、教学方法、教学效果等。具体指标可以包括学生对生态文明课程的满意度、生态文明实践活动的参与度、生态文明素养测试的成绩等。这些指标应具体化、可量化,便于进行数据采集和分析。

(二)采用多样化的评估方法

在生态文明视角下的大学生思想政治教育中,为了确保评估结果的全面性和准确性,必须采用多样化的评估方法。多样化的评估方法不仅能够从多角度、多层面获取教育效果的信息,还能提高评估的公正性和客观性。一是可以采用问卷调查法,通过设计合理的问卷内容,广泛收集学生对于生态文明教育的反馈意见,了解他们对课程内容的理解程度、对教学方法的接受程度以及对教育效果的满意度等。问卷调查法简单易行,能够迅速获取大量数据,为评估提供有力的数据支持。

二是访谈法,是一种有效的评估方法。通过与学生、教师进行深入交流,可以更加深入地了解他们对生态文明教育的看法和感受,获取更为细致、具体的评估信息。访谈法能够弥补问卷调查法的不足,更加关注个体的体验和感受。

三是观察法,也是评估过程中重要的方法。通过直接观察学生在课堂上的表现和参与实践活动的情况等,可以直观地了解他们的学习状态和实践能力,观察法能够提供更为真实、客观的评估数据，有助于更准确地把握教育效果。

（三）建立反馈与改进机制

在生态文明视角下的大学生思想政治教育中，建立有效的反馈与改进机制是提升教育质量的关键环节，这一机制旨在确保评估结果得到及时、准确的反馈，并根据反馈内容制定相应的改进措施。一是评估结果的反馈应做到及时、全面。评估完成后，应将评估结果迅速反馈给相关部门和人员，确保其了解教育实施的具体情况，同时反馈内容应涵盖教育的各个方面，包括教学内容、教学方法、学生反馈等，以便全面把握教育效果。二是针对评估结果，应制定切实可行的改进措施，这些措施应针对评估中发现的问题和不足，提出具体的改进方案，并明确责任人和完成时间。同时应建立跟踪检查机制，对改进措施的实施情况进行监督和检查，确保改进措施得到有效落实。

建立定期评估与反馈机制是确保生态文明教育持续、有效推进的重要保障。通过明确评估目标与指标体系、采用多样化的评估方法以及建立反馈与改进机制等措施，可以全面、准确地把握生态文明教育的实施效果，及时发现和解决问题，推动生态文明教育的持续改进和发展。这不仅有助于提升生态文明教育的质量和效果，还能为培养具有生态文明素养的新时代人才提供有力支持。同时这一机制还能够促进教育资源的优化配置和合理利用，提高教育工作的效率和效益。因此，应高度重视并认真实施这一机制，从而为生态文明教育的深入发展奠定坚实的基础。

二、加强教学过程的质量监控

在生态文明视角下，大学生思想政治教育的质量监控是确保教育目标得以实现的关键环节。随着教育改革的深入，需要进一步加强对教学过程的质量监控，以确保教育内容的先进性、教学方法的科学性和教育效果的有效性。

（一）建立全面的质量监控体系

为加强教学过程的质量监控，需要建立一套全面的质量监控体系，这一体系应覆盖教学的各个重要环节，确保教学的高效性和有效性。在教学准备阶段，需对教材、教案和教学设备进行仔细检查，确保它们符合生态文明教育的要求。只有确保教学资源的质量和合理性，才能为学生提供良好的学习体验和教育效果。

在教学实施阶段，应定期进行教师的教学观摩和评估。这种观摩和评估不仅能够发现教学过程中存在的问题，还能及时进行调整和改进，以确保教学过程的顺利进行和学习效果的最优化。定期的教学评估，可以有效地了解教师在实施过程中遇到的挑战和问题，并提供必要的支持和指导。在教学评价阶段，应该积极收集学生的反馈意见。学生的反馈是评估教学效果的重要依据，能够客观地反映教学的优缺点，帮助教师有针对性地进行改进和调整，通过对学生反馈的认真分析和总结，不断优化教学内容和方法，可以提升教学质量和学生的学习满意度。

（二）引入先进的质量监控手段

随着信息技术的不断发展，可以借助先进的技术手段来加强教学过程的质量监控。例如，可以利用大数据技术对学生的学习行为进行分析，了解他们的学习需求和兴趣点，为教学提供有针对性的指导。利用在线教学平台对教师的教学过程进行实时监控，确保教学内容的准确性和教学方法的有效性。还可以利用人工智能技术对学生的学习成果进行智能评估，为教学评价提供更为客观、准确的依据。引入这些先进的质量监控手段不仅可以提高监控效率，还可以提高监控的准确性和客观性。

（三）加强质量监控的反馈与改进

质量监控的目的是发现问题并解决问题，因此需要加强质量监控的反馈与改进工作。一方面应及时将监控结果反馈给相关部门和人员，让他们了解教育过程中存在的问题和不足；另一方面应根据监控结果制定相应的改进措施，并明确责任人和完成时间。同时还应建立跟踪检查机制，对改进措施的实施情况进行监督和检查，确保改进措施得到有效落实。

加强教学过程的质量监控是确保生态文明视角下大学生思想政治教育质量的关键环节，通过建立全面的质量监控体系、引入先进的质量监控手段以及加强质量监控的反馈与改进工作，可以不断提高教育质量，推动生态文明教育的持续发展。在这一过程中需要不断探索和创新，结合实际情况制定符合生态文明教育特点的质量监控措施，为培养具有生态文明素养的新时代人才提供有力的保障。

三、推动教育研究与实践成果的转化应用

在生态文明视角下,大学生思想政治教育研究不仅要追求理论的深入与创新,更要关注如何将研究成果有效地转化为教育实践,以促进教育的持续改进与质量提升。这一转化过程不仅是对研究成果的检验,更是推动教育创新、提升教育质量的重要途径。

(一)建立教育研究与实践的桥梁

在生态文明视角下,大学生思想政治教育的研究与实践需要紧密结合,形成相互促进的良性循环,为此建立教育研究与实践的桥梁显得尤为重要。这一桥梁旨在打破理论与实践之间的隔阂,使教育研究能够深入实践,发现实际问题,提出切实可行的解决方案。同时让教育实践者能够及时反馈实践中的经验、困惑和需求,为教育研究提供真实的素材和案例。

高校可以设立专门的教育研究与实践相结合的项目或平台,鼓励教师和研究人员深入教育一线,开展调查研究,了解教育现状和学生需求。同时可以邀请教育实践者参与教育研究项目,共同探讨教育问题,形成教育理论与实践的良性互动。通过这一桥梁的建立,可以确保教育研究的针对性和实效性,提高教育实践的科学性和创新性,从而推动大学生思想政治教育的持续改进与发展。

(二)构建成果转化的激励机制

在生态文明视角下的大学生思想政治教育研究中,构建成果转化的激励机制是激发创新活力、推动实践应用的关键。这一机制旨在通过设立明确的奖励制度、提供必要的资源支持和营造积极的转化氛围,鼓励研究人员和实践者将研究成果转化为教育实践中的具体行动和有效策略。

一是高校应设立专项奖励基金,对在成果转化中取得显著成效的研究人员和实践者给予表彰和奖励,以激发他们转化应用的积极性和动力。二是高校应提供实验设备、实践基地等必要的资源支持,为成果转化提供物质保障。三是高校还应加强与其他教育机构、企业和政府部门的合作,争取更多的外部资源支持,为成果转化创造有利条件。四是高校还应营造积极的转化氛围,鼓励研究人员和实践者勇于尝试、敢于创新,推动成果转化的顺利进行。通过构建成果转化的激励

机制，可以激发研究人员的创新热情和实践者的应用动力，推动教育研究的深入发展和实践应用的广泛推广。

（三）加强成果转化的评估与反馈

在推动生态文明视角下的大学生思想政治教育研究成果的转化过程中，加强评估与反馈环节对于确保转化效果至关重要。评估与反馈不仅能够衡量转化成果的实际效果，还能为后续的改进提供宝贵的数据和意见。一是需要建立科学的评估体系，明确评估指标和评估方法。这些指标应能全面反映转化成果在教育实践中的应用情况、学生反馈以及教育质量的提升程度等，通过定期评估，可以及时了解转化成果的效果，为后续工作提供数据支持。二是加强反馈机制的建设。教育实践者应将转化成果在应用中遇到的问题、困惑以及改进建议等及时反馈给研究人员，以便他们及时调整研究方向和策略。三是研究人员也应积极收集和分析实践者的反馈信息，不断优化研究成果，提高转化效率。四是通过加强评估与反馈的循环互动，可以不断推动研究成果的转化和应用，形成良性循环。这不仅有助于提升教育质量，还能促进教育研究的深入发展，为培养具有生态文明素养的大学生提供有力支持。

推动教育研究与实践成果的转化应用是生态文明视角下大学生思想政治教育研究的重要任务，通过建立教育研究与实践的桥梁、构建成果转化的激励机制以及加强成果转化的评估与反馈工作，可以将研究成果有效地转化为教育实践，推动教育的持续改进和质量提升。这一转化过程不仅有助于检验研究成果的实用性和有效性，还能促进教育创新、提升教育质量。因此应高度重视教育研究与实践成果的转化应用工作，为培养具有生态文明素养的新时代人才提供有力支持。

四、构建多方参与的教育质量评价体系

在生态文明视角下，大学生思想政治教育的质量监控和持续改进需要构建全面、客观、公正的教育质量评价体系。这一体系不仅应涵盖教学过程的各个环节，还应吸纳多方参与，以确保评价结果的全面性和准确性。

（一）吸纳多元评价主体

在构建生态文明视角下的大学生思想政治教育质量评价体系时，吸纳多元

评价主体是确保评价体系全面性和客观性的关键步骤。这一举措不仅体现了教育评价的民主化和科学化，还能为教育质量的持续改进提供多元化的视角和建议。一是学生是教育质量评价的重要主体。作为教育的直接受益者，学生对教学内容、教学方法、教师素质以及教育环境等方面有着最直观的感受和体验。他们的评价能够真实反映教育教学过程中的优点和不足，为教育质量的提升提供宝贵的参考。

二是教师是教育质量评价的另一重要主体。作为教育的实施者，教师不仅能了解学生的学习情况，还掌握着教育教学的第一手资料，他们的评价能够揭示教学过程中的实际问题和困难，为教学改革和质量提升提供有力的支持。

三是教育管理者也是不可或缺的评价主体。他们能够从宏观角度审视教育质量，提出具有前瞻性和战略性的建议。他们的评价不仅关注教育过程本身，还关注教育对社会的贡献和影响，为教育质量的提升提供全局性的指导。

除了学生和教师，家长和社会相关人士也是教育质量评价的重要参与者。家长作为学生的监护人，关心学生的成长和发展，他们的评价能够反映教育对学生个体成长的影响。而社会相关人士则能够从更广泛的角度审视教育质量，为教育质量的提升提供社会化的视角和建议，吸纳多元评价主体，意味着要打破传统的评价模式，建立一个开放、包容、互动的评价环境。在这个环境中不同的评价主体能够相互交流、相互借鉴，共同为教育质量的提升贡献智慧和力量。通过吸纳多元评价主体，可以获得更为全面、客观、公正的评价结果，为教育质量的持续改进提供有力支持。

（二）制定科学的评价标准

在构建生态文明视角下的大学生思想政治教育质量评价体系时，制定科学的评价标准至关重要。这些标准不仅是对教育质量评价的准则，也是推动教育持续改进和优化的重要指导。一是科学的评价标准应紧密围绕生态文明教育的核心理念和目标展开。它应涵盖教育内容、教学方法、教育资源利用、学生发展以及教育环境等多个方面，确保评价体系的全面性和系统性。

二是评价标准应具有可操作性和可衡量性。这意味着评价标准应具体、明确，能够指导教育实践者在实际工作中的具体操作和衡量。例如，可以制定具体的评价指标，如学生对生态文明理念的认知程度、参与生态文明实践活动的积极性、在生态文明方面的创新能力等，以便对教育质量进行量化评估。

三是评价标准还应注重动态性和适应性。随着时代的发展和社会的进步，生态文明教育的目标和要求也会不断发生变化。因此评价标准应及时更新和调整，以适应新的教育环境和需求。

四是评价标准还应具有一定的灵活性。能够根据不同地区、不同学校、不同学生的实际情况进行适当调整。

（三）建立有效的评价反馈机制

在生态文明视角下的大学生思想政治教育质量评价体系中，建立有效的评价反馈机制是确保评价工作真正促进教育质量持续改进的关键环节。一是评价反馈机制需要确保评价结果的及时传递。评价完成后，相关部门应迅速整理、分析评价结果，并将结果反馈给参与评价的教师、学生、家长及教育管理者等各方，这样就能及时了解教育质量的现状，为后续的改进工作提供方向。二是评价反馈机制应强调针对性和实用性。反馈内容应具体、明确，针对评价中发现的问题和不足，提出具体的改进建议和措施。同时反馈还应结合实际情况，确保改进措施的可行性和有效性。三是评价反馈机制还应注重互动性和开放性。评价结果的反馈过程应是一个双向互动的过程，各方可以就评价结果进行讨论、交流，共同寻求改进措施。同时评价反馈机制应保持开放性，欢迎各方提出意见和建议，以便不断完善评价体系和提高评价质量。四是建立有效的评价反馈机制还需要加强监督和检查。相关部门应对改进措施的实施情况进行跟踪检查，确保改进措施有效落实。对于未能按时落实的改进措施，应督促相关责任人及时进行整改，确保评价工作的严肃性和有效性。

构建多方参与的教育质量评价体系是生态文明视角下大学生思想政治教育质量监控和持续改进的重要环节，通过吸纳多元评价主体、制定科学的评价标准以及建立有效的评价反馈机制，可以获得全面、客观、公正的评价结果，为改进教育质量提供有力支持。这一评价体系的建立不仅有助于提升教育质量，还能够促进教育资源的优化配置和合理利用，为培养具有生态文明素养的新时代大学生提供有力保障。在未来的工作中，应不断完善这一评价体系，确保其更好地服务于生态文明教育的发展。

第九章　生态文明视角下大学生思想政治教育的展望与深化

第一节　生态文明与思政教育融合的进一步探索

一、融合实践的深化与拓展方向

随着生态文明建设被纳入国家发展全局，大学生思想政治教育与生态文明的融合显得愈发重要。下面将深入探讨如何进一步深化和拓展这一融合实践，以更好地培养具备生态文明素养的新时代大学生。

（一）深化生态文明理念的教育内容

在大学生思想政治教育中，深化生态文明理念的教育内容，是当下高等教育面临的重要任务。随着全球环境问题的日益严峻，培养具备生态文明素养的大学生，对于推动社会的可持续发展具有深远意义。一是要将生态文明理念融入大学思政课程的各个环节。这不仅需要在课堂上进行理论知识的讲解，更需要在课程内容的设计上，体现出对生态文明建设的关注和重视。例如，在讲述历史、文化、经济等知识点时，可以穿插介绍这些领域与生态文明的关系，引导学生从多个角度理解生态文明的重要性。[1]

二是要创新生态文明理念的教育方式。传统的课堂教学方式往往以教师讲授为主，缺乏学生的主动参与和互动。为了深化生态文明理念的教育内容，可以采用案例分析、角色扮演、小组讨论等更加生动、直观的教学方式，这些方式能够

---

[1] Ma Z, Guo X, Liu X. Synergistic development path of ecological civilization construction and rural revitalization [J]. Applied Mathematics and Nonlinear Sciences, 2024, 9（1）.

激发学生的学习兴趣，让他们在参与中更深入地理解生态文明理念。此外，还应注重生态文明理念的实践教育，通过组织实地考察、社会实践等活动，让学生亲身体验生态文明建设的实际成果，感受生态环境改善给人们生活带来的变化。这样的实践教育能够增强学生的环保意识和责任感，促使他们将生态文明理念内化为自己的行为准则。

三是要加强生态文明理念的国际视野教育。在全球化的背景下，各国之间的环境问题相互关联、相互影响。因此在深化生态文明理念的教育内容时，还应注重培养学生的国际视野，让他们了解全球环境问题的现状和发展趋势，增强他们参与全球环境治理的意识和能力。

（二）拓展思政教育方法的生态化转型

当今社会，随着生态文明建设的深入推进，思政教育方法也需要进行相应的生态化转型，以适应新时代的发展需求。生态化转型的思政教育方法旨在通过更加贴近自然、融入生态的教学方式，引导大学生深入理解生态文明的重要性，培养其绿色发展的价值观和环保意识。一是生态化转型的思政教育方法强调情境模拟和体验式教学。通过模拟真实的生态环境或生态事件，让学生在模拟的情境中亲身体验、感受生态问题的紧迫性和复杂性。这种教学方式能够让学生在参与中更加直观地理解生态文明理念，并激发其保护生态环境的积极性。

二是生态化转型的思政教育方法注重跨学科整合。思政教育不再局限于传统的思政课堂，而是与生态学、环境科学、地理学等相关学科进行深度融合。通过跨学科的课程设计和教学活动，让学生在多个学科领域中感受生态文明的魅力，并培养其跨学科的思维能力和创新能力。

三是生态化转型的思政教育方法还强调实践导向。通过组织实地考察、社会调研、志愿服务等实践活动，让学生深入生态环境保护的现场，了解生态问题的实际，并亲身参与生态保护的实践。这样的教学方式能够让学生在实践中深化对生态文明理念的理解，并培养其环保行为习惯和社会责任感。

四是生态化转型的思政教育方法还倡导数字化和网络化教学。利用现代信息技术手段，如虚拟现实、在线教育等，为思政教育提供更加丰富的教学资源和便捷的学习途径，这样的教学方式能够让学生随时随地接受生态文明教育，提高其学习效率和参与度。

（三）构建跨学科的生态文明教育平台

在高等教育领域，构建跨学科的生态文明教育平台，是推动生态文明理念深入人心的关键举措。这一平台旨在打破学科壁垒，整合校内外的教育资源，为学生提供全方位、多角度的生态文明教育体验。一是跨学科教育平台的建设需要汇聚多元学科力量。生态文明教育涉及生态学、环境科学、地理学、经济学、社会学等多个学科领域，因此需要汇聚这些学科的师资力量和研究资源，形成合力。通过开设跨学科课程、组织跨学科研讨会等方式，促进不同学科之间的交流与融合，共同推进生态文明教育的发展。

二是平台应注重实践教育的开展。生态文明教育不仅是理论知识的传授，更重要的是实践能力的培养，因此平台应搭建实践教育平台，组织学生参与生态保护、环境调研等实践活动，让学生在实践中深化对生态文明理念的理解，增强环保意识和行动能力。

三是平台还应加强与外部资源的合作。这包括与政府部门、企业、社会组织等建立合作关系，共同开展生态文明教育项目。通过引入外部资源，平台可以为学生提供更广阔的学习空间和更丰富的实践机会，同时推动生态文明教育成果的社会化应用。[1]

四是平台的建设需要注重信息化和网络化的发展，利用在线教育、虚拟现实等现代信息技术手段，为生态文明教育提供高效、便捷的教学资源和学习途径。通过构建在线学习平台、开发在线课程等方式，学生可以随时随地接受生态文明教育，提高学习效率和参与度。

（四）加强生态文明教育的国际化交流与合作

在全球化的背景下，加强生态文明教育的国际化交流与合作显得尤为重要。这不仅有助于借鉴国外先进的生态文明教育理念和经验，还能在国际舞台上展示我国在生态文明建设方面的成就和贡献。一是加强与国际高校和研究机构的合作是推进生态文明教育国际化的重要途径。通过建立校际合作关系、开展联合研究项目等方式，可以与国际同行共同探讨生态文明教育的发展趋势，分享各自的研究成果和教学经验。这种合作不仅有助于拓宽教育视野，还能提升我国生态文明

---

[1] Yao H, Yan C, Chen J. The Exploration and Practice Path of Ecological Civilization Construction under the Background of "Carbon Peaking and Carbon Neutrality" [J]. Modern Economics & Management Forum, 2023, 4(4).

教育的国际影响力。二是参与国际生态文明教育交流活动是加强国际合作的有效方式。通过参加国际研讨会、论坛、展览等活动，可以与国际同行面对面交流，了解他们在教育理念、课程设置、教学方法等方面的最新动态。同时可以借此机会展示我国在生态文明教育方面的成果和特色，增进国际社会对我国生态文明建设的了解和认同。

三是推动生态文明教育的国际化还需要加强师资力量的培养，选派优秀的教师到国外学习深造，学习先进的生态文明教育理念和教学方法，提高他们的教学水平和拓宽国际化视野。同时可以邀请国际知名学者和专家来华讲学、交流，为生态文明教育注入新的活力和动力。

四是加强生态文明教育的国际化交流与合作还需要注重与国际标准的对接和融合，积极参与国际生态文明教育标准的制定和修订工作，推动国内生态文明教育标准与国际接轨。这有助于提升我国生态文明教育的质量和水平，增强我国在国际生态文明教育领域的竞争力和影响力。

深化和拓展生态文明与思政教育的融合实践是一项长期而艰巨的任务，需要从教育内容、教育方法、教育平台和国际交流合作等多方面入手，不断加强和创新。只有这样，才能培养出具备生态文明素养的新时代大学生，为推动我国生态文明建设做出积极贡献。

二、潜在机遇与挑战的识别与应对

随着生态文明建设的日益深入，生态文明与大学生思想政治教育的融合正面临前所未有的机遇与挑战。如何准确识别这些机遇，有效应对挑战，是深化两者融合的关键。下面将就此展开探讨，以期为未来的融合实践提供指导。

（一）政策导向带来的机遇与挑战

政策导向在推动社会发展和经济建设中扮演着至关重要的角色，它给生态文明建设和大学生思想政治教育同样带来了机遇与挑战，政策导向为生态文明与思政教育的融合提供了明确的指引和强大的支持。国家出台的一系列生态文明建设政策，如供给侧结构性改革、扩大内需和消费升级、创新驱动发展战略等，都体现了对生态文明建设的重视和投入。这些政策不仅为生态文明建设提供了资金、技术和人才的支持，也为思政教育提供了丰富的教育资源和明确的教育方向。例如政府鼓励企业加大科技创新投入，推动科技与经济深度融合，这为大学生思政教育提供了实践平台和创新空间，使学生能够在实践中深化对生态文明理念的理解。

然而，政策导向也带来了一定的挑战。一方面政策的变化和调整带来融合实践的调整，需要教育者具备较高的政策敏感度和应对能力。例如，当国家出台新的环保政策时，教育者需要及时了解政策内容，将其融入教学中，引导学生关注环保问题，培养学生的环保意识。另一方面政策导向的落地实施需要各方共同努力，如何形成合力，推动融合实践深入发展，是目前亟待解决的问题。政府、学校、企业和社会各界需要加强沟通与合作，共同推动生态文明与思政教育的融合发展。

（二）技术革新带来的机遇与挑战

技术革新作为推动社会进步的重要力量，给生态文明与思政教育的融合带来了前所未有的机遇与挑战。技术革新为生态文明与思政教育的融合提供了广阔的平台和丰富的手段。随着信息技术的飞速发展，虚拟现实、增强现实、大数据、人工智能等新技术不断涌现，为思政教育提供了更加生动、直观、互动的教学方式。例如通过虚拟现实技术，学生可以身临其境地体验生态环境，感受生态问题的紧迫性。通过大数据分析，教育者可以更加精准地把握学生的学习需求和行为特点，实现个性化教学。这些技术手段的运用，不仅增强了学生的学习体验，也提高了教育的针对性和实效性。

然而，技术革新也带来了一定的挑战。一方面新技术的更新换代速度较快，教育者需要不断学习和掌握新技术，以适应教学的需要。这要求教育者具备较高的技术素养和学习能力，能够紧跟技术发展的步伐，不断更新教学内容和方法。另一方面技术应用的成本较高，如何在有限的资源条件下实现技术应用的最优化，是一个需要解决的问题，教育者需要合理规划和使用教学资源，探索低成本、高效益的技术应用模式，以满足学生的学习需求。

此外，技术革新还带来了对思政教育内容和形式的挑战。新技术的引入使一些传统的教育方式和手段逐渐失去吸引力，教育者需要不断创新教学内容和形式，以适应学生的需求和兴趣。同时技术革新也带来了一些负面影响，如信息泛滥、沉迷网络等问题，教育者需要引导学生正确使用新技术，避免其带来的不良影响。

（三）国际交流的机遇与挑战

国际交流在促进全球知识共享和理念互鉴方面发挥着重要作用，对生态文明与思政教育的融合而言，国际交流同样带来了宝贵的机遇与不容小觑的挑战。国际交流为生态文明与思政教育的融合带来了广阔的视野和丰富的资源，通过与国际同行的交流与合作，了解国际上在生态文明建设和思政教育方面的最新动态和趋势，学习借鉴国外先进的理念和实践经验。这不仅可以丰富教学内容和方法，也可以拓宽教育思路，不断推动创新和发展。此外国际交流还可以提供更多的实践机会和资源，更好地将理论与实践相结合，提高学生的实践能力和综合素质。

然而国际交流也带来了一定的挑战。一方面不同国家和地区的文化背景、教育理念、政治体制等存在差异，导致在交流过程中出现理解偏差和沟通障碍。为了克服这些困难，需要提高跨文化交流能力，尊重和理解不同文化背景下的差异，实现有效地沟通和合作。另一方面国际交流需要投入大量的人力、物力和财力，如何合理规划和使用这些资源，确保交流的质量和效果，是一个需要解决的问题。此外还需要关注国际交流中的知识产权保护、信息安全等问题，确保交流活动的安全性和合法性。

（四）学生需求变化的机遇与挑战

在高等教育领域，学生需求的变化是推动教育改革和发展的重要因素。对生态文明与思政教育的融合而言，学生需求的变化同样带来了重大的机遇与挑战。学生需求的变化为生态文明与思政教育的融合带来了新的机遇。随着时代的进步和社会的发展，学生对教育的期望和要求也在不断变化，他们更加关注个人成长和发展，希望能够在学习中获得更多实践经验和创新能力。这种变化为生态文明与思政教育的融合提供了新的方向，教育者可以结合学生的实际需求，将生态文明教育融入思政课程中，通过实践活动、案例分析等方式，引导学生关注环境问题，培养环保意识和责任感。同时教育者还可以鼓励学生参与环保项目和社会实践，在实践中深化对生态文明理念的理解，提高综合素质和创新能力。

然而学生需求的变化也给大学生思政教育带来了一定的挑战。一方面学生的个性化需求越来越强烈，希望能够在学习中获得更多自由选择和个性化发展的机会。这要求教育者在教学过程中更加注重学生的主体性和参与性，尊重学生的个体差异，提供多样化的教育资源和教学方式。另一方面学生面临的学习压力也越来越大，需要在有限的时间内完成繁重的学习任务。这要求教育者在融合生态文明与思政教育时，更加注重课程的实用性和高效性，合理安排教学内容和进度，确保学生能够在轻松愉快的氛围中学习。此外学生需求的变化还对教育者素质和能力提出了新的要求，教育者需要不断更新教育观念和方法，提高专业素养和创新能力，以更好地满足学生的需求。同时教育者还需要关注学生的心理变化和情感需求，加强与学生的沟通和交流，建立和谐的师生关系。

生态文明与思政教育的融合面临着诸多机遇与挑战，政策导向、技术革新、国际交流和学生需求变化等都为融合实践提供了新的机遇和可能性。然而，有效应对这些挑战，确保融合实践的深入发展，需要教育者具备较高的政策敏感度、技术素养、跨文化交流能力和创新能力。未来应加强研究和探索，不断完善融合实践的路径和方法，为推动生态文明建设和大学生思想政治教育的发展做出积极贡献。

三、创新融合策略的制定与实施

随着生态文明建设的深入推进，大学生思想政治教育也面临着新的机遇与挑战。在这一背景下如何创新融合策略，实现生态文明与思政教育的深度融合，成为目前迫切需要探讨的问题。下面将针对这一问题展开论述，旨在提出一系列创新融合策略，并探讨其制定与实施的具体路径。

（一）构建跨学科融合的教育体系

当今社会，环境问题日益严峻，生态文明理念逐渐深入人心，为了培养具备生态文明素养的新时代大学生，构建跨学科融合的教育体系显得尤为重要。这一体系不仅有助于打破传统学科的界限，还能促进知识的交叉融合，为大学生提供更为全面、系统的教育。一是跨学科融合的教育体系强调学科之间的互补与协同。传统的思政教育往往侧重于道德伦理和政治理论的教育，而生态文明教育则更加关注环境科学、生态学等方面的知识。将这两者有机结合，在思政教育中融入生态文明的理念和实践，使学生在学习政治理论的同时也能了解到环境问题的严重性和紧迫性，从而增强他们的环保意识和责任感。①

二是跨学科融合的教育体系有助于培养大学生的综合素质。在这一体系下，学生需要掌握多个学科的知识和技能，这不仅能够拓宽他们的视野，还能提高他们的综合素质。例如在参与环保项目或社会实践时，学生需要运用多学科的知识来解决问题，这种跨学科的思维方式将对他们未来的职业发展产生积极的影响。

三是构建跨学科融合的教育体系需要高校、政府和社会各界的共同努力。高校应该加强学科之间的交流和合作，鼓励教师开展跨学科的研究和教学；政府应该制定相关政策，为跨学科融合的教育体系提供支持和保障；社会各界也应该积极参与其中，为学生提供更多的实践机会和更丰富的资源。

四是构建跨学科融合的教育体系是一个长期的过程，需要不断地探索和完善，应该关注学生的学习需求和反馈意见，及时调整和优化教育内容和教学方法。同时还应该加强国际交流与合作，借鉴国外先进的经验和做法，推动我国生态文明与思政教育的深度融合。

（二）创新教学方法和手段

在生态文明视角下的大学生思想政治教育中，创新教学方法和手段是提升教学效果、激发学生兴趣的关键。随着科技的快速发展，传统的教学模式已经难以满足现代大学生的需求，因此需要不断探索和创新教学方法和手段。一是现代信息技术是创新教学方法的重要手段之一。通过引入虚拟现实、增强现实在线课程等现代信息技术，为学生创造更加生动、直观的学习环境。例如，利用VR技术模拟生态环境，让学生身临其境地感受大自然的美丽与脆弱，从而增强环保意识。同时在线课程可以突破时间和空间的限制，方便学生随时随地学习，提高学习的灵活性和自主性。

二是案例教学、角色扮演等教学方法也是创新教学手段的有效途径。通过引入具体的案例，让学生分析、讨论并解决问题，使学生更加深入地理解生态文明的理念和实践。同时角色扮演让学生在模拟的情境中扮演不同的角色，体验不同的责任和感受，从而增强他们的责任感和使命感。

三是开展实践活动也是创新教学方法的重要手段。组织学生参与环保志愿活

---

① Zhao Y. Realistic Challenges and Optimization Path of Global Ecological Civilization Construction [J]. Environment, Resource and Ecology Journal, 2023, 7（5）.

动、生态调研等实践活动，让学生亲身感受生态问题的严峻性和紧迫性，从而增强他们的环保意识和实践能力。同时实践活动还能培养学生的团队合作精神和创新能力，为未来的职业发展打下坚实的基础。

四是创新教学方法和手段需要教育者具备开放的心态和勇于探索的精神。教育者应该关注科技发展的最新动态，了解学生的学习需求和兴趣点，不断探索和创新教学方法和手段。同时教育者还应该加强与学生之间的沟通和交流，了解他们的反馈和建议，不断改进和优化教学方法和手段。

（三）加强实践教育的实施

在生态文明视角下的大学生思想政治教育中，加强实践教育是不可或缺的环节。实践教育不仅能够让学生将理论知识与实际操作相结合，更能深化他们对生态文明理念的理解，增强其社会责任感。一是实践教育能为学生提供亲身参与和体验的机会。通过参与环保志愿活动、生态调研、社区服务等实践活动，学生能够直接面对环境问题，感受到生态文明建设的紧迫性和重要性。这种亲身体验能让学生更加深入地理解生态文明的理念，形成坚定的环保意识。

二是实践教育有助于培养学生的创新能力和团队协作精神。在实践活动中，学生需要运用所学知识解决实际问题，这要求他们具备创新思维和创新能力。同时实践活动往往需要团队合作，这能够培养学生的团队协作精神，提高他们的沟通协作能力。

三是加强实践教育的实施还需要高校和社会各界的支持。高校应该积极搭建实践教育平台，为学生提供更多的实践机会和丰富的资源。同时高校还应该加强与企业和社区的合作，共同开展与生态文明相关的实践项目，推动产学研深度融合。

（四）建立科学的评价体系

在推进生态文明视角下的大学生思想政治教育的过程中，建立一个科学、全面、有效的评价体系至关重要。科学的评价体系不仅能够客观地反映教育成果，还能为教育教学的改进提供有力支撑。一是科学的评价体系应当具有全面性和系统性。它应当涵盖学生在理论知识、实践技能、情感态度等多个方面的表现，以全面评估学生的综合素质。同时评价体系还应考虑学生的个体差异和发展潜力，确保评价的公正性和准确性。

二是科学的评价体系应当注重过程性评价与结果性评价的结合。过程性评价能够关注学生的学习过程、学习态度和学习方法，帮助学生及时调整学习策略，提升学习效果。结果性评价则能够客观反映学生的学习成果，为教育教学的改进提供反馈。将过程性评价与结果性评价相结合，能够更全面地评估学生的综合素质和发展潜力。

三是科学的评价体系还应具有可操作性和可量化性。评价体系中的各项指标应当具体、明确，便于教育者进行操作和评估。同时评价数据应当能够量化，以便进行统计和分析，为教育教学的改进提供有力支持。

四是在构建科学的评价体系时，还应该注重学生的参与和反馈。学生作为教育的主体，他们的参与和反馈对于评价体系的完善至关重要，应该鼓励学生积极参与评价过程，表达自己的观点和建议，以便教育者能够更准确地了解学生的学习困难和需求，从而有针对性地改进教育教学。

创新融合策略的制定与实施是实现生态文明与思政教育深度融合的关键，应该从构建跨学科融合的教育体系、创新教学方法和手段、加强实践教育的实施以及建立科学的评价体系等方面入手，不断探索和创新融合策略。同时还需要注重策略的实施效果和质量监控，确保融合教育的持续发展和改进，这些努力，能为培养具有生态文明意识和社会责任感的新时代大学生奠定坚实的基础。

第二节 生态文明视角下思政教育的创新发展

一、思政教育内容的前沿性与时代性提升

随着全球生态危机的日益严峻，生态文明理念逐渐深入人心，在这一背景下，大学生思想政治教育也需要与时俱进，不断吸收和融合生态文明的理念，以提升其前沿性与时代性。下文将围绕思政教育内容的前沿性与时代性提升展开讨论，旨在探索思政教育在生态文明视角下的创新发展路径。

（一）思政教育应紧密结合生态文明理念

在当今社会，随着全球生态危机的加剧，生态文明的理念逐渐成为社会发展的重要指导原则。在这一背景下，思政教育应紧密结合生态文明理念，将其融入教育教学的各个环节。一是思政教育应明确生态文明理念的核心价值观。这包括尊重自然、顺应自然、保护自然的原则，以及可持续发展和绿色发展的理念。在课堂上深入讲解这些价值观，引导学生树立正确的生态观和发展观，从而培养他们的环保意识和责任感。

二是思政教育应关注生态文明建设的实践案例。通过介绍国内外在生态文明建设方面的成功案例和经验，让学生了解生态文明建设的重要性和可行性。同时可以组织学生参与相关实践活动，如环保志愿活动、生态调研等，让学生亲身体验和感受生态文明建设的成果和挑战。

三是思政教育还应加强与其他学科的融合。生态文明涉及环境科学、生态学、社会学等多个学科领域，因此思政教育可以与环境科学、生态学等相关学科交叉融合，共同研发课程内容和教学方法。这样不仅可以丰富思政教育的内容，还可以提升学生的学习兴趣和综合素质。

四是思政教育应注重培养学生的创新精神和实践能力。在生态文明视角下，思政教育应鼓励学生关注生态问题的创新解决方案，培养他们的创新思维和实践能力。通过引导学生参与科研项目、创新实验等活动，激发他们的创造力和想象力，为生态文明建设贡献智慧和力量。

（二）思政教育应关注时代热点与现实问题

思政教育作为塑造大学生世界观、人生观和价值观的重要课程，必须紧跟时代步伐，密切关注时代热点与现实问题。在生态文明建设的时代背景下，思政教育更应该聚焦与生态文明相关的热点问题和现实挑战。一是思政教育应关注环保政策与法规的更新。随着全球环保意识的提高，各国政府纷纷出台新的环保政策和法规，以应对日益严峻的环境问题。思政教育应及时将这些政策与法规纳入教学内容，让学生了解国家的环保战略和行动计划，培养他们的环保法律意识和法治观念。

二是思政教育应关注生态环境污染问题。环境污染是当前全球面临的共同挑战之一，严重影响着人们的健康和生活质量。思政教育应引导学生关注身边的污染问题，如空气污染、水污染、土壤污染等，并探讨其成因和解决方案。通过深入了解这些问题，学生可以更加清晰地认识到环保的紧迫性和重要性。

三是思政教育还应关注资源短缺与浪费问题。随着人口的增长和经济的发展，资源短缺和浪费问题日益凸显，思政教育应引导学生思考如何节约资源、提高资源利用效率，培养节约意识和环保意识。同时还应引导学生关注资源分配不公等问题，培养社会责任感和公正意识。

四是思政教育应关注生态文明建设的成功案例与经验，介绍国内外在生态文明建设方面的成功案例和经验，可以为学生提供宝贵的启示和借鉴。这些案例和经验不仅可以激发学生的环保热情和创新精神，还可以为他们未来的职业发展提供有益的参考。

（三）思政教育应强化跨学科融合

在现代教育体系中，思政教育不应局限于传统的政治理论框架内，而应积极寻求与其他学科的融合，以丰富教学内容，提升教学效果。特别是在生态文明视角下，思政教育更需要强化跨学科融合，以适应社会发展的新需求。一是思政教育应与环境科学、生态学等自然科学学科进行融合。这些学科提供了关于自然环境和生态系统的深入研究和学科知识，有助于加深学生对生态文明理念的理解和认识。通过将环境科学、生态学等课程内容融入思政教育，学生可以更加全面地了解环境问题的严峻性和紧迫性，培养他们的环保意识和责任感。

二是思政教育还应与社会学、经济学等人文社会科学学科进行融合。这些学科提供了关于社会结构、经济发展等方面的知识和理论，有助于引导学生从更广阔的角度思考环境问题。通过引入社会学、经济学等课程内容，学生可以更加深入地理解环境问题背后存在的社会、经济因素，培养学生的批判性思维和创新能力。

三是思政教育还应与技术科学、信息科学等新兴学科进行融合。随着科技的快速发展，新兴学科为思政教育提供了新的教学手段和工具，通过利用虚拟现实、增强现实等先进技术，可以为学生创造更加生动、直观的学习环境，提高他们的学习兴趣和参与度。

(四) 思政教育应注重实践教育的实施

在生态文明视角下，思政教育不应仅停留在理论知识的灌输上，而应更加注重实践教育的实施。实践教育是培养学生实践能力和综合素质的有效途径，对于推动生态文明建设理念深入人心具有重要意义。一是实践教育能够让学生亲身体验和感受环境问题，从而更加直观地理解生态文明建设的重要性和紧迫性。通过参与环保志愿活动、生态调研等实践活动，学生能够深入了解环境污染、资源浪费等问题的现状和影响，从而激发他们保护环境的责任感和使命感。二是实践教育能够帮助学生将理论知识与实际操作相结合，提高他们的综合素质和创新能力。在实践活动中，学生需要运用所学知识解决实际问题，这要求他们具备创新思维和创新能力。通过不断尝试和探索，学生可以积累丰富的实践经验，提升自己的综合素质和竞争力。三是实践教育还能够培养学生的团队协作能力和社会责任感。在环保志愿活动中，学生需要与他人紧密合作，共同完成任务，这种经历可以帮助学生学会与他人沟通、协作和分享，培养他们的团队协作精神。同时通过参与环保活动，学生还能够认识到自己作为社会一分子所应承担的责任和义务，培养他们的社会责任感。

在生态文明视角下，提升思政教育内容的前沿性与时代性具有重要意义。通过紧密结合生态文明理念、关注时代热点与现实问题、强化跨学科融合以及注重实践教育的实施等措施，推动思政教育的创新发展。这些措施不仅有助于培养学生的环保意识和责任感，还有助于提升他们的综合素质和创新能力，为构建美丽中国贡献自己的力量。同时这也为思政教育在新时代背景下的改革和发展提供了新的思路和方向。

二、教学方法与技术的革新与应用

随着信息化技术的飞速发展和生态文明理念的深入人心，传统的教学方法已难以满足当前思政教育的需求。为了提升教育效果，培养具备生态文明素养的大学生，教学方法与技术的革新与应用显得尤为重要。下面将探讨在生态文明视角下，思政教育教学方法与技术的革新与应用。

（一）信息化技术在思政教育中的应用

随着信息化技术的迅猛发展，其在思政教育中的应用日益广泛，为思政教育带来了革命性的变革。信息化技术以其独特的优势，不仅提高了思政教育的效率和质量，也极大地丰富了教学内容和形式。一是信息化技术丰富了思政教育的教学资源。通过互联网技术，教师可以轻松获取学术论文、研究报告、案例分析等教学资源，为教学提供丰富的素材。同时学生也可以利用互联网进行自主学习，获取更多元化的知识。

二是信息化技术提高了思政教育的互动性。在线学习平台、社交媒体等信息化工具使师生之间的交流更加便捷，学生可以随时随地向教师提问，教师也可以及时了解学生的学习情况。这种互动性不仅增强了学生的学习兴趣，也提高了学习效率。

三是信息化技术还推动了思政教育的个性化发展。利用大数据分析学生的学习行为和偏好，教师可以为学生定制个性化的学习计划，满足不同学生的学习需求。这种个性化教育能够更好地激发学生的学习兴趣和潜力，提高他们的学习效果。

四是信息化技术还拓展了思政教育的实践领域。通过虚拟现实、增强现实等先进技术，学生可以在虚拟环境中进行实践学习，如模拟社会调查、虚拟社区服务等。这种实践学习方式不仅能够让学生更加深入地理解社会现实，还能提高他们的实践能力和创新精神。

（二）互动式教学方法的推广

互动式教学方法在当今的教育领域中扮演着越来越重要的角色，其强调学生的参与和互动，为思政教育注入了新的活力。推广互动式教学方法，不仅有助于激发学生的学习兴趣，还能提高教育教学的质量。一是互动式教学方法重视学生的主体地位。在这种教学模式下，学生不再是知识的被动接受者，而是积极参与课堂讨论的主动学习者，通过提问、讨论、分享等方式，深入参与到教学过程中，从而更加深刻地理解和掌握知识。

二是互动式教学方法能够提高学生的综合素质。在互动过程中，学生需要运用自己的思维能力、表达能力、团队协作能力等，这不仅有助于培养他们的综合素质，还能为他们未来的职业发展打下坚实的基础。

三是互动式教学方法有助于营造活跃的课堂氛围。通过小组讨论、角色扮演、案例分析等方式,学生可以在轻松愉悦的氛围中学习,这有助于缓解学习压力,提高学习效率。

四是推广互动式教学方法需要教师的积极参与和支持。教师需要转变教学观念,注重培养学生的参与意识和创新能力,同时还需要不断提升自己的专业素养和教学技能,以适应互动式教学的需求。

(三)跨学科教学方法的探索

在当今知识爆炸的时代,单一学科的知识体系已难以满足复杂问题的解决需求,特别是在思政教育领域,跨学科教学方法的探索显得尤为重要。这种教学方法不仅有助于拓宽学生的知识视野,还能培养他们的综合思维能力和创新能力。

跨学科教学方法强调不同学科之间的交叉融合,整合环境科学、社会学、经济学、心理学等多个学科的知识和方法,为思政教育提供更为全面和深入的视角。例如,在探讨生态文明建设的议题时,可以结合环境科学的知识,分析环境污染的成因和治理策略,同时借助社会学的理论,探讨环保行为的社会影响和推动因素,还可以引入经济学的原理,分析环保产业的经济效益和发展趋势。这样的跨学科融合,不仅能够让学生更加全面地认识生态文明建设的复杂性和挑战性,还能培养他们的跨学科思维和综合能力。

在实施跨学科教学时,教师需要具备跨学科的知识储备和教学能力,他们需要不断学习新的学科知识,了解不同学科的研究方法和理论体系,以便能够在教学过程中灵活运用。同时教师还需要具备跨学科的协作能力,与其他学科的教师共同开展教学活动,分享教学资源和经验,以实现跨学科教学的有效实施。

此外,跨学科教学还需要学生的积极参与和配合。学生需要具备跨学科的学习意识和能力,主动学习和掌握不同学科的知识和方法,以便能够在跨学科学习中发挥自己的作用。同时学生还需要具备跨学科的合作精神,与其他学科的学生共同开展实践活动和项目研究,以实现跨学科学习的拓展和深入。

(四)实践教育基地的建设与利用

在思政教育中,实践教育基地的建设与利用是提升教育效果、增强学生实践能力的重要环节。以下是关于实践教育基地建设与利用的详细探讨。一是实践教育基地的建设应紧密结合思政教育目标。根据思政教育的内容和特点，选择适合的地点和场所，如红色教育基地、社区服务中心、环保组织等，确保实践教育基地能够满足教育需求，为学生提供丰富的实践机会。二是实践教育基地的建设应注重资源整合，通过与相关机构、企业等建立合作关系，共同建设和管理实践教育基地，实现资源共享和优势互补。这不仅可以为学生提供更多的实践机会，还可以为实践教育基地的长期发展提供有力支持。在利用实践教育基地时，应注重实践教学活动的针对性和实效性。根据教育目标和学生的实际情况，设计有针对性的实践教学内容和形式，如社会调查、志愿服务、创新创业等，同时注重实践教学活动的实效性，确保学生在实践过程中能够真正获得知识，提升技能，增强社会责任感和实践能力。三是实践教育基地的建设与利用还应注重学生的参与度和体验感，鼓励学生积极参与实践教学活动，让他们在实践中感受社会、认识自我、提升能力。同时注重学生的反馈和评价，及时调整和优化实践教学内容和形式，以满足学生的需求和发展。

教学方法与技术的革新与应用是推动思政教育创新发展的重要途径，在生态文明视角下，可以通过引入信息化技术、推广互动式教学方法、探索跨学科教学方法以及加强实践教育基地的建设与利用等措施，来提升思政教育的教学质量。这些措施不仅能够激发学生的学习兴趣和积极性，还能拓宽学生的视野和思路，培养他们的综合素质和创新能力，同时这也为思政教育在新时代背景下的改革发展提供了新的思路和方向。

三、评价体系与反馈机制的动态完善

随着生态文明理念的深入人心和大学生思政教育的不断深化，评价体系与反馈机制作为教育质量监控和提升的关键环节，其重要性日益凸显。一个科学、合理的评价体系和有效的反馈机制，不仅能够客观、全面地评估思政教育的效果，还能为教育创新提供有力的支撑和保障。因此在生态文明视角下，对思政教育评价体系与反馈机制进行动态完善，具有重要的现实意义和深远的发展价值。

（一）评价体系的多维度构建

在生态文明视角下，对大学生的思想政治教育评价体系进行多维度构建，是确保教育质量全面、客观评估的关键。这一评价体系不仅关注学生对思政理论知识的掌握，更强调其在实际行动中对生态文明理念的践行和体现。一是评价体系应涵盖知识维度。这包括学生对思政理论、生态文明理念等知识的掌握和理解程度，以及他们运用这些知识分析和解决问题的能力，通过考试、论文、课堂讨论等方式，可以全面评估学生的知识掌握情况。

二是评价体系应重视能力维度。这包括学生的自主学习能力、团队协作能力、创新能力等。在生态文明建设中，这些能力对于大学生而言至关重要。通过项目实践、团队合作、案例分析等方式，可以锻炼学生这些方面的能力，并对其进行评估。

三是评价体系还应关注情感态度和价值观维度。这主要考查学生对生态文明理念的情感认同、价值观内化程度以及行为表现，通过问卷调查、行为观察、访谈等方式，可以深入了解学生的情感态度和价值观状况。

四是评价体系还应包括行为表现维度。这主要考查学生在日常生活和社会实践中是否践行生态文明理念，是否积极参与环保活动，是否具有环保意识等。通过社会实践、志愿服务、校园活动等方式，观察学生的行为表现，并对其进行评估。

（二）反馈机制的及时性与有效性

在大学生思想政治教育的实施中，构建及时且有效的反馈机制至关重要。它不仅能帮助教育者迅速掌握学生的学习动态，还能促进学生及时调整学习策略，确保思政教育目标的达成。一是及时性是反馈机制的核心要素之一，教育者应密切关注学生的学习进展，通过课堂互动、作业批改、在线平台等方式，及时收集学生的学习反馈。这种及时的反馈能够确保教育者及时发现问题，避免问题积累，同时也有助于学生及时纠正错误，提高学习效率。

二是有效性是反馈机制的关键所在。有效的反馈机制应该具有针对性、具体性和建设性，教育者应针对学生的个体差异和学习需求，提供具体的、有针对性的反馈建议。这些建议应能够帮助学生明确学习方向，找到改进方法，从而提高学习效果。为了确保反馈机制的有效运行，教育者需要与学生建立良好的沟通渠道，通过定期的师生交流、座谈会等方式，了解学生的学习需求、困惑和建议，及时调整教学策略和方法。同时教育者还需要关注学生的学习动态，及时发现问题并进行干预，确保学生能够获得及时、有效的指导。

三是构建多元化的反馈渠道也是提高反馈机制有效性的重要途径。除了传统的师生交流方式，还可以利用在线平台、社交媒体等现代技术手段，为学生提供更加便捷、高效的反馈渠道。这些渠道能够让学生随时随地表达自己的观点和想法，为教育者提供更加全面、真实的反馈信息。

（三）评价体系与反馈机制的互动性

在大学生思想政治教育中，评价体系与反馈机制之间的互动至关重要，这两者并非孤立存在，而是相互影响、相互促进的。一个科学完善的评价体系能够为反馈机制提供准确、全面的信息支持，而一个及时有效的反馈机制则能反过来促进评价体系的优化和改进。具体而言，评价体系通过定期评估学生的学习效果、教师的教学质量等，为反馈机制提供具体的反馈点。这些反馈点不仅包括学生在知识、能力、情感态度等方面的表现，还包括教师在教学内容、方法、手段等方面的创新和改进。基于这些反馈点，反馈机制及时向教育者和学生提供具体的反馈建议，帮助他们了解自身存在的问题和不足，从而有针对性地制定改进措施，同时反馈机制也为评价体系的完善提供了实践支撑。通过收集和分析学生、教师等各方面的反馈信息，评价体系能够发现自身存在的问题和不足，从而进行针对性的改进和优化。这种互动性的存在，使评价体系与反馈机制能够形成良性循环，不断推动大学生思想政治教育的创新和发展。

（四）评价体系与反馈机制的可持续发展

为确保大学生思想政治教育评价体系与反馈机制的长远有效，可持续发展成为必然的选择。可持续发展不仅意味着评价体系与反馈机制能够持续为教育提供有力支撑，更意味着它们能够随着时代的发展和教育的需求不断自我完善和优化。一是评价体系与反馈机制需要与时俱进。随着社会的进步和科技的发展，大学生思政教育的内容和形式也在不断变化，因此评价体系与反馈机制必须紧跟时代步伐，不断更新和完善评估指标和反馈方式，以适应新的教育需求。

二是评价体系与反馈机制需要注重自我完善。在长期的实践过程中，评价体系与反馈机制难免会出现一些问题和不足。为了保持其持续有效，必须注重自我反思和自我完善，通过定期评估、专家评审、学生反馈等方式，及时发现并解决问题，确保评价体系与反馈机制能够持续为教育提供有力支撑。

三是评价体系与反馈机制还需要与其他教育资源进行深度融合。通过与其他课程、实践活动、校园文化等方面的融合，丰富评价体系与反馈机制的内容和形式，提高其针对性和实效性。同时这种融合还能够促进各种教育资源的共享和互补，实现教育资源利用的最大化。

四是评价体系与反馈机制的可持续发展还需要得到政策支持和制度保障。相关部门应制定相关政策和制度，为评价体系与反馈机制的可持续发展提供有力保障。同时应加强对评价体系与反馈机制的研究和推广，提高其社会认可度和影响力。

在生态文明视角下，对思政教育评价体系与反馈机制进行动态完善是教育创新发展的必然趋势，通过多维度评价体系的构建、有效反馈机制的建立、评价体系与反馈机制之间的互动以及可持续发展策略的实施，可以确保思政教育在提升教育质量、培养具有生态文明素养的大学生方面发挥更加重要的作用。同时为思政教育在新时代背景下的发展提供新的思路和方向。

四、国际合作与交流的新模式探索

在全球化的时代背景下，国际合作与交流已成为推动高等教育发展的重要力量，对于生态文明视角下的大学生思想政治教育而言，国际合作与交流同样具有重要意义。通过与国际接轨，既能够借鉴国际先进的教育理念和方法，提升思政教育的国际化水平，也能推动生态文明理念的全球传播。因此探索国际合作与交流的新模式，对于促进思政教育的创新发展具有重要意义。

（一）建立国际思政教育合作平台

在全球化和信息化的双重背景下，国际交流与合作已成为推动高等教育和思政教育发展的重要驱动力。为深化思政教育的国际化进程，建立国际思政教育合作平台显得尤为重要。一是国际思政教育合作平台可以作为一个全球性的思政教育资源共享和交流的中心，通过这一平台，各国思政教育领域的专家学者可以分享最新的研究成果、教育方法和实践经验，促进彼此之间的学习和借鉴。这不仅有助于拓宽思政教育的国际视野，还能提升思政教育的质量和效果。

二是该平台可以促进不同文化背景下的思政教育理念的交流与碰撞。通过国际交流与合作，能更深入地了解不同国家的思政教育体系和价值观念，增进对不同文化的理解和尊重。这种跨文化的交流有助于吸收和借鉴国际先进的思政教育理念，丰富和发展我国的思政教育内容和方法。

三是国际思政教育合作平台还可以为师生提供广阔的国际交流机会。通过组织国际学生交流项目、学术研讨会等活动，师生可以亲身感受不同国家的思政教育氛围，提升跨文化交流能力和国际竞争力。这种亲身体验式的交流有助于培养学生的全球视野和开放心态，为他们未来的国际交往和职业发展奠定坚实的基础。

（二）开展国际学生交流项目

在全球化背景下，开展国际学生交流项目对于推动大学生思想政治教育的国际化发展具有不可或缺的作用。通过这一项目，学生能够跨越国界，亲身体验不同文化背景下的思政教育，从而拓宽视野、增长见识。

国际学生交流项目为学生提供了一个绝佳的平台，让他们能够深入了解和体验不同国家的思政教育体系。在这个过程中，学生不仅可以学习先进的思政教育理论和方法，还能通过与当地学生的互动，了解不同文化背景下的价值观念和社会观念。这种跨文化的交流有助于培养学生的国际视野和跨文化交流能力，为他们未来的职业发展和社会适应能力打下坚实基础。此外，国际学生交流项目还能促进各国高校之间的合作与交流，通过这一项目使各国高校建立稳定的合作关系，共同开展思政教育研究和实践活动，有助于推动思政教育的创新与发展，提高教育质量和效果。

（三）加强国际思政教育比较研究

在推动大学生思想政治教育的国际化进程中，加强国际思政教育比较研究是至关重要的一环。通过深入研究不同国家、不同文化背景下的思政教育体系、内容、方法及其效果，为我国的思政教育提供了有益的借鉴和启示。一是国际思政教育比较研究有助于了解各国思政教育的特点和优势。例如，某些国家在思政教育方面注重实践教学，通过组织学生参与社会实践活动来培养其社会责任感和公民意识；而另一些国家则更加注重思辨能力的培养，通过课堂讨论、辩论等方式来提高学生的批判性思维能力。这些不同的教育方法和理念，对于我国思政教育的创新和发展具有重要的参考价值。

二是比较研究可以帮助教育者认识到自身思政教育的不足和缺陷。通过对比不同国家的思政教育体系，发现自身在思政教育内容、方法、手段等方面存在的问题和不足，从而有针对性地进行改进和完善。有助于提高我国思政教育的质量和效果，更好地满足学生的需求和社会的发展。

三是国际思政教育比较研究还可以促进各国之间的交流和合作。通过共同研究、分享经验、交流成果，各国可以建立稳定的合作关系，共同推动思政教育的创新与发展。这种合作不仅有助于推动各国思政教育的共同进步，还有助于增进各国之间的友谊和互信。

（四）构建国际思政教育评价体系

在全球化的教育背景下，构建国际思政教育评价体系对于提升思政教育的国际化水平、保障教育质量具有重要意义。这一评价体系的构建应涵盖以下几方面。

（1）评价标准的国际化。评价体系应借鉴国际先进的教育理念和实践经验，结合我国的实际情况，制定符合国际标准的思政教育评价标准。这些标准应涵盖教育目标、教学内容、教学方法、教学效果等多个方面，以确保思政教育的国际化水平。

（2）评价方法的多元化。评价体系的构建应采用多元化的评价方法，包括定量评价和定性评价相结合，自评和他评相结合等方法。通过多种评价方法的综合运用，可以全面、客观地反映思政教育的质量和效果。

（3）评价内容的全面性。评价体系应涵盖思政教育的各个方面，包括学生的思想政治素质、道德品质、文化素养、国际视野等方面，同时还应关注思政教育在促进学生全面发展、推动社会进步等方面的作用和影响。

（4）评价结果的反馈与改进。评价体系的建立不仅是为了评价思政教育的质量和效果，更重要的是通过评价结果的反馈，发现思政教育存在的问题和不足，提出改进意见和建议，推动思政教育的不断完善和发展。

在生态文明视角下，探索国际合作与交流的新模式对促进思政教育的创新发展具有重要意义。通过建立国际思政教育合作平台、开展国际学生交流项目、加强国际思政教育比较研究以及构建国际思政教育评价体系等措施，加强与国际先进教育机构的联系和合作，引进优质的教育资源和方法，提升我国思政教育的国际竞争力。同时国际合作与交流也有助于更好地推广生态文明理念，提高国际社会对我国的认同感和好感度。在未来的发展中，应该继续深化国际合作与交流，推动思政教育的创新发展，为培养具有全球视野和生态文明素养的优秀人才贡献力量。

第三节 深化生态文明与思政教育融合的路径

一、政策引导与制度创新的推动作用

随着生态文明理念的深入人心，将其与大学生思想政治教育深度融合，成为当前教育领域的重要课题。政策引导与制度创新作为推动教育发展的重要力量，对于深化生态文明与思政教育的融合具有不可替代的作用。下面将探讨政策引导与制度创新在推动生态文明与思政教育融合中的具体作用和实践路径。

（一）政策引导为融合提供方向指引

在当今社会，随着全球环境问题日益严峻，生态文明理念逐渐深入人心，并逐渐成为推动社会可持续发展的重要力量。在这一背景下，将生态文明理念融入大学生思想政治教育，不仅有助于增强学生的环保意识和社会责任感，还能促进他们的全面发展。政策引导作为推动这一融合过程的重要手段，为融合提供了明确的方向。一是政策引导能够明确生态文明与思政教育融合的目标。政府通过制定相关政策，可以清晰地阐述融合的目标，即培养具备生态文明素养和环保意识的大学生，使他们成为推动社会可持续发展的中坚力量。这样的目标设定，为高校和教育工作者提供了明确的努力方向，使他们在教育教学过程中能够有意识地加强生态文明教育。

二是政策引导能够规范融合的过程和方法。政府可以通过制定相关政策和标准，规范高校在融合过程中的教学内容、教学方法和教学手段等。例如，可以规定在思政课程中增加生态文明相关的课程内容，或者鼓励高校开展以生态文明为主题的实践活动等。这些政策和规范可以确保融合过程的科学性和有效性，使生态文明教育真正落到实处。

三是政策引导能够提供必要的支持和保障。政府可以通过财政投入、资源分配等方式，为高校开展生态文明与思政教育融合提供必要的支持和保障。例如，可以设立专项资金用于支持高校开展生态文明教育项目，或者提供场地、设备等资源支持高校开展实践活动，这些支持和保障能够激发高校的积极性和创造性，推动融合工作的深入开展。

（二）制度创新为融合提供动力支持

在深化生态文明与大学生思想政治教育融合的过程中，制度创新扮演着至关重要的角色，为这一融合过程提供了源源不断的动力支持。制度创新不仅体现在教育体制和机制的改革上，更体现在教育理念、教育方法和教育内容的创新上。

一是制度创新能够推动教育理念的更新。传统的教育理念往往侧重于知识的传授和技能的训练，却忽视了对学生综合素质的培养，而生态文明与思政教育的融合，则要求教育者转变传统理念，更加注重对学生生态意识、环保意识和社会责任感的培养。因此制度创新需要推动教育者更新教育理念，树立以学生为本、全面发展的教育理念，使生态文明教育真正融入思政教育之中。

二是制度创新能够推动教育方法的创新。传统的教育方法往往以讲授为主，缺乏互动性和实践性。而生态文明与思政教育的融合，则需要教育者采用更加灵活多样的教育方法，如案例教学、实践教学、讨论式教学等，以激发学生的学习兴趣和积极性。因此制度创新需要推动教育者创新教育方法，探索适合生态文明与思政教育相融合的教学方法，提高教学效果。

三是制度创新能够推动教育内容的创新。传统的思政教育内容往往以政治理论为主，缺乏对生态文明等内容的关注。而生态文明与思政教育的融合，则需要教育者将生态文明理念融入思政教育中，形成新的教育内容。因此制度创新需要推动教育者创新教育内容，将生态文明理念融入思政课程、教材、实践活动等各个环节，使学生能够更好地理解和接受生态文明理念。

（三）政策与制度协同作用促进融合深入发展

政策与制度协同作用，是推动生态文明与大学生思想政治教育融合深入发展的关键。这种协同作用主要体现在以下几方面。

（1）明确方向与标准。政策为融合提供了明确的方向和指引，而制度则制定了具体的实施标准和细则，两者相辅相成，使融合工作既有了宏观的指导，也有了微观的操作规范。

（2）提供动力与保障。政策通过财政投入、资源分配等方式为融合提供动力支持，而制度则通过规范流程、明确责任等方式为融合提供了制度保障，这种动力与保障的结合，确保了融合工作的持续推进和深入发展。

（3）促进创新与改革。政策鼓励创新，并推动教育体制和机制的改革，而制度则通过创新教育理念、教育方法和教育内容，为融合注入新的活力，两者协同作用，促进了融合工作的不断创新和深入发展。

（4）加强监督与评估。政策要求建立监督机制，对融合工作进行定期评估，而制度则通过设立评价标准和考核机制，对融合成果进行量化评价。这种监督与评估的结合，确保了融合工作的质量和效果。

政策引导与制度创新在深化生态文明与思政教育融合过程中发挥着至关重要的作用。政策引导为融合提供方向指引，确保融合工作的正确方向。制度创新为融合提供动力支持，推动融合深入发展。二者相辅相成，共同促进生态文明与思政教育的深度融合。在未来的实践中，应继续加强政策引导与制度创新的研究和探索，为深化生态文明与思政教育的融合提供更加有力的支持和保障。

二、师资队伍培训与专业素养提升计划

在生态文明视角下深化大学生思想政治教育，师资队伍的专业素养是不可或缺的关键因素。为了确保生态文明理念能够有效融入思政教育之中，提升教师的生态文明素养和专业教学能力显得尤为重要。因此，制订并实施一套全面系统的师资队伍培训与专业素养提升计划，对于深化生态文明与思政教育的融合具有重要意义。

（一）明确培训目标与内容

在深化生态文明与思政教育融合的过程中，师资队伍的培训至关重要，需要明确培训的目标和内容，以确保培训活动的针对性和实效性，培训目标应聚焦于提升教师的生态文明素养和思政教育能力。具体来说，教师要深入理解生态文明的核心价值观，认识到生态文明与思政教育之间的紧密联系，并能够将生态文明理念融入思政课程的教学中。同时，教师还需要掌握思政教育的基本理论和方

法，了解当前思政教育的发展趋势和前沿问题，以便于更好地指导学生思考和探索。

在培训内容方面，需要注重全面性和系统性。一方面要涵盖生态文明理念的基本概念和内涵，包括生态文明的起源、发展、主要内容和实践路径等，帮助教师建立起对生态文明的整体认识。另一方面要重点介绍思政教育的基本理论和方法，包括思政教育的基本原则、目标、内容、方法以及评价等，使教师能够熟练掌握思政教育的知识和技能。

此外，培训内容还应包括与生态文明和思政教育相关的实践案例和前沿问题。通过引入实践案例，教师可以更直观地了解生态文明与思政教育融合的具体实践，并从中吸取经验和教训。同时关注前沿问题可以帮助教师了解当前思政教育的最新动态和发展趋势，为他们的教学和研究提供新的思路和方向。

（二）采用多样化的培训方式

在推进生态文明与思政教育融合的教师培训中，采用多样化的培训方式至关重要。传统的单一培训方式往往难以满足不同教师的需求，也难以激发教师的学习兴趣，因此应采取灵活多样的培训手段和方法，以满足教师个性化和差异化的学习需求。一是可以组织专家讲座和研讨会，邀请在生态文明和思政教育领域有深厚造诣的专家学者，与教师们分享最新的理论成果和实践经验。这种方式能够使教师们直接与专家对话，获取前沿知识和信息。

二是利用现代信息技术，开展在线课程和远程教育。通过录制教学视频、开发在线学习平台等方式，教师可以根据自己的时间和进度进行学习，实现学习的灵活性和自主性。

三是还可以组织实地考察和交流学习，带领教师到生态文明建设的先进地区或企业进行实地考察，深入了解生态文明实践的情况和问题，与教师们交流经验和心得。这种方式能够使教师们更加直观地感受到生态文明建设的实际成效，增强他们的实践能力和创新意识。

四是鼓励教师自主学习和团队学习，为教师提供丰富的学习资源和平台，鼓励他们自主选择和安排学习内容，进行个性化学习，同时加强教师之间的合作和交流，促进他们相互学习和共同提高。

第九章　生态文明视角下大学生思想政治教育的展望与深化

（三）建立长效的培训机制

为确保师资队伍培训工作的持续性和有效性，需要建立长效的培训机制，这一机制应涵盖培训规划、实施、评估与反馈等多个环节，以确保培训活动的系统性和连贯性。一是制订详细的培训规划。应结合教师的实际情况和发展需求，制订长期和短期的培训计划，明确培训目标、内容、方式和时间等要素，同时根据教育政策和学科发展的变化，及时调整和优化培训计划，确保其与时俱进。

二是完善培训实施机制。应设立专门的培训机构或部门，负责培训活动的组织、协调和实施，确保培训师资的优质和稳定，邀请具有丰富教学经验和专业知识的专家学者担任培训讲师。同时提供必要的培训资源和设施，如教学场地、教学设备等，以满足培训活动的需要。

三是建立培训评估与反馈机制。制定科学的评估标准和指标体系，对培训活动进行定期评估，了解培训效果和教师满意度。同时建立反馈机制，鼓励教师提出宝贵的意见和建议，以便于及时改进和优化培训活动。

四是加强培训成果的转化和应用，将培训成果转化为教师的教学实践和研究成果，鼓励教师将所学的生态文明理念和思政教育理论应用于实际教学中，探索新的教学方法和手段，同时加强培训成果的交流和分享，促进教师之间的合作和交流。

（四）加强培训与教学相结合

在推进师资队伍培训的过程中，加强培训与教学相结合至关重要。这不仅有助于提高教师的教学能力和水平，更能确保培训内容在实际教学中的有效运用和转化。一是培训过程中应紧密结合教学实践。培训内容的设计应基于教师的教学需求，围绕教学实践中遇到的问题和挑战展开，案例分析、情景模拟等方式，让教师在培训中亲身体验和感受教学场景，从而能更好地理解和掌握教学技能和方法。二是鼓励教师在培训后进行教学反思。教学反思是提升教学能力的重要途径，通过反思自己的教学实践，教师可以发现自身在教学实践中的不足和需要改进的地方，进而在后续的教学实践中加以改进和优化。三是建立培训与教学的互动机制。培训活动不仅是单向的知识传授，更应成为教师之间交流和分享的平台，可以组织教师开展教学研讨、教学观摩等活动，鼓励教师相互学习和借鉴他人的优秀教学经验和教学方法。四是将培训成果转化为教学资源。在培训过程中产生的优秀教学案例、教学设计和教学课件等，可以转化为教学资源，供教师在实际教学中使用。这不仅可以丰富教学内容和形式，还可以提高教学的针对性和实效性。五是建立培训与教学相结合的激励机制。对于在培训中表现优秀、在教学中取得显著成果的教师，可以给予一定的奖励和表彰，以此来激发他们参与培训和教学的积极性和热情。

师资队伍培训与专业素养提升计划是深化生态文明与思政教育融合的重要保障。通过明确培训目标与内容、采用多样化的培训方式、建立长效的培训机制以及加强培训与教学相结合等措施，全面提升教师的生态文明素养和专业教学能力，为深化生态文明与思政教育的融合提供有力的人才支持。在未来的工作中，将继续加强师资队伍建设和专业素养提升工作，推动生态文明与思政教育的深度融合和发展。

三、校园生态文明建设与思政实践活动的融合设计

随着生态文明理念的深入人心，将这一理念融入大学生思想政治教育的实践活动中，成为当前高校教育的重要课题。校园作为大学生生活和学习的主要场所，其生态文明建设的成效直接关系到思政教育的质量。

（一）构建校园生态文明理念体系

构建校园生态文明理念体系，是深化生态文明与思政教育融合的首要任务。这一体系旨在在校园内形成对生态文明理念的广泛认同和自觉践行，为大学生思政教育提供坚实的思想基础。一是需要明确生态文明理念的核心内涵，即人与自然和谐共生、绿色发展、循环发展、低碳发展等基本原则。这些原则应当贯穿于校园建设、教育教学和日常管理等各个环节，使师生在日常学习和生活中都能感受到生态文明的重要性。

二是为了推动校园生态文明理念体系的构建，采取多种措施，通过课堂教学，将生态文明理念融入思政教育、自然科学和社会科学等课程之中，使学生系统地掌握生态文明知识。加强校园文化建设，通过举办生态文明主题讲座、展览、竞赛等活动，营造浓厚的生态文明氛围；利用校园媒体和网络平台，广泛宣传生态文明理念，提高师生对生态文明的认识和关注度。

三是构建校园生态文明理念体系需要全校师生的共同参与和努力，应当倡导师生从自身做起，从小事做起，践行生态文明的生活方式，如节约用水、用电、减少一次性用品的使用等。同时要鼓励师生参与校园绿化、环保志愿者服务等活动，共同建设美好的校园环境。

（二）设计富有生态文明特色的思政实践活动

在大学生思想政治教育中，设计富有生态文明特色的思政实践活动是深化生态文明理念融入教育实践的关键环节。这些活动旨在让学生在实践过程中感悟生态文明的重要性，增强他们的环保意识和责任感。一是组织以生态文明为主题的社会实践活动，如开展环保志愿服务，让学生亲身参与垃圾分类、植树造林、河道清洁等环保活动，让他们在劳动中体验保护环境的艰辛与快乐。同时这些活动也能帮助学生更深入地了解生态文明建设的实际需求和挑战。

二是结合专业特点，开展与生态文明相关的科研项目，鼓励学生利用所学专业知识，研究环保技术、绿色能源等领域的前沿问题，培养他们的创新能力和实践精神。这些项目不仅有助于推动生态文明领域的技术进步，还能为学生未来的职业发展打下坚实的基础。

三是利用校园资源，开展丰富多彩的生态文明主题文化活动，如举办环保知识竞赛、生态摄影展、绿色创意大赛等，让学生在轻松愉快的氛围中学习生态文明知识，提升他们的环保素养。

（三）建立校园生态文明建设与思政实践活动的联动机制

为了深化生态文明与思政教育的融合，必须建立校园生态文明建设与思政实践活动的联动机制，这一机制旨在实现两者之间的紧密衔接和相互促进，确保生态文明理念在思政教育中的有效融入和实践。一是需要明确校园生态文明建设与思政实践活动的共同目标和任务，两者都致力于提升学生的生态文明素养和增强学生的环保意识，促进人与自然和谐共生。因此在制订相关规划和计划时，应充分考虑两者之间的内在联系和互补性，确保活动内容和形式的协调一致。

二是加强校园生态文明建设与思政实践活动的组织协调，成立专门的领导小组或工作小组，负责统筹协调两者之间的活动安排和资源配置。通过定期召开联席会议、共同制定活动方案等方式，加强两者之间的沟通和协作，确保活动的顺利开展和取得实效。

三是建立信息共享机制也是联动机制的重要组成部分。校园生态文明建设和思政实践活动在实施过程中会产生大量的信息和数据，通过建立信息共享平台或数据库，可以实现这些信息和数据的共享和交流，这不仅有助于提升活动的针对性和实效性，还能促进两者之间的互相学习和借鉴。

四是要注重活动成果的转化和应用，将校园生态文明建设和思政实践活动的成果转化为教学资源和实践经验，为后续的教育教学活动提供有力支持。同时要鼓励师生将所学知识和经验应用到实际生活中去，推动生态文明理念在校园内外的广泛传播和实践。

（四）加强校园生态文明建设与思政实践活动的创新

在推进校园生态文明建设与思政实践活动的过程中，创新是推动其持续发展的不竭动力。一是在活动内容上要寻求创新，除了传统的环保志愿服务、环保知识竞赛等形式，还可以引入更多富有创意和趣味性的活动。比如开展生态文明主题的创意大赛，鼓励学生利用所学知识和技能，创作出具有环保意义的作品，或者组织生态文明主题的辩论赛、讲座等，引导学生从不同角度思考和探讨生态文明问题。二是在活动形式上要勇于创新，利用现代信息技术手段，如互联网、大数据、人工智能等，开展线上和线下的互动交流活动，比如建立校园生态文明建设的在线平台，让学生可以随时随地了解相关信息并参与活动，或者通过虚拟现实技术，模拟真实的环保场景，让学生身临其境体验环保工作的艰辛与快乐。三是还应注重在机制上的创新，建立激励机制，对在生态文明建设和思政实践活动中表现突出的师生给予表彰和奖励，激发他们的积极性和创造力。同时可以建立反馈机制，及时收集师生对活动的意见和建议，不断改进和优化活动内容和形式。

四、构建开放、多元、协同的思政教育新体系

随着生态文明理念的不断深入人心，大学生思想政治教育也面临着新的机遇和挑战，为了进一步深化生态文明与思政教育的融合，需要构建一个开放、多元、协同的思政教育新体系。这一体系旨在打破传统思政教育的局限，引入更多的创新元素和实践机会，以更好地培养学生的生态文明素养和综合素质。

（一）开放性的思政教育体系

在构建开放性的思政教育体系方面，首先要打破传统的封闭教育模式，积极引入外部资源和力量，这包括加强校企合作、校地合作，与政府机构、社会组织、企业等建立紧密的合作关系，共同开展思政教育活动。通过引入外部资源，为学生提供了更广阔的学习平台和实践机会，使他们能够更深入地了解社会、了解生态文明建设的实际需求。同时开放性的思政教育体系还能促进不同学科之间的交叉融合，形成综合性的思政教育内容，提高学生的综合素质。

此外还要注重国际交流与合作。在全球化的背景下，各国之间的联系日益紧密，生态文明问题也呈现出全球性的特征。因此，要积极参与国际交流与合作，借鉴国外先进的思政教育理念和经验，推动国内思政教育的创新与发展，通过与国际接轨，拓宽学生的国际视野，培养他们的全球意识和跨文化交流能力。

（二）多元性的思政教育内容

在构建多元性的思政教育内容方面，要注重挖掘和整合各种教育资源，包括传统文化资源、现代科技资源、社会热点资源等。挖掘这些资源，为学生提供丰富多彩、具有时代特色的思政教育内容，如结合传统文化中的生态思想，开展以生态文明为主题的传统文化教育，也可以利用现代科技手段，如互联网、大数据等，开展在线思政教育课程和活动，还可以结合社会热点问题，如气候变化、环境污染等，开展专题研讨和实践活动。

同时要注重思政教育内容的个性化。每个学生都有自己的兴趣和特长，应该尊重学生的个性差异，为他们提供个性化的思政教育内容。例如，可以针对不同专业的学生开设与其专业相关的思政课程，也可以根据学生的兴趣爱好，开设多样化的选修课程和兴趣小组。通过个性化的思政教育内容，更好地激发学生的学习兴趣和动力，提高他们的学习效果。

（三）协同性的思政教育机制

在构建协同性的思政教育机制方面，要注重加强不同部门、不同学科之间的合作与协调。一是要加强学校内部的协同合作。思政教育部门应该与教务处、学生处、团委等部门密切合作，共同制定思政教育计划和方案，同时要加强与各学院、各专业的合作，确保思政教育内容与专业课程相衔接、相促进。二是要加强与社会的协同合作，通过与政府机构、社会组织、企业等方面的合作，为学生提供更多的实践机会和资源支持。同时可以借助社会力量加强对学生的监督和管理。三是要加强国际的协同合作，通过参与国际交流与合作项目，借鉴国外先进的思政教育理念和经验，同时可以为学生提供更多的国际交流机会和平台。四是在协同性的思政教育机制中，还要注重发挥教师的关键作用。教师应该成为思政教育的积极推动者和实践者，不仅要传授知识、引导思想，还要关注学生的成长和发展。同时也要加强对教师的培训和管理，提高他们的专业素养和教学能力，为教师提供更多的发展机会和空间，激发他们的创新精神和创造力。

构建开放、多元、协同的思政教育新体系是深化生态文明与思政教育融合的重要途径，打破传统思政教育的局限、引入外部资源和力量、挖掘和整合各种教育资源以及加强不同部门、不同学科之间的合作与协调等措施，为学生提供更广阔的学习平台和实践机会。同时可以更好地培养学生的生态文明素养和综合素质。在未来的工作中，应该继续探索和实践这一新体系的建设和发展，为培养具有生态文明素养和综合素质的新时代大学生贡献力量。

结 语

随着人类文明的不断进步，生态文明已成为当今社会发展的关键词，它不仅关乎自然环境的保护，更深刻地反映了人类对于自身生存方式和发展模式的全新认识与反思。在这一时代背景下，大学生思想政治教育显得尤为重要，同时面临着前所未有的机遇与挑战。本书正是基于这样的背景下，从生态文明的独特视角，对大学生思想政治教育进行了深入且全面的探讨。详细剖析了大学生思想政治教育的新理念、新内容以及新方法，期望能为培养具有高度生态文明意识的新时代青年提供坚实的理论支撑和实践指南。在精心撰写本书的过程中，我们能够更加深刻地体会到生态文明与大学生思想政治教育之间的紧密联系。生态文明的理念，不仅极大地丰富了思政教育的内涵，为其注入了新的活力，更为思政教育未来的发展方向提供了明确的指引。这一点无疑为思政教育的探索与创新开辟了一片崭新的天地。然而任何改革与进步都不会一帆风顺。在推进生态文明与思政教育相融合的过程中，同样遭遇了不少挑战与困难，教育资源的有限性、传统教育观念的根深蒂固，以及社会环境的日益复杂，都是必须正视并努力克服的问题，但正是这些挑战，激发了人们不断探索、勇于创新的精神。

为了构建一个全面、系统的生态文明视角下的大学生思想政治教育框架，本书从多个角度进行了深入研究，详细梳理了生态文明与思政教育的理论基础，追溯了它们的历史沿革，更对教育内容、教学方法以及评价体系等方面的创新与实践，进行了深入的剖析与探讨。这一切努力都是希望能为推动大学生思想政治教育的改革与发展，贡献出自己的一份微薄之力。我们深知本书的研究仅仅是一个开始，绝非终点。随着生态文明建设的持续推进，以及思政教育的不断创新，我们的研究还有很长的路要走，还有很多的知识要学习，还有很多的领域要探索，衷心期待未来能有更多的研究者和教育工作者，加入这一充满挑战与机遇的研究领域中来，共同推动生态文明与大学生思想政治教育的深度融合与发展。当然本书的顺利完成，离不开众多作者、编辑和审稿人员的辛勤付出与无私奉献，他们用自己的专业知识和热情，确保了本书能够呈现在广大读者面前。对于他们的努力与贡献,我们表示由衷的感谢!同时希望本书的出版,能够引起社会各界的广泛关注和深入思考。我们坚信只要大家共同努力,就能为推动生态文明建设和大学生思想政治教育的共同发展贡献出更多的智慧和力量。

在生态文明理念的引领下,大学生思想政治教育必将焕发出前所未有的生机与活力,热切期待与广大教育工作者和研究人员携手合作,共同开辟思政教育的新篇章,为培养更多具有生态文明意识、勇于担当、创新能力出众的新时代青年,贡献出全部热情和智慧。此外我们也意识到大学生思想政治教育的改革不是一蹴而就的,而是需要长期的坚持和努力。因此我们将持续关注这一领域的最新动态,不断更新和完善研究,以确保工作始终与时俱进,始终保持其前瞻性和指导意义。相信只有这样才能真正培养出既具备专业知识,又拥有高度生态文明意识的新时代青年,为我国的可持续发展和生态文明建设奠定坚实的人才基础。

参考文献

[1] 唐悦莹.生态文明教育与思想政治教育的同向同行[J].环境工程,2022(8):294-294.

[2] 代建华,罗旭,张志伟.基于思想政治教育视角的大学生生态文明素养提升研究[J].吉林广播电视大学学报,2019（3）:3.

[3] 赵志强.思想政治教育视域下大学生生态文明教育研究[J].黑龙江教育：高教研究与评估,2019（5）:2.

[4] 钱绍见.以思想政治教育为载体的大学生生态文明观培育探究[J].环境工程,2023,41（1）:I0032-I0033.

[5] 史云龙,王河江.思想政治教育视域下大学生生态文明意识培育的研究[J].经济师,2021,000（4）:193-I194.

[6] 刘文婷.生态文明观融入大学生思想政治教育全过程的实践研究[J].环境工程,2022（9）:303.

[7] 包华军.生态文明观融入思想政治教育的路径探讨——评《思想政治教育视野下的生态文明观教育研究》[J].商业经济研究,2021（16）:1.

[8] 周洋.浅谈思想政治教育中大学生生态文明思想教育——评《生态文明思想源流与当代中国生态文明思想》[J].林产工业,2020,No.343（11）:132.

[9] 张红霞,邵娜娜.将生态文明教育融入大学生思想政治教育的路径探赜[J].马克思主义与现实,2018（4）:166-I171.

[10] 韩玉玲.新时期生态文明教育融入高校思政教育的路径[J].时代报告：学术版,2020（2）:2.

[11] 吕柔倩.思想政治教育视域下加强大学生生态文明教育研究[J].西部学刊,2019（17）:3.

[12] 黄文龙.基于生态文明视域下农林类大学生思想政治教育的思考[J].科教导刊,2020（25）:2.

[13] 张志明.基于生态文明理念视角下的高校思想政治教育研究——以湘西地区

高校为例[J].教育教学论坛, 2020（3）:2.

[14] 唐柳荷,许立兰.美丽中国愿景下的大学生生态文明融入高校思想政治教育研究[J].课程教育研究：学法教法研究, 2019（9）:1.

[15] 王琦.生态文明观视域下大学生思想政治教育路径探析[J].环境工程, 2022, 40（3）:I0024-II0025.

[16] 席智芳,沈洪艳.生态文明观培育视野下的大学生思想政治教育创新探索[J].环境工程, 2022（8）:285.

[17] 史程程.思想政治教育视域下大学生生态文明观教育策略研究[J].吉林教育, 2023（5）:32-I34.

[18] 陈根红.思想政治教育视角下的大学生生态文明教育的价值与体现[J].湖南工业职业技术学院学报, 2023, 23（3）:66-I70.

[19] 吴颀.生态文明视角下高校加强生态伦理教育的探索[J].民族高等教育研究, 2022, 10（2）:75-79.

[20] 韩蕊.铸魂育人视角下高校学生思想政治教育与生态文明建设的衔接[J].环境工程, 2023, 41（2）:260.

[21] Zhang Y Analysis of the Communication Path of Ideological and Political Education for College Students Empowered by Smart Media [J]. Journal of Education, Teaching and Social Studies, 2024, 6（2）.

[22] Pengcheng J. Research on the Group Characteristics and Ideological and Political Education Strategies of College Students Born After 2000 [J]. Education Reform and Development, 2024, 6（4）:133-138.

[23] Zhang Y. Analysis of the Labor Spirit in Ideological and Political Education of College Students and Its Value Paths [J]. International Journal of Social Science and Education Research, 2024, 7（6）.

[24] Chen J. Impacts of Internet literacy and Internet contact on the communication effect of university students' ideological and political education in China [J]. Acta psychologica, 2024（247）: 104321-104321.

[25] Zhenjie L, Honghao Z. Spatial-temporal evolution and trend prediction of ecological civilization construction efficiency from the perspective of audit [J]. Humanities and Social Sciences Communications, 2024, 11（1）.

[26] Chen X, Di Q, Liang C. Heading towards carbon neutrality: how do marine carbon sinks serve as important handle for promoting marine ecological civilization construction? [J]. Environmental science and pollution research international, 2024, 31（8）: 11453-11471.

[27] Ma Z, Guo X, Liu X. Synergistic development path of ecological civilization construction and rural revitalization [J]. Applied Mathematics and Nonlinear Sciences, 2024, 9（1）.

[28] Yao H, Yan C, Chen J. The Exploration and Practice Path of Ecological Civilization Construction under the Background of "Carbon Peaking and Carbon Neutrality" [J]. Modern Economics & Management Forum, 2023, 4（4）.

[29] Zhao Y. Realistic Challenges and Optimization Path of Global Ecological Civilization Construction [J]. Environment, Resource and Ecology Journal, 2023, 7（5）.